대학생을 위한

진로탐색과 설계

Career Design for College Students

| 정철영 · 서우석 공저 |

학지사

대학생을 위한 진로탐색과 설계

머리말

자신의 특성에 적합한 진로를 선택하여 계획하고 준비하여 그 분야로 진출하여 잘 적응하고 발전하는 것은 개인적으로나 국가적으로 매우 중요한 일이다. 특히 대학생 시기는 진로발달 측면에서 자신의 진로를 선택하여 계획하고 준비하여 원하는 분야로 진출해야 하는 매우 중요한 시기이다.

그동안 국내외에서 대학생의 진로선택과 준비를 돕기 위하여 많은 교재가 개발되어 왔고, 그 교재들은 대학생들의 진로탐색과 설계에 관한 좋은 내용들을 다루고 있다. 그러나 진로탐색과 설계 이론 및 활동들이 처음부터 끝까지 순차적으로 물 흐르듯 자연스럽게 이어질 수 있도록 구성된 교재는 찾아보기가 어려웠다. 따라서 삶, 진로, 직업의 이해를 바탕으로 자기 특성에 적합한 잠정적 진로대안을 선택하고, 선택한 잠정적 진로대안에 대한 탐색을 통하여 최적 진로대안을 선택하고, 선택한 최적 진로대안을 계획하고 준비하여 성공적으로 직업세계로의 이행이 가능하도록 안내할 수 있는 교재를 개발해야 할 필요성을 많이 느끼고 있었다.

그러던 중 각자 대학과 대학원에서 오랫동안 대학생 진로탐색과 설계 관련 강좌를 개설하여 운영해 온 두 사람이 만나 대학생을 위한 진로탐색과 설계 교재를 개발하기로 결정하였다. 책 제목을 정하고, 목차를 정하고, 역할을 분담한 후에 각자 원고를 쓰고 서로가 그 원고를 검토하는 데 많은 시간이 걸렸다. 특히 의견이 일치되는 부분이 대부분이었지만 때로는 서로의 다른 의견을 조정하고 통합하는 데 적지 않은 시간이 소요되었다. 초고를 완성한 후에는 각자 수업에 적용하여 진행하기도 하고 서로의 수업을 공동으로 진행하면서 수정하고 보완하였다. 또한 진로교육 분야 많은 전문가의 검토를 받아 수정하고 보완하여 이제야 『대학생을 위한 진로탐색과 설계』라는 책을 출간하게 되었다.

이 책은 5부 14장으로 구성되어 있다. 제1부 '나의 삶, 진로 및 직업'에서는 진로탐색과 설계의 바탕이 되는 삶과 진로와 직업의 의미와 가치, 내가 속한 대학의 특성 그리고 미래 사회 및 직업세계의 변화에 관한 내용을 통하여 적극적이고 도전적이며 미래지향적인 진로에 관한 관점을 갖도록 하였다. 제2부 '나의 이해'는 자기 스스로 자신을 파악하는 활동과 적성, 흥미, 성격, 가치관 및 강점 등 표준화 진로검사를 통하여 자신을 이해하고 자신의 특성에 적합한 진로대안을 찾는 방법들을 소개하였다. 제3부 '진로대안 선정, 탐색 및 결정'에서는 자신의 특성과 관련된 진로대안들 중에서 3개의 잠정적 진로대안을 선정하고, 이 진로대안에 대한 진로정보를 탐색한 결과를 토대로 하여 최종적으로 하나의 최적 진로대안을 선정하는 방법을 소개하였다. 제4부 '진로계획 및 준비'에서는 최종적으로 선정된 최적 진로대안을 계획하고 준비하는 내용을 소개하였다. 마지막 제5부 '평가 및 피드백'에서는 제1부~제4부까지 수행한 진로 디자인 활동을 평가하고 피드백하는 단계로서 진로 디자인 포트폴리오를 작성하여 발표하고 토론한 후에 피드백하는 방법을 소개하였다.

이 책의 주요 특징은 다음과 같다.

첫째, 이 책은 처음부터 마지막까지 진로탐색과 설계 이론 및 활동이 순차적으로 잘 연결될 수 있도록 구성하였다. 진로탐색과 설계 각 단계의 진로이론과 진로활동들이 자연스럽게 이어지도록 하였고, 진로탐색과 설계 활동 결과를 종합하면 진로 디자인 포트폴리오가 완성되도록 구성하였다.

둘째, 삶이란 무엇이고, 또 삶에서 진로와 직업이 어떠한 의미를 가지고 있으며, 현재 직업세계가 어떠한 상황에 처해 있고, 미래 사회의 직업과 고용이 어떻게 전개될 것인지 등에 대한 이해를 바탕으로 자신의 특성에 적합한 진로를 탐색하고 결정하고 계획하고 준비할 수 있도록 구성하였다.

셋째, 진로 디자인 개념도에 터하여 진로탐색과 설계의 각 단계별로 진로이론을 공부한 후에 관련 진로활동을 수행하여 자신의 진로를 개척할 수 있는 진로 개발 역량을 갖출 수 있도록 구성하였다.

넷째, 이 책은 대학생에 중점을 두고 있지만, 대학을 준비하는 고등학생들이나 구직을 하고 있는 대학 졸업생에게도 활용될 수 있도록 구성하였다. 또한 대학원생이나 진로 변경을 하고자 하는 직업인들에게도 자신의 진로를 탐색하고 설계하는 데 도움이 될 수 있도록 구성하였다.

이 책은 대학생이 자기 주도적으로 사용할 수도 있지만 대학에서 한 학기 강의에 적합하도록 14장으로 구성하였다. 그리고 진로탐색과 설계 활동을 돕기 위하여 진로 디자인 관련 참고자료를 학지사 홈페이지 도서안내(도서자료)에 지속적으로 탑재해 나갈 예정이다.

이 책은 많은 분의 도움으로 탄생하게 되었다. 무엇보다 진로탐색과 설계 관련 과목을 수강하면서 매주 창의적이고 비판적인 피드백을 준 서울대학교와 경인교육대학교의 학부 및 대학원 학생들에게 감사를 드린다. 또한 원고에 대하여 많은 의견을 제시하고 수정 및 보완 사항을 지적해 준 동료와 제자들에게 이 자리를 빌려 감사의 말씀을 전한다. 그리고 이 책을 출간하는 데 많은 격려와 배려를 해 주신 학지사의 김진환 사장님과 좋은 책이 될 수 있도록 많은 수고를 아끼지 않으신 편집부의 김진영 차장님께도 감사의 말씀을 드린다. 아무쪼록 이 책이 대학생들이 자신의 진로를 체계적으로 탐색하고 설계하여 직업세계로 이행하는 데 많은 도움이 되기를 소망한다.

2023. 2.

관악산 및 삼성산 기슭에서 저자 배상

진로 디자인 개념도

이 책에서는 '진로탐색과 설계'를 약칭하여 '진로 디자인'으로 표현하고자 한다. 이 책에서 진로 디자인 활동을 안내하는 진로 디자인 개념도는 다음 '진로 디자인 나무'와 '진로 디자인 순서도'와 같다. 진로 디자인 개념도는 진로 디자인이 삶, 진로 및 직업에 대한 이해를 바탕으로 나의 특성에 적합한 잠정적 진로대안 선정 및 탐색, 진로의사결정, 진로계획, 진로준비, 평가 및 피드백에 이르기까지 순차적으로 진행된다는 것을 보여 준다. 우리는 이 진로 디자인 개념도의 순서대로 자신의 진로를 디자인하게 된다.

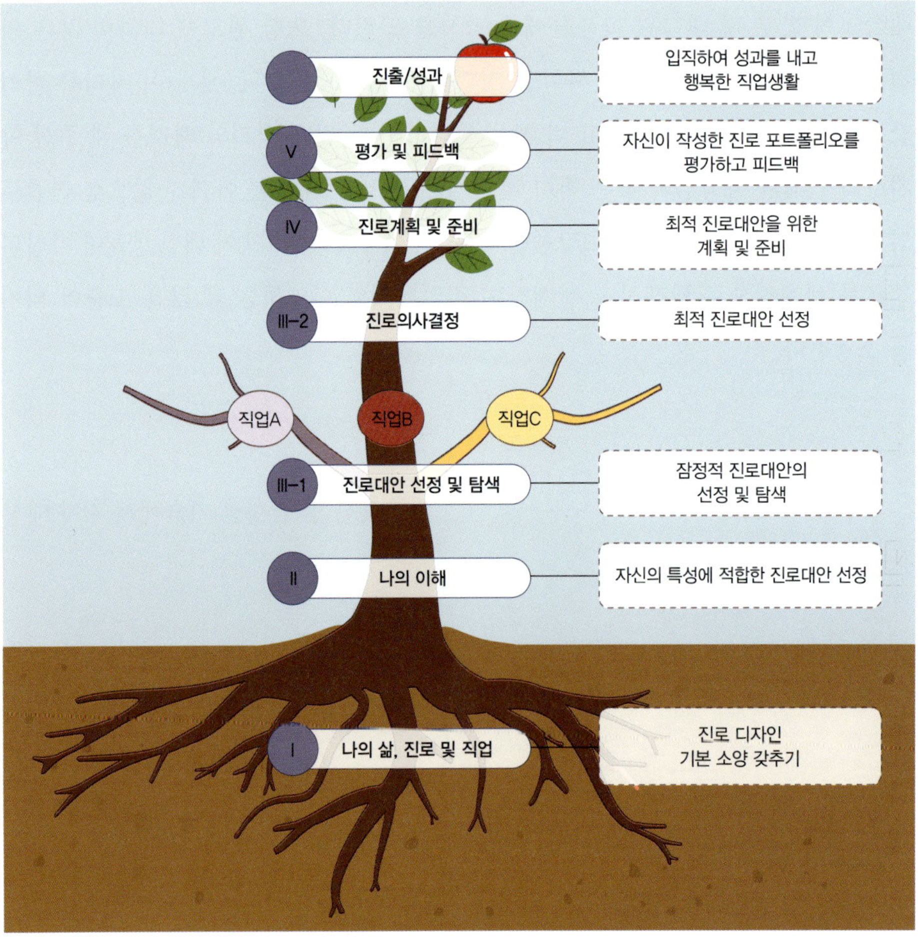

진로 디자인 나무(Career Design Tree)

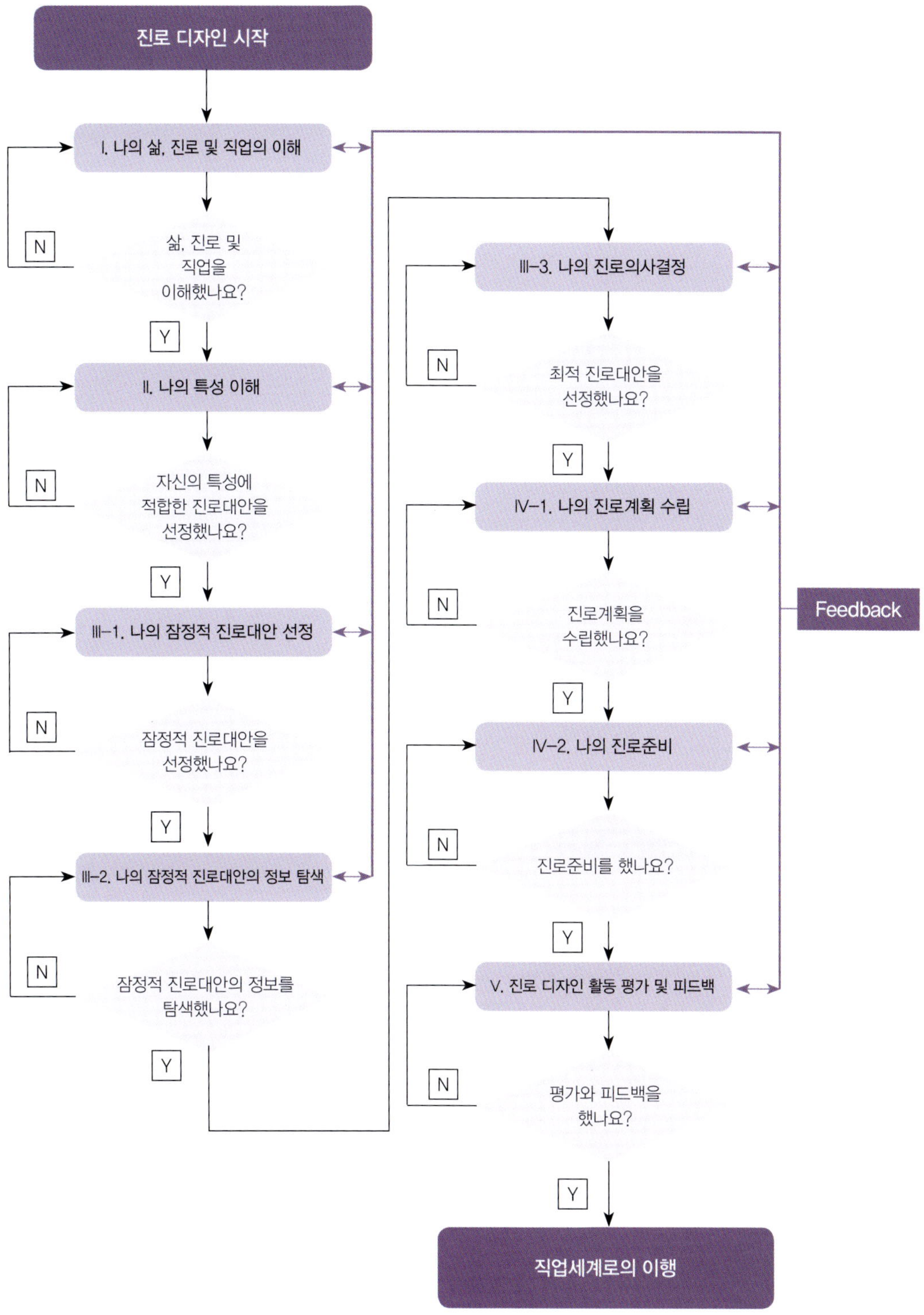

진로 디자인 순서도(Career Design Flowchart)

간략 차례

▸▸ 머리말 _ 3

▸▸ 진로 디자인 개념도 _ 6

제1부 나의 삶, 진로 및 직업 • 15

제1장 나의 삶, 나의 진로 _ 17

제2장 대학생의 특성과 진로 _ 43

제3장 미래 사회 및 직업세계와 진로 _ 71

제2부 나의 이해 • 99

제4장 나의 이해 I: 스스로 나 이해하기 _ 101

제5장 나의 이해 II: 적성과 흥미 표준화 검사하기 _ 121

제6장 나의 이해 III: 성격, 가치관과 강점 표준화 검사하기 _ 137

제3부 진로대안 선정, 탐색 및 결정 • 161

제7장 나의 잠정적 진로대안 선정 _ 163

제8장 나의 잠정적 진로대안의 정보 탐색 _ 181

제9장 나의 진로의사결정 _ 205

제4부 진로계획 및 준비 • 227

제10장 나의 진로계획 I: 진로비전체계 개발하기 _ 229

제11장 나의 진로계획 II: 진로실행계획 세우기 _ 255

제12장 나의 진로준비 I: 직업능력 준비하기 _ 279

제13장 나의 진로준비 II: 구직능력 준비하기 _ 297

제5부 평가 및 피드백 • 321

제14장 나의 진로 디자인 활동 평가 및 피드백: 진로 디자인 포트폴리오를 중심으로 _ 323

▸▸ 찾아보기 _ 351

세부 차례

▸▸ 머리말 _ 3

▸▸ 진로 디자인 개념도 _ 6

제1부 나의 삶, 진로 및 직업 • 15

제1장 나의 삶, 나의 진로 _ 17

1. 나의 삶 _ 18
    1) 삶이란 _ 18
    2) 행복한 삶 _ 19
2. 나의 진로 _ 22
    1) 진로의 개념 _ 22
    2) 진로의 중요성 _ 23
3. 삶과 진로를 위한 마음의 근력 기르기 _ 24
    1) 삶과 진로에서 필연적으로 마주하게 되는 고난과 역경의 의미 _ 24
    2) 삶과 진로에서 고난과 역경에 대한 대처 _ 26

제2장 대학생의 특성과 진로 _ 43

1. 대학생의 특성 _ 44
    1) 대학생의 개념 _ 44
    2) 대학생 현황 _ 44
    3) 대학생 특성 관련 이론 _ 46
    4) 대학생의 일반 특성 _ 47
2. 대학생의 진로 특성 _ 49
    1) 대학생의 진로발달단계 _ 49
    2) 대학생 진로 관련 주요 특성 _ 49
3. 대학 졸업 후 다양한 진로 개척 사례 _ 52
4. 대학생 진로지원체제 _ 59
    1) 진로 관련 법령, 정책 및 제도 _ 59
    2) 정부 부처별 진로지원사업 _ 60
    3) 대학의 진로지원 사례 _ 61

제3장 미래 사회 및 직업세계와 진로 _ 71

1. 직업의 의의 _ 72
2. 직업의 분류 _ 75
    1) 심리적 특성에 기초한 직업분류체계 _ 75
    2) 직무의 특성에 기초한 직업분류체계 _ 77
3. 미래 사회와 직업세계의 변화 _ 80
    1) 미래 사회의 변화 _ 80
    2) 미래 직업세계의 변화 _ 85

제2부 나의 이해 • 99

제4장 나의 이해 I: 스스로 나 이해하기 _ 101

1. 나의 이해 의의 _ 102
2. 나의 이해 영역 _ 103
3. 나의 이해 시점 _ 105
4. 나의 이해 방법 _ 107
5. 스스로 나 이해하기 _ 107

제5장 나의 이해 II: 적성과 흥미 표준화 검사하기 _ 121

1. 표준화 진로검사의 의의 _ 122
2. 적성 _ 123
    1) 적성의 개념 _ 123
    2) 적성검사 _ 124
3. 흥미 _ 126
    1) 흥미의 개념 _ 126
    2) 흥미검사 _ 127

제6장 나의 이해 III: 성격, 가치관과 강점 표준화 검사하기 _ 137

1. 성격 _ 138
    1) 성격의 개념 _ 138
    2) 성격검사 _ 139
2. 가치관 _ 146
    1) 가치관의 개념 _ 146
    2) 가치관검사 _ 148
3. 강점 _ 149
    1) 강점의 개념 _ 149
    2) 강점검사 _ 150

제3부 진로대안 선정, 탐색 및 결정 • 161

제7장 나의 잠정적 진로대안 선정 _ 163

1. 잠정적 진로대안 선정 _ 164
2. 잠정적 진로대안 선정 절차와 방법 _ 165
3. 가중치 평가기법을 사용한 잠정적 진로대안 선정의 실제 _ 169

제8장 나의 잠정적 진로대안의 정보 탐색 _ 181

1. 진로정보의 개념 _ 182
2. 진로정보 탐색의 목적 _ 182
3. 진로정보의 유형 _ 183
   1) 수집 방법에 의한 분류 _ 183
   2) 정보 내용에 의한 분류 _ 184
4. 진로정보 탐색 방법 _ 185
   1) 인쇄매체를 통한 탐색 _ 186
   2) 인터넷을 통한 탐색 _ 188
   3) 면담을 통한 탐색 _ 192
   4) 진로체험을 통한 탐색 _ 193

제9장 나의 진로의사결정 _ 205

1. 진로의사결정의 의의 및 관점 _ 206
   1) 진로의사결정의 의의 _ 206
   2) 진로의사결정을 보는 관점 _ 207
2. 진로의사결정에서 빠지기 쉬운 심리적 함정 _ 211
3. 진로의사결정의 유형 _ 212
4. 합리적인 진로의사결정의 방법 _ 215
   1) 합리적 진로의사결정의 접근 방법 _ 215
   2) 진로대안 평가 매트릭스 기법을 사용한 진로의사결정 _ 216
5. 진로대안 평가 매트릭스를 이용한 진로의사결정의 실제 _ 218

제4부 진로계획 및 준비 • 227

제10장 나의 진로계획 I: 진로비전체계 개발하기 _ 229

1. 진로비전체계의 개념 _ 230
2. 진로비전체계의 구축 방법 _ 232
   1) 진로미션 _ 232
   2) 진로비전 _ 233
   3) 진로핵심가치 _ 234
   4) 진로목표 _ 235
   5) 진로전략 _ 237
   6) 진로과제 _ 241
   7) 진로비전체계 사례 _ 243

제11장 나의 진로계획 II: 진로실행계획 세우기 _ 255

1. 진로실행계획의 의미 _ 256
2. 진로실행계획의 수립 방법 _ 257
   1) 진로목표 결정하기 _ 257
   2) 수행해야 할 진로과제 확인하기 _ 257
   3) 자원 배정하기 _ 258
   4) 마일스톤 일정 계획하기 _ 258
   5) 리스크 파악하기 _ 258
3. 진로실행계획 수립의 실제 _ 259
   1) 진로 로드맵 그리기 _ 259
   2) 진로목표 확인하고 진로실행과제 도출하기 _ 260
   3) 간트 차트 기법을 이용하여 진로계획 수립하기 _ 262
   4) 시나리오 플래닝하기 _ 263
   5) 생애 역할별 계획하기 _ 265

제12장 나의 진로준비 I: 직업능력 준비하기 _ 279

1. 진로준비의 의의 _ 280
   1) 진로준비의 중요성 _ 280
   2) 진로준비를 위한 직업능력 _ 281
2. 직업능력 _ 281
   1) 직업능력의 개념 및 구성 요소 _ 281
   2) 직업기초능력 _ 282
   3) 직무수행능력 _ 285
3. 능력 중심 채용 모델 _ 287
   1) 능력 중심 채용 모델이란 _ 287
   2) 능력 중심 채용 모델 개발 Framework _ 288
   3) 능력 중심 채용 모델 개발 직군과 활용방안 _ 289

제13장 나의 진로준비 II: 구직능력 준비하기 _ 297

1. 구직능력의 의의 _ 298
2. 이력서 작성하기 _ 298
    1) 이력서 작성의 중요성 _ 298
    2) 이력서 작성의 원리 _ 299
    3) 국문이력서 작성의 실제 _ 300
3. 자기소개서 작성하기 _ 303
    1) 자기소개서의 중요성 _ 303
    2) 자기소개서 작성의 원리 _ 304
    3) 자기소개서 작성의 실제 _ 305
4. 면접 준비하기 _ 309
    1) 면접의 중요성 _ 309
    2) 면접의 유형 및 준비사항 _ 310

제5부 평가 및 피드백 • 321

제14장 나의 진로 디자인 활동 평가 및 피드백: 진로 디자인 포트폴리오를 중심으로 _ 323

1. 진로 디자인 평가와 피드백의 의의 _ 324
2. 진로 디자인 포트폴리오 작성 _ 326
    1) 진로 디자인 포트폴리오의 개념 _ 326
    2) 진로 디자인 포트폴리오 작성 방법 _ 327
    3) 진로 디자인 포트폴리오 우수사례 _ 331
3. 진로 디자인 포트폴리오 발표, 토론, 평가 및 피드백 _ 339
    1) 진로 디자인 포트폴리오 발표와 토론 _ 339
    2) 진로 디자인 포트폴리오 평가와 피드백 _ 340

▸▸ 찾아보기 _ 351

제1부

나의 삶, 진로 및 직업

제1장 나의 삶, 나의 진로

제2장 대학생의 특성과 진로

제3장 미래 사회 및 직업세계와 진로

제I부에서는 진로 디자인의 바탕이 되는 나의 삶, 진로 및 직업을 다룬다. 삶의 궁극적인 목적은 행복을 추구하는 데 있으며, 그 행복은 자신에게 적합한 진로를 탐색하고 선택하여 만족스러운 직업생활을 하는 데서 찾을 수 있다. 그리고 진로 디자인의 바탕이 되는 대학생의 진로발달상의 특성과 과제를 살펴보고, 미래 사회 변화에 따라 직업세계의 변화 양상을 탐색하여 진로 디자인에 주는 시사점을 탐구한다.

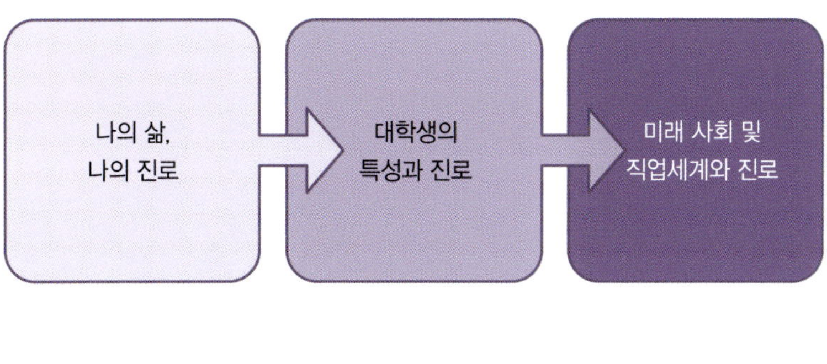

제1장 나의 삶, 나의 진로

개 요

우리가 일생 동안 수행하는 일의 총체를 의미하는 진로는 우리의 삶에서 매우 중요한 역할을 한다. 우리의 삶은 무엇이고, 삶에서 진로는 어떠한 의미를 가지고 있으며, 삶과 진로에서 필연적으로 만나게 되는 고난과 역경의 의미를 이해하고 대처 방안을 탐색하는 것은 진로 디자인의 근간이 된다.

따라서 이 장에서는 삶과 진로의 의미와 중요성을 이해하고, 삶과 진로에서 고난과 역경의 의미와 대처방안에 관하여 알아보도록 한다.

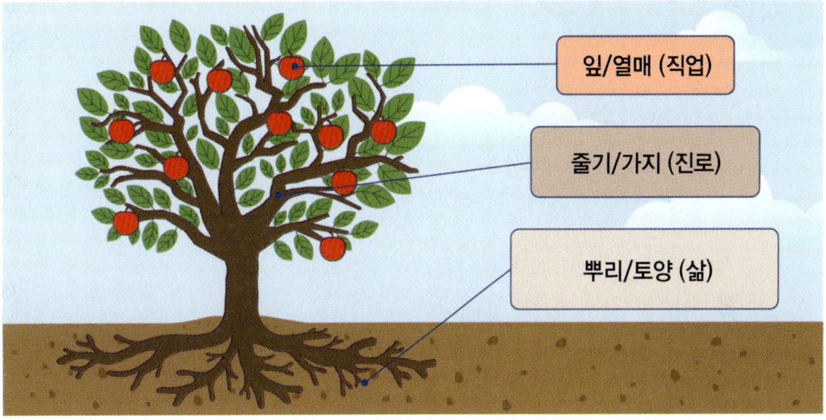

삶이라는 뿌리/토양 위에서 **진로**가 줄기/가지를 치고, **직업**이 잎/열매를 맺게 되므로 **삶**에 관한 깊은 이해 없이는 **진로**와 **직업**이 결코 올바르게 디자인될 수 없다.

학습목표

- 삶이란 무엇인지를 이해한다.
- 삶에서 진로의 의미를 설명할 수 있다.
- 삶과 진로에서 고난과 역경의 의미를 이해하고 대처방안을 설명할 수 있다.

주요용어

■ 삶 ■ 진로 ■ 고난과 역경

1 나의 삶

"어제는 역사이고, 내일은 미스테리이며, 그리고 오늘은 선물이다.
그렇기에 우리는 현재(present)를 선물(present)이라고 말한다."
-엘리너 루스벨트-

Life

Life란 단어에 if가 있는 까닭은
우리의 삶에는 언제나 가능성이 있기 때문이다.

1) 삶이란

삶이란 무엇일까? 삶의 개념은 무엇이고, 나의 삶은 어떠한 의의를 가지고 있으며, 삶의 목적은 무엇인가?

삶이란 살아 있는 상태(the state or condition of being alive)로, 태어나서 죽을 때까지의 기간(the period between birth and death)을 말한다.

우리는 살아가면서 생로병사(生老病死)의 과정을 거친다. 그런데 사람들은 마치 죽지 않을 것처럼 살다가, 언제 살았냐는 듯 죽는다(People live as if they will never die, and die as if they had never lived, interview with god). 그만큼 삶에 대하여 잘 모르고 사는 경우가 많다. 따라서 우리의 삶이 무엇인지 이해하고, 의미 있는 삶을 살기 위한 노력이 필요하다.

나의 삶은 이 세상의 어느 것과도 바꿀 수 없는 귀중한 것이다. 내가 이 지구상에 태어난 것은 우연이 아니라 나의 아버님과 어머님의 소중한 만남으로 태어난 것이며, 나의 탄생이 가능하도록 의사, 간호사 또는 산파 등 많은 분이 수고해 주었고, 많은 사람이 나의 탄생을 축하해 주었다. 또한 탄생 후에도 나는 거저 자란 것이 아니라 많은 분의 보살핌 속에서 오늘날까지 성장할 수 있었다. 태어나서 나의 몸을 움직일 능력조차 없던 어린 시절에 나의 입에 젖을 물려 주고, 추운 날에는 따스한 옷을 입혀 주고, 나의 몸을 깨끗하게 씻겨 주고 닦아 주었던 고마운 손길과 따스한 눈길 덕분에 현재 나는 생존해 있는 것이다.

어디 그뿐이랴. 나의 의복과 주거 시설을 만들어 주고, 내가 이제껏 먹은 곡식과 야채를 생산하고, 음식을 만들어 준 고마운 손길이 없었다면 나는 현재 존재할 수 없을 것이다. 누군가의 도움이 있었기에 이제까지 내가 살아왔으며 또한 현재 살고 있고 살아가는 것이다.

그러므로 나는 오늘날의 내가 있기까지 많은 수고를 해 주신 분들의 헌신과 사랑과 도움을 가슴깊이 고맙게 여기고 그들의 기대에 어긋나지 않도록 나의 삶을 귀중히 여기고 더욱 발전시킬 수 있도록 최선의 노력을 경주해야 한다.

2) 행복한 삶

이 지구상에는 약 80억 명의 인구가 살고 있고, 우리나라에는 약 5천여 만 명의 사람들이 살고 있다. 그들은 매우 바쁘게 그리고 열심히 살아가고 있다. 치열한 경쟁 속에서 많은 사람은 앞뒤를 돌아볼 겨를조차 없이 하루하루를 보내고 있다.

그렇다면 그들은 왜 그렇게 바쁘게 생활하고 있을까? 그들의 삶의 근본적인 목적은 무엇인가? 이러한 질문, 즉 삶의 목적에 대한 해답을 구하고자 많은 학자가 그동안 수많은 연구를 해 왔다.

아리스토텔레스(Aristotle)는 모든 사람에게 있어서 삶의 궁극적인 목적은 '행복'이라고 하였다. 즉, 인간은 행복을 추구하기 위하여 삶을 영위하고 있다는 것이다. 어떤 사람은 재물을 모으는 것에 전념을 하고, 어떤 사람은 일생 동안 권력을 잡기 위하여 노력을 하고, 어떤 사람은 명예를 위하여 자신의 가치를 부여한다. 그러한 돈, 명예, 권력의 추구는 궁극적으로는 행복을 위한 것이라는 것이다. 어떤 사람은 돈을 벌면서 행복을 느끼고(역으로 행복을 느끼기 위하여 돈을 벌고), 어떤 사람은 돈보다는 권력을 누리면서 행복을 느끼고(역으로 행복을 느끼기 위하여 권력을 추구하고), 또 어떤 사람은 돈과 권력이 없더라도 명예를 가질 때 행복을 느낀다(역으로 행복을 느끼기 위하여 명예를 추구하고 유지하는). 그러나 돈이나 명예나 권력은 행복이라는 목적을 위한 수단에 불과한 것이다.

그렇다면 우리는 언제 진정한 행복을 느낄 수 있는가? 행복을 느끼기 위한 공통적이고 보편적인 기본 조건은 무엇인가? 그 조건은 소극적인 조건과 적극적인 조건으로 나누어 볼 수 있다. 소극적인 조건은 기본적인 건강과 최소한의 경제적 안정을 들 수 있고, 적극적인 조건은 자아 성장, 떳떳한 구실과 원만한 인간관계를 들 수 있다(김태길, 1996).

첫째, 무엇보다도 건강해야 한다. 몸이 아플 때 우리는 그 무엇보다도 건강의 중요성을 인식하게 되고, 병이 나았을 때 무한한 행복을 경험하게 된다. 병의 고통 속에서 행복을 느낄 수도 있겠으나 이는 일반적으로 어려운 것이며 일시적일 수 있다.

둘째, 기본 생활을 위한 최소한의 경제적 안정을 가져야만 행복을 느낄 수 있다. 헐벗고 굶주리고 추위 속에서도 행복을 느낄 수 있겠으나 이는 일시적이다. 인간은 보통 기본적으로 의식주가 충족되어야만 행복을 느낄 수 있으며, 이를 위해서는 최소한의 경제적 안정이 전제가 되어야 한다.

이상의 '건강'과 '경제적 안정'은 행복을 위한 중요한 필수조건이기는 하지만, 충분조건은 아니다. 즉, 건강과 경제적 안정만이 있다고 행복해지는 것은 아니다. 건강과 경제적 안정은 행복을 위한 소극적인 필요조건으로서 불행을 면하기 위한 최소한의 조건이다. 그렇다면 행복을 느끼기 위한 적극적인 조건은 무엇인가?

첫째, 우리는 자기가 정신적으로 또는 육체적으로 발전하고 있음을 의식할 때 인간으로서의 만족, 즉 행복을 느낀다. 자기의 능력이나 역량 또는 신망 등이 그제보다 어제가 낫고 어제보다 오늘이 낫다는 것을 의식할 때, 즉 '자아의 성장'을 의식할 때 우리는 삶 전체에 대하여 깊은 만족을 느낀다. 모든 사람이 추구하는 궁극적인 목적은 행복이라고 언명한 아리스토텔레스도 '행복'이 무엇이냐는 물음에 대해 얻은 결론은 '자아의 실현'이었다. 다시 말해서, 사람이면 누구나 타고난 잠재 능력을 충분히 발현시키는 과정에서 행복이 실현된다고 보았던 것이다.

둘째, 우리는 자기가 속해 있는 공동체 내지 집단에서 떳떳한 구실을 하여 스스로 필요한 존재라는 것을 인정할 수 있을 때 인간으로서의 깊은 만족, 즉 행복을 느낀다. 사람은 누구나 어떤 집단에 속하도록 마련되어 있거니와, 그가 속해 있는 집단을 위해서 뭔가 떳떳한 구실을 해야 자기의 존재에 대해서 가치를 인정할 수 있고, 또 자신의 삶에 대해서 만족을 느낄 수가 있다.

셋째, 우리는 인간관계가 원만할 때 인간으로서의 만족, 즉 행복을 느낀다. 인간은 세상에 태어나서 세상을 떠날 때까지 끊임없이 너와 나의 관계 속에서 생활하게 된다. 너는 부모, 형제, 스승, 선배, 후배, 친구, 이웃, 직장인, 국민, 세계인일 수도 있다. 이런 너와 나의 만남의 과정에서 그 관계가 원만할 때 인간으로서의 깊은 만족을 경험한다. 특히 대인관계가 원만하냐 그렇지 못하냐 하는 것은 사회 전체의 질서와 번영에도 직결되고, 개개인의 행복과 불행에도 결정적인 영향을 미친다. 넓은 의미로 대인관계가 원만하다는 것은 사랑으로 맺어진 사이가 많다는 것을 말하는 반면에, 대인관계가 좋지 않다는 것은 미움으로 맺어진 사이가 많다는 것을 말한다. 그런데 인간이 행복감을 느끼는 것은 사랑의 감정 속에서이며, 인간이 불행감을 느끼는 것은 미움의 감정 속에서이다. 이러한 관점에서 원만한 대인관계, 즉 인화는 행복을 위한 중요한 조건이라고 할 수 있다.

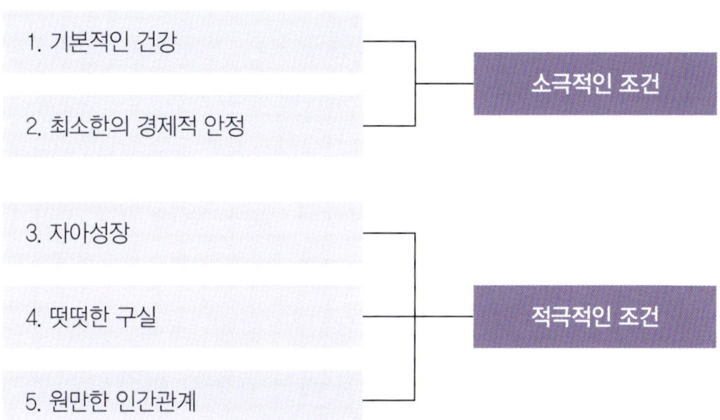

[그림 1-1] **행복 추구를 위한 조건**

보통 우리가 추구하는 부나 명예나 권력도 따지고 보면 이상의 조건을 위한 수단에 불과하며, 부나 명예나 권력이 있더라도 앞에서 설정한 행복의 다섯 가지 기본 조건이 충족되지 않으면 행복은 실현되기 어렵다. 반대로 부나 명예나 권력이 없더라도 행복의 다섯 가지 기본 조건이 충족되면 행복을 느낄 수 있는 것이다.

2 나의 진로

"만일 당신이 일을 생계의 '수단'으로만 생각하면
평생을 밥벌이만 하면서 살게 되겠지만,
자기 '성장'에 초점을 맞춘다면
자신이 속한 분야에 한 획을 그으며 살게 될 것이다."
-미상-

1) 진로의 개념

진로라는 용어는 영어의 'career'를 번역한 말이다. 원래 'career'의 어원은 '수레가 길을 따라 굴러간다'라는 의미의 라틴어 'carro'에서 유래한 것이다. 한자의 '進路'란 말도 '나아갈 길'을 의미한다. 진로의 라틴어 어원이나 한자어를 종합해 보면, 진로란 인간이 살아가는 방향이나 행로로 설명할 수 있다. 이는 일생 동안 한 사람이 일과 직업과 관련하여 갖게 되는 인생의 모든 경로를 의미한다고 할 수 있다.

'career'란 용어는 우리말로 '진로'뿐만 아니라 '생애' '경력' '직업' 등의 용어로 쓰이고 있다. 우리나라 학교교육에서는 '진로'라는 용어로 번역되고 있지만, 사회교육, 성인교육, 인적자원개발(HRD, Human Resources Development) 등의 분야에서는 일반적으로 '경력'이라는 용어로 번역되고 있다. 이로 인해 학교교육과 학교 밖 전문가 간에 'career'는 서로 다른 개념으로 이해되고 사용되고 있다. 이러한 문제를 해결하기 위해 일본의 경우에는 '캐리야(キャリア)'라는 용어를 사용하고 있다(서우석, 2018). 우리는 이 책에서 앞으로 'career'를 '진로'로 번역하여 사용하고자 한다.

한편 진로의 정의도 관점에 따라 다르다. Herr 등(2001)은 진로를 일생 동안 갖게 되는 일과 직업뿐만 아니라 가정 및 지역사회에서의 역할, 여가 등도 포함하여 넓은 의미로 사용했다. 반면에 Sears(1982)는 개인이 일생 동안 수행하는 일의 총체로 보았다. 이 책에서는 진로를 좁은 의미에서 '개인이 일생 동안 수행하는 일과 직업의 총체'로 보고자 한다. 물론 이 개념 속에는 일과 직업을 위한 학습도 포함된다. 이렇게 진로를 좁은 의미로 보는 이유는 이 책에서 진로를 개인의 역할이나 여가보다는 일과 직업에 중점을 두고 진로 디자인을 논의하기 때문이다. 즉, 진로 디자인을 자신의 특성에 적합한 진로대안을 선정하여 탐색하고, 그 결과를 토대로 최적의 진로대안을 선정하여 계획하고 준비하는 데 초점을 맞추어 논의한다.

2) 진로의 중요성

앞에서 살펴본 삶의 궁극적인 목적인 행복을 실현할 수 있는 최소한의 경제적 안정, 기본적인 건강, 자아 성장, 떳떳한 구실, 원만한 인간관계의 조건들은 일을 통하여 달성될 수 있다. 즉, 일을 통하여 경제적 수입을 올리고, 건강을 유지할 수 있다. 매슬로우(Maslow)는 "생산적이고 의미 있는 일을 통해서 자아실현을 이룰 수 있다"고 말했다. 즉, 인간은 일을 통하여 자신의 잠재 능력을 최대한으로 발휘함으로써 자아실현을 하는 것이다. 또한 일을 통하여 떳떳한 구실을 인정받을 수 있고, 인간관계도 형성되는 것이다. 더욱이 개인이 일생 동안 수행하는 모든 일이 진로이므로 개인의 진로는 바로 개인의 삶의 궁극적인 목적인 행복의 실현 여부를 결정짓는 것이다.

사람은 저마다 적성, 흥미, 능력, 가치관 등에 있어서 개인차가 있고, 동시에 일의 세계는 다양하기 때문에 자신에게 적합한 진로를 올바르게 선택하여 자신의 능력을 최대한 발휘할 수 있어야 행복한 삶을 살 수가 있는 것이다. 따라서 진로는 인간의 행복을 결정짓는 중요한 요소가 된다.

우리 인생에서 중요한 세 가지 선택은 배우자의 선택, 진로의 선택, 가치관의 선택이라고 한다. 이처럼 진로의 선택은 우리 인생에서 중요한 선택 중의 하나로서 그 중요성이 크다고 할 수 있다.

진로가 선택되면 우리 삶의 청사진이 거의 완성된 것과 같다. 즉, 내가 일할 내용, 만나야 할 사람, 살아갈 지역, 경제적인 보수, 자아실현의 내용과 정도, 사회적 역할 등은 직업의 선택과 함께 어느 정도 결정되기 때문에 진로선택은 우리의 인생에서 중요한 의미를 갖는다. 특히 우리의 삶에 있어서 직업이 차지하는 비중은 다른 그 무엇보다도 크기 때문에 진로선택을 잘했는지(또는 못했는지)의 여부는 개인의 삶이 성공하느냐 실패하느냐를 좌우할 만큼 중요한 것이며, 우리 인생의 행・불행과도 밀접한 관계가 있다. 즉, 우리가 전 생애에 걸쳐 직업생활에 종사하는 시간의 비중은 매우 클 뿐만 아니라 직업생활은 다른 생활에도 상당한 영향을 미치게 된다.

3 삶과 진로를 위한 마음의 근력 기르기

1) 삶과 진로에서 필연적으로 마주하게 되는 고난과 역경의 의미

개인이 삶과 진로에 대해서 어떠한 관점을 가지고 있는가는 매우 중요하다. 삶과 진로에 어떠한 고난과 역경이 없을 것이라고 기대하고 또한 그러기를 바라는 경우에는 도전하기를 주저하고 조그마한 위험이라도 감수하기를 꺼리게 된다. 또한 자신의 사명을 완수하려는 의지가 부족하게 되고 안일한 선택을 하게 되어 성장과 성취를 하기가 어렵게 된다. 뿐만 아니라 고난과 역경에 처하게 되면 마치 자신만이 운 나쁘게 그러한 고난과 역경에 처하게 되었다고 잘못 생각하여 비관을 하고 극복을 하지 못하는 경우가 적지 않다.

그렇다면 고난과 역경은 선택적인가, 아니면 필수적이어서 우리의 삶과 진로에서 끊임없는 고난과 역경에 처하게 되는가?

인간은 기쁨, 노여움, 슬픔, 즐거움의 여러 감정, 즉 희노애락(喜怒哀樂)을 느끼며 살게 된다. 때로는 문제와 사건과 사고의 와중에 처절한 고난과 고통 속에서 살게 되기도 한다.

니체(Nietzsche, 1844~1900)는 "인생의 목적은 끊임없는 전진에 있는데, 전진하다 보면 걷기 좋은 평탄한 길만이 있는 것이 아니고, 언덕과 진흙탕을 만나게 된다. 먼 곳으로 항해하는 배는 풍파를 만나지 않고는 갈 수 없기에 풍파는 언제나 전진하는 자의 벗이다. 나의 고난 속에 인생의 기쁨이 있고, 폭풍 없는 항해는 얼마나 단조로

[그림 1-2] 니체(Nietzsche)

운가. 따라서 곤란이 심할수록 내 가슴은 뛴다."라고 하였다.

니체의 말처럼 풍파는 언제나 전진하는 자의 벗이고, 고난 속에 인생의 기쁨이 있고, 폭풍 없는 항해는 단조로우며, 곤란이 심할수록 가슴이 뛰는 마음으로 삶을 살아가고 진로를 개척해 나아가야 한다. 풍파를 두려워하고 고난 속에서 슬픔만을 느끼고 폭풍 속의 항해를 두려워하여 바다의 해안가만을 서성이며 삶을 살고 진로를 선택하는 경우에는 위축된 삶과 진로가 펼쳐질 것이다.

퀸(Queen)의 노래 〈Too much love will kill you〉의 가사 중에는 "…누구도 나에게 진실을 말해 주지 않은 것 같아요. 커 가는 것과 그것이 얼마나 힘든 일인가에 대해서…"라는 구절이 있다. 삶이라는 것은 본래 힘든 것이고 고난과 역경으로 가득한 것이다. 따라서 그러한 고난과 역경을 두려워하기보다는 적극적인 마음으로 이에 대처하고 극복하려는 마음 자세야말로 올바른 진로선택과 준비의 바탕이 된다.

…I feel like no-one ever told the truth to me
…누구도 나에게 진실을 말해 주지 않은 것 같아요

About growing up and what a struggle it would be…
커 가는 것과 그것이 얼마나 힘든 일인가에 대해…

[그림 1-3] **퀸의 노래 중 삶에 관한 가사**

들을 수도, 볼 수도, 말할 수도 없었으나 이러한 삶의 처절한 고난과 역경을 극복하고 인권운동가, 사회운동가 등 다방면으로 활동한 헬렌 켈러(Helen Keller)는 삶과 진로에서 고난과 역경을 어떻게 인식하고 대처해 나아갈지에 관하여 다음과 같은 좋은 글을 남겼다.

- 세상은 고통으로 가득하지만 그것을 극복하는 사람들로도 가득하다(The world is full of suffering but it is also full of people overcoming it.).
- 햇빛에 얼굴을 계속 향하도록 하면 당신의 그림자를 볼 수 없다(Keep your face to sunshine and you cannot see the shadow.).
- 만약 세상에 즐거움만 있다면 우리는 결코 인내하는 법을 배울 수 없을 것이다

(We would never learn to be patient if there were only joy in the world.).

- 행복의 한쪽 문이 닫히면 다른 쪽 문이 열린다. 그러나 흔히 우리는 닫혀진 문을 오랫동안 보기 때문에 우리를 위해 열려 있는 문을 보지 못한다(When one door of happiness closes, another one opens. But often we look so long at the closed door that we do not see the one which has opened for us.).
- 장애는 불편하다. 하지만 불행한 것은 아니다(Disability is inconvinient but not unhappiness.).

2) 삶과 진로에서 고난과 역경에 대한 대처

(1) 대처의 중요성

삶과 진로에서 필연적으로 만나는 고난과 역경에 어떻게 대처할 것인가 하는 것은 매우 중요한 문제이다. "고통은 필수적이지만 괴로움은 선택적이다."라는 말이 있다. 고난과 역경은 필수적이지만 그것에 대한 반응은 내가 할 수 있다는 것이다. 같은 맥락에서 빅터 프랭클(Viktor Emil Frankl)은 "자극과 반응 사이에는 공간이 존재한다. 그 공간에서 우리는 각자 자유롭게 선택할 수 있는데, 그 선택에 따라 우리의 삶이 결정된다."고 하였다. 즉, 자극은 내가 통제할 수 없지만 그 자극에 대한 나의 생각, 인식, 관점에 따라 나의 반응이 결정되고, 나의 생각, 인식, 관점, 나의 반응과 결정이 나의 삶을 결정하는 것이다.

[그림 1-4] 빅터 프랭클(Viktor Emil Frankle, 1905~1997)

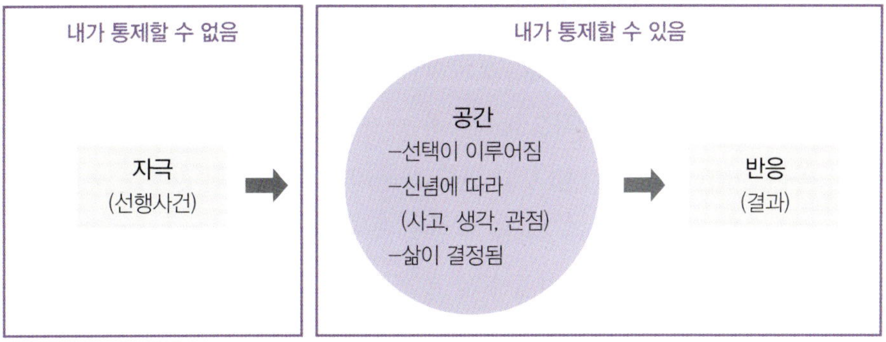

[그림 1–5] **빅터 프랭클의 자극과 반응**

(2) 대처 방법: 능동적 · 적극적 · 긍정적 대처

고난과 역경에 대해서는 엘리스(Ellis, 1962)의 A–B–C 모델을 참조할 수 있다. [그림 1–6]에 제시된 바와 같이 A는 생활환경에서 일어나는 선행사건(Antecedent event)을 의미하며, 촉발사건(Activating event) 또는 역경(Adversity)을 뜻하기도 한다. 어떤 정서나 행동을 촉발하는 외부 자극으로 시험에 떨어지거나, 타인에게 비판을 받거나, 실직하는 것과 같은 사건을 말한다. B(Belief)는 이러한 사건의 의미를 해석하고 평가하는 데 사용하는 신념을 뜻한다. 이러한 신념은 합리적일 수도 있고, 비합리적일 수도 있다. C(consequence)는 촉발사건에 대한 반응으로서 개인이 나타내는 정서적 또는 행동적 결과를 의미한다. ABC 모델의 핵심은 신념이라는 인지적 요인이 선행사건과 결과적 반응을 매개한다는 점이다(권석만, 2017).

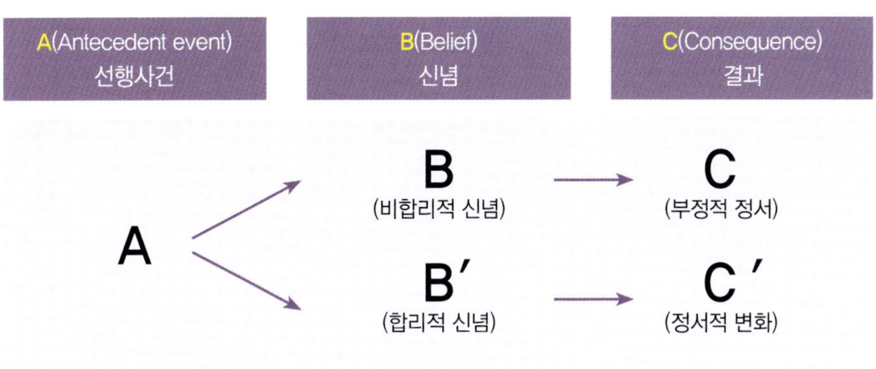

[그림 1–6] **ABC 모델**

고난과 역경이 삶과 진로에서 필수적이라면, 이를 어떻게 대처할 것인가 하는 것은 매우 중요한데, 이는 나의 마음, 즉 나의 신념에 달려 있다. 따라서 고난과 역경에 대해서는 긍정적이고 적극적으로 대처하는 것이 중요하다.

예를 들어, 어떤 후배가 나를 보고 인사를 하지 않고 지나친 경우(A: Antecedent event, 선행사건), 나의 마음은 "나를 완전히 무시하는 것이 아닌가?" 할 수도 있고, 또는 "다른 생각을 하느라 나를 못보고 지나쳤구나" 하고 생각할 수도 있다(B: Belief, 신념). 전자의 경우로 생각하면 분노가 치솟게 되고, 후자의 경우에는 별 분노가 없고 오히려 상대방에게 무슨 고민이 있나 하고 걱정을 하며 측은하게 생각하게 되기까지 한다.

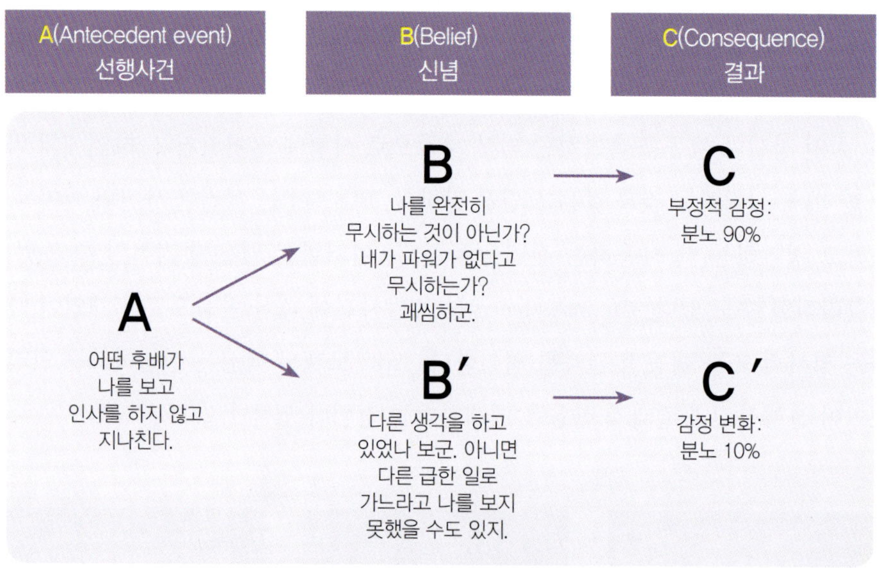

[그림 1-7] ABC 모델의 예시

따라서 어떠한 신념, 생각, 마음을 갖느냐 하는 것은 중요한데, 각각에 대해서 두 가지의 상반된 구체적인 사례를 세 가지 들면 다음의 [그림 1-8]과 같다.

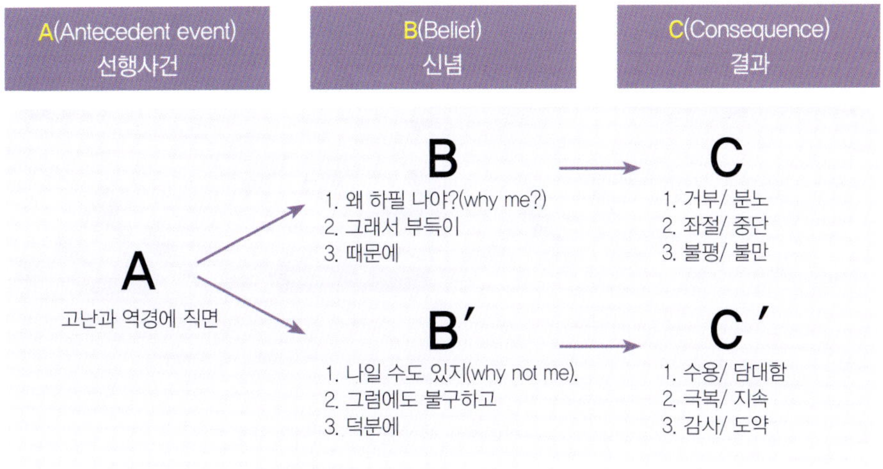

[그림 1-8] ABC 모델의 사례

① 나일 수도 있지(Why not me) vs. 왜 하필 나야?(why me?)

조 바이든(Joe Biden) 미국 대통령은 1972년 최연소 상원의원에 당선된 다음 달에 교통사고로 첫 아내와 한 살짜리 딸을 잃었다. 2015년엔 델라웨어주의 법무장관이던 장남 보(Beau Biden)를 뇌암으로 떠나보냈다. 조 바이든 미국 대통령의 책상에는 '만화 액자' 하나가 놓여 있는데, 그가 아내와 딸을 잃은 후 신을 원망하며 슬픔에 빠져 있자 그의 아버지가 그에게 건넨 것이다.

[그림 1-9] 조 바이든의 책상에 놓인 액자

본인의 절규: 왜 하필 저입니까? vs. 신의 목소리: 왜 네가 아니어야 해?
(너일 수도 있지)

[그림 1-10] 조 바이든의 책상에 놓인 액자의 내용

② 그럼에도 불구하고 (계속 추진함) vs. 그래서 부득이 (멈춤)

어떠한 고난과 역경 속에서도 자신이 추구한 일을 계속 수행하는 경우가 있고, 조그만한 어려움만 있어도 일을 포기하고 멈추는 경우가 있다.

등반가 박정헌은 34세 때 등반 도중 사고를 당하여 여덟 개의 손가락 마디와 발가락 일부를 절단하였다. 그럼에도 불구하고 그는 아직도 등반을 계속하고 있다.

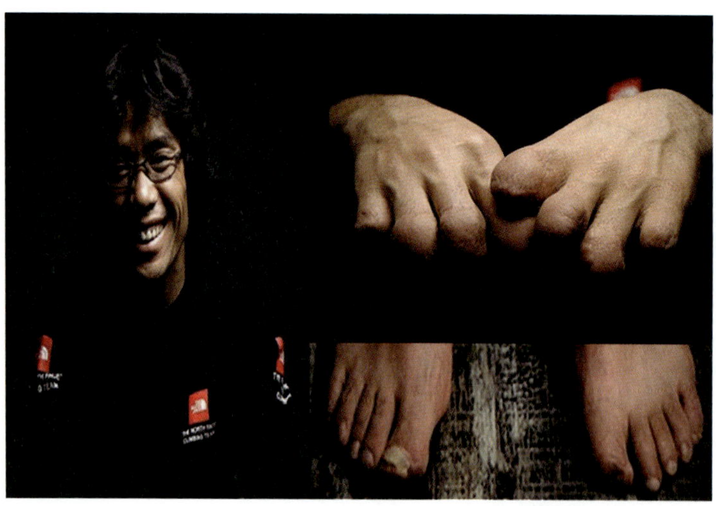

[그림 1-11] 등반가 박정헌의 손가락 마디와 발가락

등반가 박정헌

34세 때 등반 중 사고를 당하여
여덟 개의 손가락 마디와 발가락 일부 절단
–1971년 출생
–1989년 초오유 동계 남동벽 등반
–1994년 안나푸르나 남벽 등정
–1995년 에베레스트 남서벽 등정
–1996년 초오우 등정, 시샤팡마 중앙봉 등정
–1997년 낭가파르바트 등정
–1999년 K2 토모체센 루트 등반
–2000년 K2 남남동릉 무산소 등정
–2002년 시샤팡마 남서벽 신루트 등정
–2005년 촐라체 북벽 등정(사고로 손가락 마디 여덟 개, 발가락 일부 절단: 34세)
–이후 패러글라이딩으로 세계 최초로 히말라야를 종단, 파키스탄–티베트–중국–네팔–인도를 스키, 카약, 자전거, 트레킹으로 무동력 횡단

"절망을 밀어내려 하지 않고 받아들이는 것, 실패가 클수록 다음 성공은 크다."

[그림 1–12] **등반가 박정헌의 이력**

등반가 김홍빈은 27세 때 등반 중 조난을 당하여 열 손가락을 모두 잃었다. 이후 장애인 등반가 최초로 세계 7대륙 최고봉과 히말라야 14좌 완등에 성공하였다.

등반가 김홍빈

〈1964~2021. 7. 19. 향년 56세〉
27세 때 등반 중 조난을 당하여 열 손가락을 모두 잃음
–1964년 출생
–광주대, 전남대 경영전문대학원 졸업
–1989년 네팔 에베레스트(8848m) 등반
–1990년 파키스탄 낭가파르바트(8215m) 원정
–1991년 북미 매킨리 등반
(동상으로 손가락 10개 절단: 27세)
–이후 장애인 최초로 세계 7대륙 최고봉 완봉과 히말라야 14좌 완등을 하고 하산 도중 실종

"인생은 처절할수록 더욱 아름다운 것 같아요."

[그림 1–13] **등반가 김홍빈의 이력**

③ 디딤돌 (덕분에) vs. 걸림돌 (때문에)

영국의 비평가이자 역사학자인 토마스 칼라일(Thomas Carlyle)은 걸림돌과 디딤돌에 관하여 [그림 1-14]와 같은 유명한 말을 남겼다.

걸림돌 (때문에) vs. 디딤돌 (덕분에)

"길을 가다가 돌을 만나면
약자는 그것을 걸림돌이라 하고,
강자는 그것을 디딤돌이라 한다."

–토마스 칼라일 (1795~1881):
프랑스 혁명사를 쓴 영국의 역사가

[그림 1-14] 토마스 칼라일의 걸림돌과 디딤돌에 관한 글

고난과 역경에 직면했을 때 이를 걸림돌(때문에)이라고 인식하면 부정적인 생각이 지배하여 좌절에 빠지게 되고, 디딤돌이라고 여기면 긍정적인 생각으로 이를 도전의 기회로 생각하고 힘차게 나아가게 된다.

일본에서 마쓰시타 전기산업을 설립한 마쓰시타 고노스케는 가난한 집에서 허약한 몸으로 태어났다. 초등학교 4학년 때 학교를 중퇴하였지만 어려운 여건을 '때문에'가 아니라 '덕분에'로 여기고 크게 성공할 수 있었다([그림 1-15] 참조).

마쓰시타 고노스케(1894~1989) 마쓰시타 전기산업 창업자

Not 때문에	But 덕분에
허약한 몸	항상 운동을 할 수밖에 없게 만들어 90세의 나이에도 건강 유지
가난한 집	어릴 때부터 구두닦이, 신문팔이 등 온갖 일을 하여 세상을 헤쳐 나가는 둘도 없는 힘을 기름
초등학교 4년 중퇴	세상의 모든 사람에게 배울 수밖에 없어 만나는 사람 모두를 스승으로 삼고 배움

[그림 1-15] 마쓰시타 고노스케의 '때문에'를 '덕분에'로 바꾼 사례

이 외에도 안데르센(Andersen, 1805~1875)은 못생기고 따돌림을 당한 덕분에 『미운 오리새끼』를, 극심한 가난 속에서 산 덕분에 『성냥팔이 소녀』라는 불후의 명작을 쓸 수가 있었다. 또한 J. K. 롤링(Joan K. Rowling, 1965~)은 이혼 당시에 어린 딸이 있었는데, 어린 딸에게 책을 읽어 주고 싶었지만 가난해 책을 구입하기도 어려워서 딸에게 읽어 줄 마법의 이야기를 쓴 덕분에 『해리포터』라는 세계적인 베스트셀러를 출간할 수 있었다.

(3) 능동적 · 적극적 · 긍정적 대처를 위해 평소 마음의 근력 함양

이제까지 살펴보았듯이 삶과 진로에서 고난과 역경은 필수적이며, 바닷가에서 더 멀리 나아갈수록 파도와 풍랑이 더욱 심해지는 것처럼, 우리가 더 많은 역할과 책임을 가지게 될수록 그 고난과 역경은 더욱 커진다. 그런데 그러한 고난과 역경에 직면했을 때 이를 어떻게 인식하고 대처하는가는 매우 중요하다. 그러한 고난과 역경을 극복하기 위해서는 능동적이고 적극적이고 긍정적인 마음으로 임하는 것이 중요하다. 즉, ABC 모델에 따라 (1) 고난과 역경의 대상이 나일 수도 있지, (2) 그러한 고난과 역경에도 불구하고, (3) 고난과 역경(걸림돌, 때문에)을 디딤돌(덕분에)로 인식하고 이를 극복하기 위해 최선을 다하는 것이 필요하다. 고난과 역경을 극복한 경우에 나의 역량은 더욱 커지게 되고, 이를 극복하지 못하였다고 하더라도 더욱 많은 것을 배우고, 우리의 저력은 더욱 커지게 되어 훗날 더 큰 성공의 원동력이 된다. 운동을 잘하기 위해서는 기본적인 체력과 필요한 근력을 키워야 하듯이, 이러한 능동적 · 적극적 · 긍정적 마음을 갖기 위해서는 평소 마음의 근력을 키워야 한다. 이와 밀접하게 관련된 것이 회복탄력성이다.

회복탄력성(resiliance)은 크고 작은 다양한 역경과 시련과 실패를 도약의 발판으로 삼아 더 높이 오르는 마음의 근력을 의미한다(김주환, 2019). 심각한 삶의 국면에서 좌절하지 않고 기존보다 더 나은 방식으로 재기할 수 있는 개인의 고유한 성질을 의미한다(두산백과사전). 지속적인 발전을 이루거나 커다란 성취를 이뤄 낸 개인이나 조직은 대부분의 경우에 실패나 역경을 딛고 일어섰다는 공통점이 있으며, 역경으로 인해 밑바닥까지 떨어졌다가도 강한 회복탄력성으로 다시 튀어 오르는 사람들은 대부분의 경우에 원래 있었던 위치보다 더 높은 곳까지 올라갈 수 있다. 어떤 불행한 사건이나 역경에 대해 어떠한 의미를 어떻게 부여하고 인식하느냐에 따라 불행해지거나 행복해지는 기로에 서게 된다. 세상일을 긍정적인 방식으로 받아들이는 습관을 구축한다면 부정적으로 상황을 인식함으로써 과소비되는 감정적 에너지를 문제해결을 위한 집중에 보다 유용하게 사용할 수가 있다.

그러면 회복탄력성을 어떻게 높일 것인가? 회복탄력성을 높이기 위해서 가장 중요한 것은 긍정적 정서(positive emotion)의 강화이며, 구체적인 방법은 자신은 물론이고 타인에 대한 존중(capacity to respect)과 감사하기(giving thanks)이다. 특히 어떠한 대상이나 상황과 여건에 대해서도 감사하게 생각하는 것이 중요하다. 이러한 감사의 마음을 갖기 위해서는 다음의 두 가지가 필요하다.

첫째, 이제까지 당연한 것으로 생각하였던 것에 감사를 하는 것이다. 다음의 노래 가사가 이에 해당한다.

"아침 해가 뜨고 저녁의 노을
봄의 꽃향기와 가을의 열매
변하는 계절의 모든 순간이
당연한 것이 아니라 은혜였소

모든 것이 은혜 은혜 은혜 한 없는 은혜
내 삶에 당여한 건 하나도 없었던 것을
모든 것이 은혜 은혜였소

이 땅에 태어나 사는 것
어린 아이 시절과 지금까지
숨을 쉬며 살며 꿈을 꾸는 삶
당연한 것 아니라 은혜였소 (이하 생략)"

-손경민의 <은혜>에서

당연하게 여겼던 공기, 바람, 자연, 가족, 친구, 소속 학교 및 교직원, 심지어 스쳐 지나가는 사람 모두에게 감사하는 것이다.

둘째, 내가 원하는 상황이 되었을 때에만 감사하는 것이 아니라 원하지 않은 상황이 되었을 때에도 감사거리를 찾고 감사하는 것이다. 예를 들어, 한쪽 발을 다쳐서 불평하고 낙담하기보다는 두 발을 다치지 않았음에 감사하는 것이다. 커다란 업적을 이루고 성공을 한 사람들은 대부분 많은 실패가 있었기에, 더 높게 성취가 가능했기에 실패를 하였을 때 좌절하기보다는 '실패는 나를 교만하지 않고 더욱 더 겸손하게, 매사에 최선을 다하게 하여 앞으로 보다 더 큰 성공을 위한 감사한 기회'라고 감사하는 것이다. 고난과 역경은 은혜가 들어오는 통로라고 하듯, 고난과 역경을 은혜라고 감사하는 것이다. 어려움이 더 아름다운 목적지로 이끈다고 믿고 감사하는 것이다.

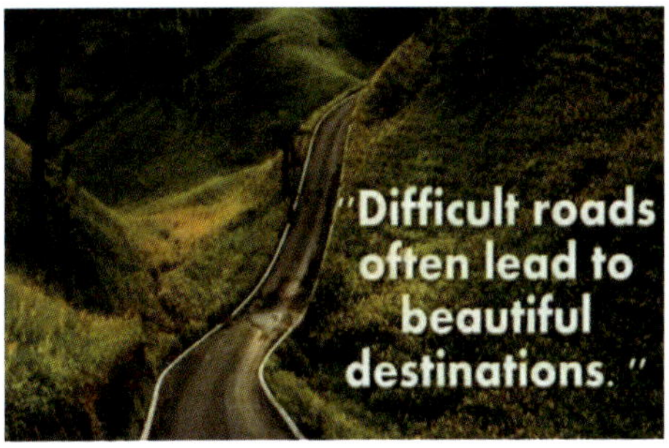

[그림 1-16] 어려움에 대한 감사
출처: http://bit.ly/3YEglMY

[그림 1-17] 고난에 대한 감사
출처: http://bit.ly/3EejLhn

단원 요약

1. 진로는 나의 삶 속에서 이루어지는 일의 총체이므로 진로는 삶의 이해를 기초로 이루어진다. 하나뿐인 나의 삶은 매우 소중하다. 우리 모두는 행복을 삶의 목적으로 추구한다.

2. 삶에서 진로는 매우 중요하다. 개인적인 관점에서는 삶의 궁극적인 목적인 행복의 실현 여부를 결정하고, 삶에서 중요한 세 가지 선택 중의 하나이다. 국가적인 관점에서 개개인의 진로는 국가와 사회의 발전 여부를 좌우하는 중요한 것이다.

3. 우리는 삶과 진로에서 필연적으로 고난과 역경에 처하게 된다. 이러한 고난과 역경에 처하게 될 때는 능동적, 적극적, 긍정적으로 대처하는 것이 중요하다.

4. 구체적으로 ABC 모델을 참고하여 고난과 역경의 대상이 '나일 수도 있지', 그러한 고난과 역경에도 '불구하고', 고난과 역경을 '디딤돌(덕분에)'로 인식하고 이를 극복하기 위해 최선을 다하는 것이 필요하다.

5. 고난과 역경을 극복한 경우에 역량이 더욱 커지게 되고, 이를 극복하지 못하였더라도 많은 것을 배워서 저력이 더욱 커지게 되어 훗날 더 큰 성공의 원동력이 된다.

참고문헌

고용노동부(2018). 표준이력서 및 자기소개서 양식. https://www.moel.go.kr/policy/policyinfo/safety/bbsView.do?bbs_seq=20180100182

권석만(2017). 인간 이해를 위한 성격 심리학. 서울: 학지사.

김주환(2019). 회복탄력성. 서울: 위즈덤하우스.

김태길(1996). 삶이란 무엇인가. 서울: 자유문학사.

꿈날개(2021). 모의 면접. https://www.dream.go.kr/dream/index.do

서우석(2018). 한·일 초등학교 진로교육 비교 연구. 실과교육연구, 24(1), 195-218.

서울대학교 경력개발센터(2021). 합격자 자기소개서. http://u.educe.co.kr/jobsnu/?mod=passReport&m_idx=17

워크넷(2021). 직무별 자소서 작성가이드. https://www.work.go.kr/empSpt/empGuide/selfintroWriteGuide/selfintroWriteGuideViewList.do

잡코리아(2021). 한글 이력서 양식. https://www.jobkorea.co.kr/goodjob/docs/form?schOrder=1&schFile=0&schTxt=&schCol=000001

잡플래닛(2021). 면접 후기. https://www.jobplanet.co.kr/job/search?q=CJ&page=2

정철영(2006). 진로지도의 이론적 기초. 김영인, 노경주, 정철영 공저, 청소년 진로 및 학업지도 (pp. 59-82). 서울: 한국방송통신대학출판부.

Ellis, A. (1962). *Reasonand emotion in psychotherapy*. LyleStuart.

Herr, E. L. (2001). Career development and its practice: A historical perspective. *The Career Development Quarterly, 49*(3), 196-211.

Sears, S. (1982). A definition of career guidance terms: A national vocational guidance association perspective. *Vocational Guidance Quarterly, 31*(2), 137-143.

Tom, R. (2007). *Strengths finder 2.0: A new and upgraded edition of the online test from gallup's now, discover your strengths with other*. Gallup Press.

읽을거리

소셜멘토링 잇다: https://www.itdaa.net/

고1 아들, 학폭으로 투신 후 대기업 다니던 아버지가 사표내고 한 일: https://naver.me/GUQi78Pn

활동지 1-1

삶의 궁극적인 목적이 행복 추구라는 관점에 대하여 공감하는가? 또한 행복의 기본적인 조건이 5가지(최소한의 경제적 안정, 기본적인 건강, 자아성장, 떳떳한 구실, 원만한 인간관계)라고 하는데, 이에 관해서는 어떻게 생각하는가?

활동지 1-2

삶은 태어나서부터 죽을 때까지인데, 그 사이에 해야 할 일들 중에서 삶에서 가장 중요한 3가지 일은 무엇이라고 생각하는가?

활동지 1-3

삶에 관한 명언들을 찾아보고, 그중에서 본인이 가장 감명 깊게 생각하는 명언은 어떠한 것이고, 그 이유는 무엇인지 설명해 보자.

활동지 1-4

나의 진로 및 직업에 따라서 어떠한 사항들이 결정되는지 다음 예시 이외의 것을 나열해 보자.
(예시) 하는 일, 만나는 사람 등

활동지 1-5

ABC 모델: 올바른/긍정적인/생산적인 관점 갖기

이제까지 나의 일생 동안 일어난 사건 중에서 가장 화나거나 슬픈 일은 무엇이었는지 3가지를 선정하고, 그 사건에 대한 비합리적인 신념과 합리적 신념, 그리고 그 각각에 대하여 나의 마음은 어떠한지 적고, 지금 생각해 보니 잘했는지 아니면 후회가 되는지를 평가해 보자.

선행사건 (Antecedent event)	신념 (Belief)		결과 (Consequence)	평가
[예시] 원하는 대학 입시에 낙방한 것	비합리적	나는 인생의 실패자이고, 낙오자이고, 이는 결코 만회할 수 없음.	좌절, 절망	나는 당시 비합리적으로 생각을 하였으나 지금 생각해 보니 실패는 또 다른 기회였음. 앞으로는 합리적으로 생각할 것임.
	합리적	실패는 전진을 위한 또 다른 도전이고, 나는 다시 한 번 시도하든지 아니면 후기 대학에 진학하여 더욱 열심히 공부하여 원하는 직장에 취업 또는 원하는 대학원에 진학 할 것임.	새로운 도전과 시도	
1.	비합리적			
	합리적			
2.	비합리적			
	합리적			
3.	비합리적			
	합리적			

활동지 1-6

때문에(걸림돌) vs. 덕분에(디딤돌): 나의 삶의 장애물로 생각하는 '때문에'를 '덕분에'로 바꾸기

나의 삶에 있어서 가장 장애물이나 단점으로 생각하는 때문에(걸림돌) 5가지를 기술하고, 그것을 어떻게 덕분에(디딤돌)로 바꿀 수 있는지 기술해 보자.

때문에(걸림돌)	덕분에(디딤돌)
[예시] 나는 가난한 집에서 태어났기 때문에 흙수저를 벗어날 수 없다.	[예시] 어릴 때부터 다양한 일을 하며 세상을 헤쳐 나가는 둘도 없는 힘을 키울 수 있다.
1.	
2.	
3.	
4.	
5.	

제2장 대학생의 특성과 진로

개 요

대학생 시기는 진로발달에 있어서 매우 중요한 시기이다. 대학생으로서 대학생들의 일반 특성과 진로 특성을 이해하고, 대학 졸업 후 다양한 진로 개척 사례를 파악하여 자신의 진로를 개척해 나아가는 적극적인 마음가짐과 역량을 함양하는 것이 필요하다. 또한 우리나라의 대학생 진로지도 지원체제를 이해하여 자신의 진로 선택과 계획 및 준비에 있어서 도움을 받을 기관과 내용을 파악하는 것이 유용하다.
따라서 이 장에서는 대학생의 일반 특성과 진로 특성, 대학 졸업 후 다양한 진로 개척 사례, 대학생 진로지원체제에 관하여 알아보도록 한다.

학습목표

- 대학생의 특성을 이해한다.
- 대학생의 진로 특성을 설명할 수 있다.
- 대학 졸업 후 다양한 진로 개척 사례를 통해 도전적인 태도를 함양한다.
- 대학생 진로지원체제를 설명할 수 있다.

주요용어

■ 대학생 ■ 대학생 특성 ■ 대학생 진로 특성 ■ 대학생 진로 ■ 대학생 진로지원체제

1 대학생의 특성

"대학생 여러분은 돈을 잃어도 상관없습니다.
많은 돈이어도 괜찮습니다. 하지만 평판을 잃지 마십시오.
우리에겐 돈을 잃을 이유는 충분히 있으나
평판을 잃을 이유는 조금도 없습니다."
-워렌 버핏-

1) 대학생의 개념

대학생은 대학교를 다니면서 배우는 사람이라고 정의된다. 「고등교육법」 제2조에 따르면, 대학은 (1) 대학, (2) 산업대학, (3) 교육대학, (4) 전문대학, (5) 방송대학·통신대학 및 사이버대학, (6) 기술대학, (7) 각종 대학 등 7개 유형의 고등교육기관을 말한다.

2) 대학생 현황

2021년 기준 우리나라 대학생의 수는 251만 4천여 명으로, 2015년 이후 감소 추

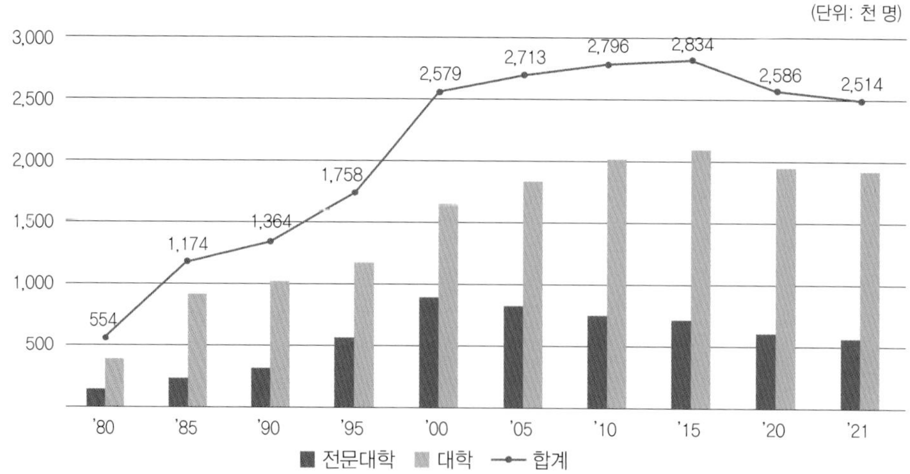

[그림 2-1] **우리나라 대학생 수 변천(1980~2021)**
출처: 교육부(각 연도). 교육통계연보.

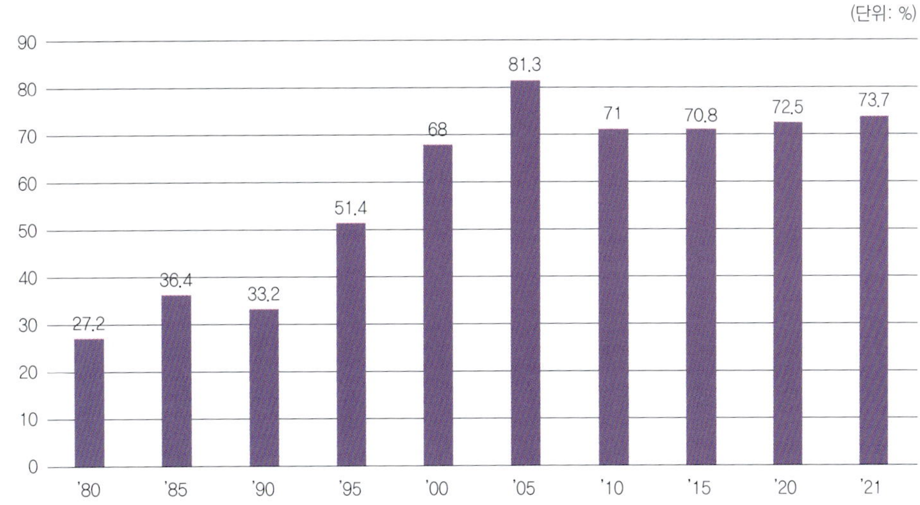

[그림 2-2] 고등교육 진학률 변천(1980~2021)

출처: 교육부(각 연도). 교육통계연보.

세이다.

고등학교 졸업자의 고등교육기관 진학률은 70%를 상회하여 고등교육은 더 이상 엘리트 교육이 아니라 대중교육의 면모를 띠고 있다. 고등학교 졸업자의 고등교육기관 진학률은 1995년에 50%를 돌파하였고, 2005년에는 81.3%를 기록한 후, 최근에는 70% 대를 유지하고 있다.

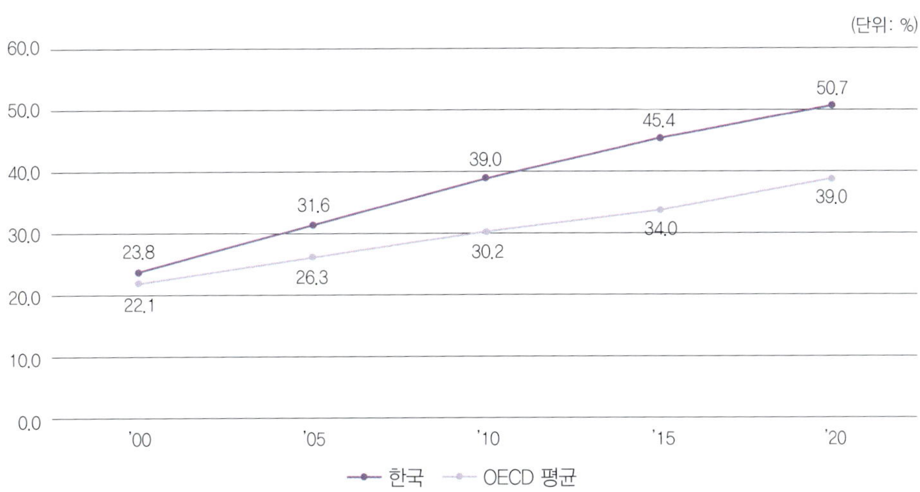

[그림 2-3] 25~64세 인구 중 고등교육 이상의 학력을 가진 인구 비율 변천(2000~2020)

출처: OECD (각 연도).

25~64세 연령대 인구 중 고등교육 이상의 학력을 가진 인구의 비율은 2000년 이후 지속적으로 증가하여 2020년 기준 해당 연령대 인구의 절반 이상(50.7%)을 넘어섰으며, 이는 OECD 국가 평균 39.0%를 상회하는 수치이다.

3) 대학생 특성 관련 이론

(1) 에릭슨의 심리사회학적 발달 이론

에릭슨(Erickson, 1994)의 심리사회학적 발달 이론에 따르면, 대학생 시기는 자아정체감(identity)과 역할 혼미(role confusion), 친밀감(intimacy)과 고립감(isolation) 사이에서 갈등을 겪는 시기이다. 따라서 대학생 시기에 심리사회학적 발달을 잘하도록 하여 역할 혼미보다는 자아정체감을, 고립감보다는 친밀감을 갖도록 하는 것이 중요하다.

다양한 환경에서의 경험을 통해 개인은 정체감을 찾기 위해 지속성과 동일성을 추구하지만, 역할 혼미가 지속되면 사회적으로 용납될 수 없는 부정적인 정체감으로 이어질 수 있다. 또한 지속적인 관계를 위해 다른 사람과 유대하는 헌신적인 태도를 통해 친밀감을 형성하지만, 경쟁적이고 투쟁적인 행동이 지속되면 고립감을 겪게 된다.

(2) 성인 발달 이론

레빈슨(Levinson, 1986)의 성인 발달 이론에 따르면, 대학생 시기는 초기 성인기로의 전환과 진입이 이루어지는 시기이다. 초기 성인기로의 진입은 22~28세 사이에 이루어지며, 성인으로서의 삶을 살기 위한 기초적인 방법과 태도를 구축 및 유지하게 된다. 20세 후반에는 초기 성인기에 가졌던 삶의 양식을 재평가하고, 다음의 단계로 신입하기 위한 기반을 구축하는 기회를 모색하게 된다.

(3) 발달과업 이론

허비거스트(Havighurst, 1953)의 발달과업 이론에 따르면, 19~30세 사이의 성인은 다음과 같은 발달과업을 가지고 있다.

- 배우자 선택
- 결혼생활에 필요한 내용 학습
- 가정을 꾸리고, 가사를 돌보며, 자녀를 양육함
- 직업을 가짐
- 사회적 책임을 짐
- 자신의 성격에 맞는 사회적 집단 탐색

따라서 대학생 시기는 직업을 갖고, 배우자를 선택하는 중요한 발달과업을 수행하는 시기이다.

(4) 발현 성인기 이론

아넷(Arnett, 2000)의 발현 성인기(emerging adulthood) 이론에 따르면, 18~25세에 해당하는 시기인 발현 성인기는 청소년기나 초기 성인기와 구별되는 특징을 보인다.

발현 성인기에는 아동이나 청소년이 가지는 의존성에서 벗어나면서도 아직 성인에게 요구되는 규범이나 책임을 감수하고 싶어 하지는 않는다. 발현 성인기는 다양한 가능성을 탐색하는 시기로, 이 시기를 거치면서 점차 사랑과 일, 세계관을 정립해 나간다. 이 시기의 주요 과업은 다음과 같다.

- 홀로 서는 법을 배움
- 평생의 배우자 찾기
- 자신의 정체성에 맞는 직업 탐색
- 즐거움 향유

4) 대학생의 일반 특성

(1) 진학 이유

대학생은 대학 진학이 취업에 유리하고, 대학 진학을 권장하는 사회적 분위기와 대학 생활 동안에 다양한 경험을 할 수 있기 때문에 대학을 진학하는 것으로 나타나고 있다.

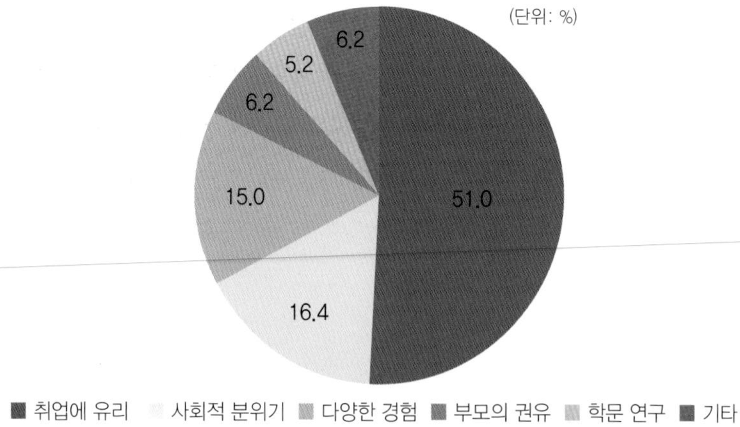

[그림 2-4] **대학생의 대학 진학 이유**

출처: 한국대학신문(2021).

(2) 주된 고민

대학생의 대학생활 중 주된 고민은 졸업 후 진로인 것으로 나타났다(이재열 외, 2021). 대학생의 절반 이상이 취업, 창업, 진학 등과 같은 졸업 후 진로에 대해 고민하며(대학교 67.1%, 전문대학 62.2%), 그 외의 고민 사항은 학업, 경제적 어려움, 대학생활 적응, 전공 불만족 순이었다.

〈표 2-1〉 **대학생의 대학생활 중 주된 고민**

항목	대학교		전문대학	
	빈도(명)	비율(%)	빈도(명)	비율(%)
졸업 후 진로	23,987	67.1	5,242	62.2
학업	7,450	20.8	1,944	23.1
경제적 어려움	2,274	6.4	721	8.6
대학생활 적응	1,125	3.1	294	3.5
전공 불만족	604	1.7	117	1.4
기타	309	0.9	105	1.2

출처: 이재열, 장주희, 최수현, 류지영, 이윤진, 박봉남(2021).

(3) 결혼에 관한 인식

청년층의 절반가량은 결혼과 출산의 필요성에 대해 유보적이다. 반드시 결혼해야 한다고 응답한 청년층의 비율은 2016년 이후로 감소하여 2019년에는 45.8%가량이 '그렇다'고 응답하였다. 또한 자녀를 가져야 한다고 응답한 청년층의 비율 역시 2019년에 46.1%로 절반에 못 미치고 있다.

(4) 경제생활

만 19세~29세 사이 청년층의 한 달 생활비는 평균 73만 6천 원 가량이며, 부모님 또는 친지로부터 지원받는 비율이 32.0%이다.

2 대학생의 진로 특성

"대학 졸업장은 한 인간이 완성품이 아니라,
인생의 준비가 되어 있다는 표시이다."
-에드워드 말로이-

1) 대학생의 진로발달단계

수퍼(Super, 1980)의 진로발달단계 이론에 따르면, 대학생 시기는 탐색기와 확립기에 해당한다. 즉, 대학생은 대학 시절에 자신의 진로를 잠정적으로 선택하고, 사회의 변화와 여러 제반 사항을 고려하여 잠정적인 진로선택의 적절성을 검토한다. 그리고 최종적으로 하나의 진로를 선택하여 해당 진로에 진입하기 위한 준비와 더불어 학교에서 직업세계로의 이행에 착수하게 된다.

2) 대학생 진로 관련 주요 특성

(1) 취업률

대학 졸업자의 취업률은 2010년 이후 다소 상승하여 2020년 기준 전문대학은 70% 내외, 대학은 60%를 약간 상회하였다. 전문대학은 2005년에 83.7%까지 취업률이 상승하였으나, 2010년에는 대폭 감소한 후 회복세를 보이고 있다. 대학은 2005년에 65%에 이르렀다가 2010년에는 51.9%로 대폭 감소한 이후에 65% 내외로 다시 기존의 취업률을 회복하고 있다(교육부, 2020).

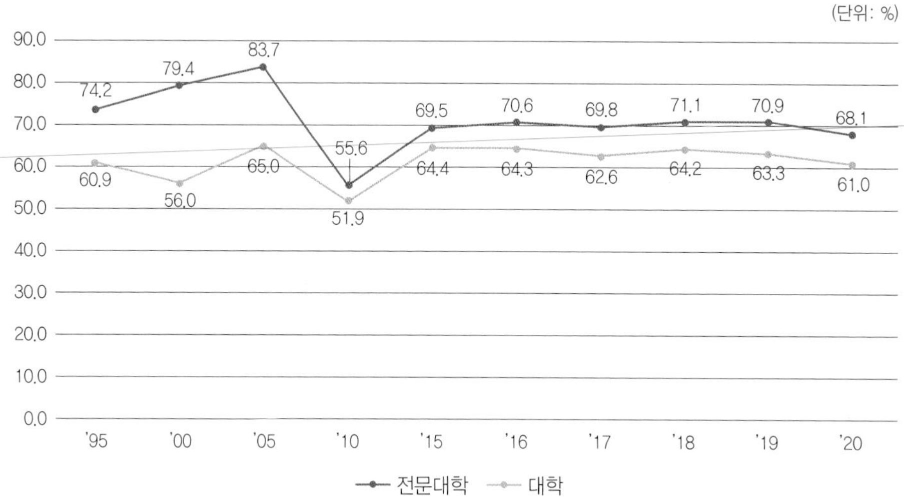

[그림 2-5] **대학 졸업자 취업률 변천(1995~2020)**

출처: 교육부(각 연도). 취업통계연보.

(2) 졸업 후 진로계획

대학생 절반 이상(55.5%)이 졸업 후 취업을 계획하고 있으며, 그다음으로는 시험 준비(18.5%), 대학원 진학(13.6%) 순이었다(이재열 외, 2021).

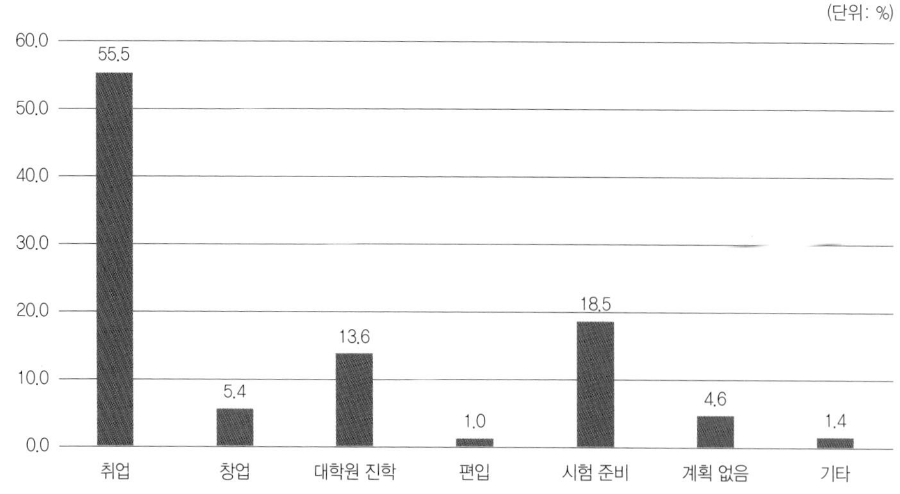

[그림 2-6] **졸업 후 진로계획(대학교)**

출처: 이재열, 장주희, 최수현, 류지영, 이윤진, 박봉남(2021).

취업을 계획하는 학생 중 대기업에 취업하기를 희망하는 비율이 34.2%로 가장 높고, 그다음으로 정부기관(21.9%), 중소기업(19.6%) 순이었다.

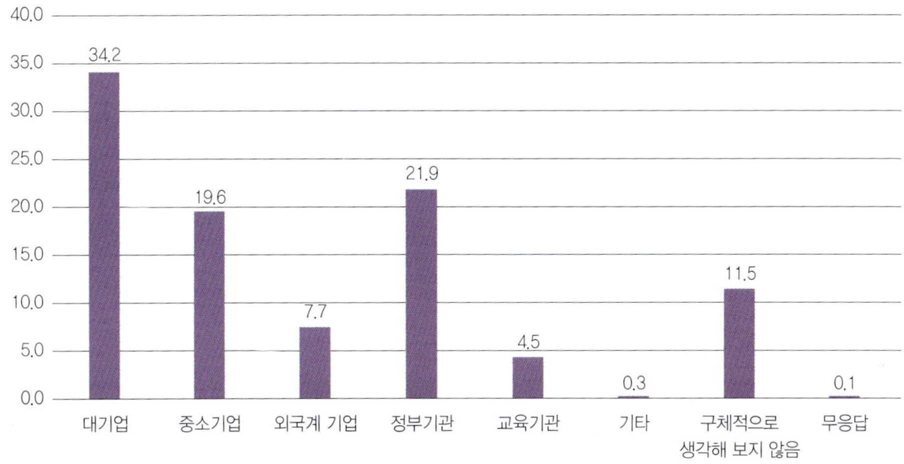

[그림 2-7] **취업 희망 기업(대학교)**

출처: 이재열, 장주희, 최수현, 류지영, 이윤진, 박봉남(2021).

(3) 진로계획이 없는 이유

진로계획이 없는 학생은 '구체적으로 어떻게 준비해야 할지 몰라서'라고 응답한 학생의 비율이 가장 높았다(대학교: 27.6%, 전문대학: 34.1%). 그다음은 '하고 싶은 것이 있으나 확신이 들지 않아서'(대학교: 24.8%, 전문대학: 27.5%)였다. 그다음 이유는 대학교의 경우 '나의 흥미와 적성을 몰라서'(23.9%), 전문대학의 경우에는 '특별한

〈표 2-2〉 **진로계획이 없는 이유**

항목	대학교		전문대학	
	빈도(명)	비율(%)	빈도(명)	비율(%)
나의 흥미와 적성을 몰라서	396	23.9	37	13.6
진로, 직업에 대한 정보가 부족해서	170	10.3	19	7.0
구체적으로 어떻게 준비해야 할지 몰라서	457	27.6	93	34.1
하고 싶은 게 있으나 확신이 들지 않아서	411	24.8	75	27.5
특별한 이유 없음	208	12.6	46	16.8
기타	15	0.9	3	1.1

출처: 이재열, 장주희, 최수현, 류지영, 이윤진, 박봉남(2021).

이유 없음'(16.8%)이었다(이재열 외, 2021). 이러한 결과는 대학교나 전문대학 모두 진로교육이 매우 필요하다는 것을 시사한다.

(4) 진로선택 시 주된 고려사항

진로선택 시 주된 고려사항으로는 '내가 좋아하는 것'을 중요하게 고려하는 비율이 가장 높았다. 특히 '내가 좋아하는 것'을 '내가 잘하는 것'보다 더욱 고려하고, '돈을 많이 벌고 오래 안정적으로 일할 수 있는 것'을 '나의 발전 가능성이 큰 것'보다 더욱 높게 고려하고 있었다(이재열 외, 2021).

〈표 2-3〉 진로선택 시 주된 고려사항

항목	대학교		전문대학	
	빈도(명)	비율(%)	빈도(명)	비율(%)
내가 좋아하는 것	19,010	52.5	4,311	51.2
내가 잘하는 것	13,066	36.1	2,778	33.0
돈을 많이 벌 수 있는 것	13,356	36.9	3,075	36.5
오래 안정적으로 일할 수 있는 것	12,430	34.3	3,287	39.0
나의 발전 가능성이 큰 것	5,067	14.0	1,368	16.2
사회에 봉사할 수 있는 것	1,356	3.7	324	3.8
일하는 시간과 방법을 자율적으로 결정할 수 있는 것	1,516	4.2	384	4.6
내가 아이디어를 내고 창의적으로 일할 수 있는 것	1,714	4.7	345	4.1
사회적으로 인정을 받을 수 있는 것	2,193	6.1	403	4.8
신체적, 심리적으로 여유를 가질 수 있는 것	2,638	7.3	556	6.6
기타	7	0.0	3	0.0

주 1) 항목별 빈도는 중복 응답에 대한 합산 빈도이며, 응답자 수는 대학교 36,196명, 전문대학 8,423명임.
2) 기타 의견으로는 '가치관 · 신념' '조직문화 · 인간관계' 등이 있음.
출처: 이재열, 장주희, 최수현, 류지영, 이윤진, 박봉남(2021).

3 대학 졸업 후 다양한 진로 개척 사례

대학 4년이 지나면 대부분 자신의 전공 분야로 취업을 하거나, 진학을 하거나, 창업을 하기도 한다. 대학에서 전공 분야의 강좌를 이수하고, 실무도 익히고, 전공 관련 분야의 인턴이나 현장실습을 하면서 대부분 자신의 전공 분야로 진출한다. 그러나 자신의 전공 분야를 넘어 다양한 분야로 진로를 택하여 성공한 사례도 많다. 여기서는 주로 자신의 전공 외에 다른 분야로 진출하여 성공적인 진로를 개척한 사례를 살펴보고자 한다.

여기에 제시된 사례들은 주로 우연히 마주친 사건이나 기회를 자신의 진로결정에 잘 활용한 경우이다. 많은 경우에는 자신이 선택한 진로를 일관성 있게 추구해 나가기도 하지만, 우연히 조우하게 되는 많은 사건과 기회는 또 다른 나의 진로 기회를 제공할 수도 있다. 실제로 진로를 탐색하고, 결정하고, 계획하고, 준비하고, 입직하여 직업생활을 하는 데에는 수많은 사건이 영향을 미친다. 크롬볼츠(Krumboltz, 2009)는 진로에 영향을 미치는 우연한 사건들을 능동적으로 활용하는 것이 중요하다는 것을 역설하며 '우연학습이론'을 제안하였다.

우연학습이론에서는 개인의 의지와 무관하게 발생하는 사건들을 진로에 좋은 기회로 삼을 것을 강조한다. 이를 위해서 필요한 것이 계획된 우연기술(planned happenstance skill)이다. 이 기술에는 호기심, 인내성, 낙관성, 유연성, 위험 감수가 포함된다(Mitchell et al., 1999). 호기심은 새로운 학습 기회를 탐색하는 것, 인내성은 어려움에도 불구하고 계속해서 노력하는 것, 낙관성은 새로운 기회를 가능하고 얻을 수 있는 것으로 인식하는 것, 유연성은 자신의 태도나 환경을 변화시키는 것, 위험 감수는 예상되는 결과가 불확실함에도 잠재된 가능성을 실현하기 위해 행동하는 것을 의미한다. 이러한 우연기술 수준이 높을수록 긍정적이고 융통성 있는 진로신념과 진로적응성이 높게 나타난다(김미정, 김영희, 2018). 우연기술은 진로준비행동(한민영, 오은주, 2019) 및 진로결정수준(장진이, 이지연, 2016)과도 긍정적인 관계가 있으며, 계획된 우연기술 수준이 높을수록 진로장벽은 덜 지각하는 것으로 나타났다(차영은 외, 2015).

앞으로 자신의 진로를 탐색하고, 결정하고, 계획하고, 준비하는 과정에서 우연히 발생하는 여러 가지 사건을 기회로 삼아 새로운 진로를 개척할 필요가 있다. 따라서 다음의 사례들을 읽어 보면서 각 사례의 주인공들이 어떤 우연한 사건을 어떻게 자신의 진로를 새롭게 개척하는 데 성공적으로 활용하였는지, 나에게 어떠한 우연한 기회들이 찾아온다면 어떻게 대응할 것인지, 나의 우연기술 수준은 어떠한지, 앞으로 어떻게 보완해 나갈지를 염두에 두면 좋을 것이다.

1) 교대 졸업 후 초등학교 교사에서 IT 스타트업 CEO로

[주요 이력]

- 대구교육대학교 컴퓨터교육과 졸업
- 서울교육대학교 교육대학원 초등컴퓨터교육전공 졸업
- 동방초등학교 교사(2009~2013)
- 클래스팅 대표이사(2013~)

어릴 적부터 컴퓨터에 관심이 많았던 조현구 대표는 대구교육대학교에 진학해 컴퓨터교육을 전공했다. 대학 졸업 후 초등학교 교사로 재직하면서 만들어진 틀 안에서 모든 학생을 똑같은 방법으로 지도해야 하는 교육 시스템을 개선하고 싶었다. '학생 한 명 한 명의 특성에 맞춰 학습지도를 할 수 없을까' 고민하던 과정에서 교육 정보의 격차를 줄이고, 학교와 가정이 효과적으로 소통할 수 있도록 돕는 소셜 네트워크 서비스의 필요성에 대해 고민하게 되었다.

소셜 네트워크 기획에 대해 조현구 대표는 동료 교사, 학생들과 여러 이야기를 하면서 기획을 하였고, 대학원 논문으로 클래스팅을 처음 구상하였다. 처음 클래스팅을 구상할 때 조현구 대표는 이것을 사업으로 꿈꾼 적도 없었고, 교사를 그만둘 생각도 없었다고 한다. 하지만 클래스팅을 통해서 선생님들은 학생, 학부모와의 소통을 쉽게 할 수 있고, 이를 통해 선생님들은 수업 준비에 더 많은 시간을 활용할 수 있다고 확신하게 되었다. 고등학교부터 함께한 20년 지기인 친구와 함께 창업을 하였고, 창업 경진 대회에서 받은 상금으로 회사를 설립하게 되었다.

2012년 4월, 처음 클래스팅 서비스를 오픈할 당시에 서비스의 완성도는 높지 않았지만 선생님이라면 공감할 만한 세부적인 기능들이 있었다. 점차 교육계에 있는 지인들이 클래스팅을 사용하면서 입소문이 나기 시작했고, 언론에도 소문이 나기 시작하면서 교육부에서 연락이 오기도 하였고, 우리나라 스마트 교육의 대표 사례로 외국에 소개가 되기도 하였다. 클래스팅은 2021년 8월 기준 사용 학교 수가 26,000개 이상, 개설 학급 수가 970,000개 이상, 이용 선생님/학생/학부모의 수가 약 800만 명으로 우리나라를 대표하는 교육용 데이터 기반 학급 경영 도구로 자리

잡았고, 조현구 대표는 클래스팅을 기술과 교육과의 접목을 연구하여 사용자가 잘 이용할 수 있는 서비스를 제공하기 위해 노력하고 있다.

2) 과학철학 박사 과정 유학길에서 축구 해설위원으로

[주요 이력]

- 서울대학교 해양학과 졸업(학사)
- 서울대학교 대학원 과학사 및 과학철학 전공 졸업(석사)
- 매사추세츠 대학교 과학철학 박사 과정 중퇴
- 축구분석웹진 싸커라인 前 운영자
- MBC ESPN 축구해설위원(2003~2005)
- KBS/KBS N 스포츠 축구해설위원(2006~)
- SPOTV 축구해설위원(2019~)

한준희 해설위원은 어려서부터 축구를 좋아하긴 했지만, 잘하는 편은 아니었기 때문에 축구선수를 꿈꾸지는 않았다. 고교 졸업 후 서울대학교 해양학과에 진학하였고, 군 전역 후에는 철학에 관심을 갖게 되어 서울대학교 대학원 과학사 및 과학철학 전공에 진학해 석사를 졸업하였다.

한준희 해설위원이 축구해설위원이라는 직업을 생각하게 된 계기는 미국에서의 박사 과정 때의 일 때문이었다. 철학을 공부하기 위해 떠난 미국 유학 생활 중 혼자 시간을 보내는 경우가 많았고, 혼자 있는 시간에는 열심히 축구를 봤다. 축구를 보면서 한준희 해설위원은 언론사 게시판에 축구 칼럼을 쓰기도 하였는데, 이에 관심을 갖고 있었던 언론사에서 해외 축구통신원 제의나 스포츠지 필진 요청을 하기도 하였다. 하지만 졸업 후 철학 교수를 꿈꾸고 있었던 한준희 해설위원은 그러한 제안들을 거절하였고, 스포츠 플라자라는 작은 사이트에서 부탁한 요청만 받아 무료로 축구에 대한 글을 간간히 작성하였다. 이때 스포츠 플라자라는 사이트는 현재 축구 관련 가장 큰 커뮤니티인 '싸커라인'으로 발전하게 되었다.

이러한 싸커라인 사이트를 운영하기 위해 한준희 해설위원은 2년 만에 유학 생활을 그만두고 귀국하였다. 귀국 후 웹디자이너 친구, 프로그래머 친구와 함께 사이트를 공동 운영하면서 축구 글을 작성할 필진들을 모집하였고, 주요 포털 사이트에서 싸커라인의 글을 가져다 쓸 정도로 싸커라인은 축구 언론 역할을 하게 되었다. 이러한 성공에 힘입어 한준희 해설위원은 2003년 MBC ESPN에서 축구 해설 일을 하기 시작했고, 현재까지 여러 방송사에서 축구해설위원으로 활약 중이다.

3) 공대 졸업 후 방송사 PD로

[주요 이력]

- 서울대학교 화학공학과(주전공), 언론정보학(부전공) 졸업(학사)
- KBS PD(2001~2011): 불후의명곡, 남자의 자격 등 연출
- CJ E&M(2011~): 응답하라 시리즈, 슬기로운 생활 시리즈 감독

신원호 PD는 중학교 1학년 때부터 영화감독을 꿈꿔 왔다. 집안에 영화사를 운영하는 분이 있어서 영화 현장을 쫓아다니기도 했고, 대학 입시 때는 한양대학교 연극영화과에 지원하고 싶었다. 하지만 공부를 잘해 최상위권 대학에 진학할 수 있었던 신원호 PD의 성적 때문에 부모님은 다른 직업을 갖기를 희망하였고, 이를 거역하기 어려웠던 신원호 PD는 서울대학교 화학공학과에 진학하게 되었다.

대학에 입학했지만 영화감독의 꿈을 포기할 수 없었던 신원호 PD는 방학이 되면 영화사 스태프직에서 아르바이트를 하였다. 하지만 이러한 경험을 하면서 신원호 PD는 힘이 많이 드는 데 비해 보수가 적은 영화판의 현실을 알게 되었고, 상대적으로 직업의 안정성이 있는 방송사 PD로 진로를 변경하여 졸업 후 KBS에 입사하였다.

신원호 PD가 처음부터 예능국에서 일하였던 것은 아니었다. 입사 시 예능은 적성이 아닌 것 같아 다큐멘터리로 지원을 하여 일을 하였지만, 1년 만에 예능국으로 발령을 받았다. 발령을 받았을 때 신원호 PD는 다큐멘터리국으로 다시 배치해 달라고 매일 말했다고 한다. 하지만 당시 KBS의 간판 예능 프로그램이었던 〈슈퍼TV 일요일은 즐거워〉 팀으로 배정이 되어 '공포의 쿵쿵따'라는 코너를 만들어 진행하면서 예능국 PD로서 재미와 긍지를 갖게 되었다. 이후 CJ E&M에서 일을 해 보면 어떻겠

냐는 제안을 받은 신원호 PD는 KBS에서 CJ E&M으로 이직하여 응답하라 시리즈와 슬기로운 생활 시리즈를 만들면서 우리나라의 대표 드라마 PD로 활동하고 있다.

4) 인류학과 졸업 후 게임 캐스터로

[주요 이력]
- 서울대학교 인류학과 졸업(학사)
- iTV 공채 아나운서
- 온게임넷(OGN) e스포츠 캐스터

전용준 캐스터는 킹 오브 파이터즈, 스타크래프트 등 한국 e스포츠 문화의 태동기에서부터 카트라이더, 오버워치 등을 거쳐 리그 오브 레전드까지 약 20년 동안 게임계의 역사와 함께해 왔으며, 해외 언론에서도 '전설적인 캐스터'라는 칭호를 붙일 정도로 e스포츠 여러 종목의 캐스팅을 이끌어 온 인물이다.

전용준 캐스터는 다른 사람들과 크게 다를 바 없는 대학 시절을 보냈다. 서울대학교 인류학과에 재학했던 전용준 캐스터는 학과에서 전공필수 과목이 적어 학업 부담이 덜하였고, 인류학을 전문적으로 연구할 계획이 아닌 학생들에게는 다양한 진로를 탐색하는 것을 권하는 분위기였기 때문에 보다 자유롭게 진로를 탐색할 수 있었다고 한다.

전용준 캐스터가 아나운서라는 직업을 생각하게 된 계기는 대학 졸업 후였다. 대학 졸업 후 ROTC로 복무하던 중 충청북도의 음성 꽃동네에 강당 건물을 짓는 봉사활동을 갔다가 강당 완공 기념으로 개최된 KBS 열린음악회의 황현정 아나운서를 보고 아나운서에 관심을 갖게 되었다. 전역 후 전용준 캐스터는 당시 300:1의 경쟁률을 뚫고 1998년 iTV(인천방송) 아나운서로 입사하였다.

처음에 아나운서 생활을 하면서 야구 캐스터를 하고 싶었고, 게임에는 전혀 관심이 없었던 전용준 캐스터가 게임을 접하게 된 것은 아주 우연한 계기였다. 공중파

방송과 차별화된 콘텐츠가 필요했던 iTV는 방송국 막내였던 전용준 캐스터에게 게임 중계를 맡겼고, 이후 선배 캐스터의 제안을 받아 2002년 게임 전문 방송국인 온게임넷(OGN)에 입사하여 여러 게임을 중계하게 되었다. 이후 현재까지 약 20년 동안 게임 캐스터 일을 하면서 많은 게임 팬의 지지를 받고 있다.

5) 법학과 졸업 후 기업인으로

[주요 이력]

- 연세대학교 법학과 졸업(학사)
- 유튜브 크리에이터(2013~)
- 샌드박스 네트워크(2014~)

나희선 대표는 한 조사에서 초등학생이 존경하는 사람 3위에 올라간 적이 있고, 초등학생의 대통령으로 불리기도 하는 유튜브 크리에이터 도티이자 샌드박스 네트워크 공동 대표이다.

나희선 대표가 크리에이터의 길을 걷게 된 것은 'PLAN B'였다. 고등학교 때 전교 1등을 놓치지 않았고, 연세대 인문학부에 입학하여 국어국문학과에서 법학과로 전과한 나희선 대표는 졸업 후 또래 집단에서 선망하는 직업인 PD나 유명 언론사 입사를 목표로 하고 있었다. 하지만 졸업 후 취업이 어려웠던 상황에서 직업인 PD를 지원할 때 '유튜브 구독자 1,000명'이라는 근사한 스펙을 만들고 싶었던 나희선 대표는 '도티TV'라는 유튜브 채널을 만들었다.

그렇게 문을 연 유튜브 채널은 우리나라 게임 채널 최초로 구독자 200만 명을 돌파하였고, 초등학생들의 전폭적인 지지를 받으면서 '초통령'이라고 불렸다. 나희선 대표는 여기서 멈추지 않고 친구인 이필성 대표와 MCN(다중 채널 네트워크) 창업을 시도해 '샌드박스 네트워크'를 만들었다. 샌드박스 네트워크는 '크리에이터들의 상상력으로 세상 모두를 즐겁게!'라는 비전을 갖고 2022년 기준 약 450여 팀의 크리에이터와 연예인이 소속되어 있으며, 우리나라 디지털미디어 생태계를 이끌고 있다.

4 대학생 진로지원체제

1) 진로 관련 법령, 정책 및 제도

대학생의 진로지원 관련 법령으로는 「진로교육법」과 「청년고용촉진 특별법」이 있다.

「진로교육법」에서는 "대학, 산업대학, 전문대학의 장은 진로교육을 실시할 수 있으며, 교육부장관은 대학의 진로교육에 필요한 지원을 할 수 있다"(제14조)고 명시하고 있다. 「청년고용촉진 특별법」에서는 청년에 대한 직장체험 기회 제공(제8조의2), 직업지도 프로그램의 개발 · 운영 및 제공(제8조의3)을 할 수 있도록 명시하고 있다.

2018년 관계부처 합동으로 발표한 진로교육 활성화 방안에는 대학생 진로교육과 관련하여 대학생의 도전적인 진로개발 지원이라는 세부 추진과제가 제시되었다.

〈표 2-4〉 **진로교육 활성화 방안 중 대학교 진로교육 관련 내용**

세부 추진과제	주요 내용	세부 내용
대학생의 도전적인 진로개발 지원	학생의 진로역량 개발을 위한 교육과정 개선	• 학생 주도의 '대학 진로체험학점제' 운영 확산 • 비교과 연계 등 진로 교육과정 체계화 • 진로교과 운영을 위한 가이드라인 및 워크북 개발 보급 • 진로 지도교수제 운영 내실화를 위한 매뉴얼 제공
	소규모 대학 지원 강화 및 취업교육 내실화	• 소규모 대학 및 장애 대학생 지원 강화 • 대학 현장실습 내실화 방안 마련 • 고등교육기관 졸업생의 취업 정보 등 진로 · 취업 교육자료 보급 • 진로 미결정 졸업생에 대한 진로 · 취업 교육지원
	통합적 관점의 진로교육 지원 체제 구축	• 대학 내 조직 및 인력 정비

출처: 관계부처 합동(2018), pp. 15-18에서 재구성.

제3차 진로교육 5개년 기본계획(2023~2027)에서는 대학 진로교육의 목표를 인턴십 등 실제 직업세계 경험과 전문적인 지식과 이론 학습을 통한 진로선택으로 하고, 대학생 진로교육과 관련하여 다음과 같이 진로발달 수준에 따른 맞춤형 대학 진로교육 지원이라는 세부 추진과제를 설정하고 있다(교육부, 2023).

〈표 2-5〉 제3차 진로교육 5개년 기본계획(2023~2027) 중 대학교 진로교육 관련 내용

세부 추진과제	주요 내용	세부 내용
진로발달 수준에 따른 맞춤형 대학 진로교육 지원	대학 진로 교육과정 질 제고	• 대학의 특성을 반영한 대학별 진로 교육과정 개발 · 운영 • 거점 진로 특화 프로그램 개발 및 공동교육과정 운영 • 우수사례집 발간 및 온라인 플랫폼에 공유 · 확산
	대학생 진로결정 수준에 따른 맞춤형 진로교육 지원	• 진로진단도구를 개발 · 보급하여 학생 상태 진단 • 대학생 진로탐색 지원 확대 • 온라인 진로상담 활성화 • 대학 진로 · 취업 관련 정보의 연동 체계 구축
	지역사회와 함께 대학 진로교육의 역량 강화 지원	• 대학 내 진로교육 협의회 구성 및 권역별 대학 간 지역 협의체를 운영하여 사례 공유, 공동 사업 발굴 등 추진 • 대학 진로교육 담당자의 역량 강화를 위한 매뉴얼 및 온라인 프로그램 개발 · 보급 • 맞춤형 진로 · 취업 컨설팅 실시

출처: 교육부(2023), pp. 22-24에서 재구성.

2) 정부 부처별 진로지원사업

교육부와 고용노동부를 중심으로 대학생의 진로지원을 위한 다양한 사업을 추진 중이다.

교육부에서는 산업연계 교육활성화 선도대학 사업(PRIME), 대학 특성화 사업(CK)을 통해 진로지원사업을 추진하고 있다.

고용노동부에서는 대학일자리센터, 청년취업아카데미, 일학습병행제, 중소기업 탐방프로그램과 같은 진로 및 취업 지원 사업을 운영하고 있다.

〈표 2-6〉 부처별 대학교 진로교육 관련 사업 내용

부처	사업명	사업 내용
교육부	산업연계 교육활성화 선도대학 사업(PRIME)	사회 수요와 대학교육의 미스매치를 해소하고, 현장 중심의 창의적인 교육모델을 제공함으로써 교육의 질 제고 및 학생의 진로역량 강화를 목적으로 함.
	사회맞춤형 산학협력 선도대학 사업(LINC+)	산업체의 수요 맞춤형 교육 및 창업교육을 강화하고, 기술 특허 아이디어 등 대학이 보유한 창의적 자산 활용을 촉진함.
	대학 특성화 사업(CK)	4년제 대학 대상으로 지역사회 수요에 기반을 둔 특성화를 통한 대학 체질 개선과 경쟁력 강화를 목적으로 함.

고용노동부	대학일자리플러스센터	대학 내에 진로지도 및 취업 · 창업 지원 기능의 공간적 일원화, 기능적 연계 등 원스톱 고용서비스 전달체계 구축 지원으로 대학의 취업 · 창업 지원 역량 강화 및 청년의 원활한 노동시장 이행을 지원함.
	청년취업아카데미	산업현장에서 요구하는 맞춤형 교육과정을 대학 졸업(예정)자에게 제공하여 청년의 노동시장 조기 진입 등 청년 고용을 창출함.
	일학습병행제	기업이 청년 등을 선채용 후 NCS 기반 현장 훈련을 실시하고, 학교 및 공동훈련센터의 보완적 이론교육을 통해 숙련 형성 및 자격 취득까지 연계하는 새로운 현장 중심의 교육훈련제도임.
	중소기업 탐방 프로그램	청년들에게 다양한 직업세계 및 산업현장에 대한 체험 기회를 제공하고, 우수한 중소 · 강소 기업에 대한 정보 제공을 통해 중소기업 인력 미스매치 해소 및 노동시장으로의 조기 진입을 유도함.

출처: 고용노동부(2019); 정윤경 외(2017)에서 재구성.

3) 대학의 진로지원 사례

(1) 진로지도 및 상담 사례

A대학교에서는 온라인 원스톱 경력 개발 시스템을 통해 학생맞춤형 진로지도를 활성화하고 있다. A대학교는 교과-비교과 교육과정, 교수 진로지도의 연계를 위해 학년별 목표체계, 역량 강화 지원 및 학생 맞춤형 진로취업을 지원하는 원스톱 경력 개발 시스템을 개발했다. 경력 개발 시스템에서는 학년별 교육과정을 특정 주제로

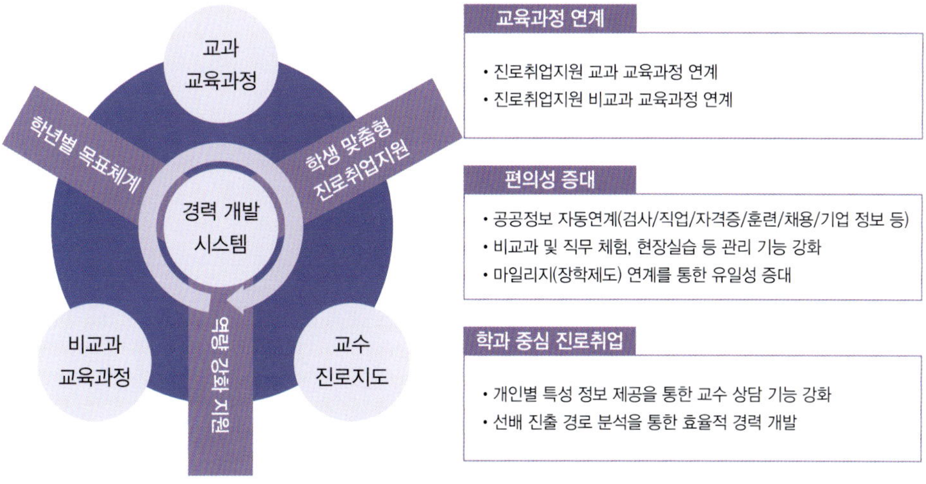

[그림 2-8] A대학교의 원스톱 경력 개발 시스템

출처: 고용노동부, 한국고용정보원(2018), p. 32에서 재구성.

구분하고, 주제에 따라 교육 및 상담을 연계할 수 있는 시스템이 구축되어 있다.

(2) 취업지도 및 지원 사례

B대학교에서는 전문대학-중소기업 맞춤형 잡매칭 시스템 운영을 통해 취업 연계를 활성화하고 있다.

B대학교는 기업과 구직자의 눈높이 조정을 통한 눈높이 미스매칭 해소 및 상호 만족도 향상을 위한 잡매칭 시스템을 구축하였다.

이 시스템은 적합 인재 신청, Making High Performer, 지원 결과 확인의 3단계 과정으로 구성된다.

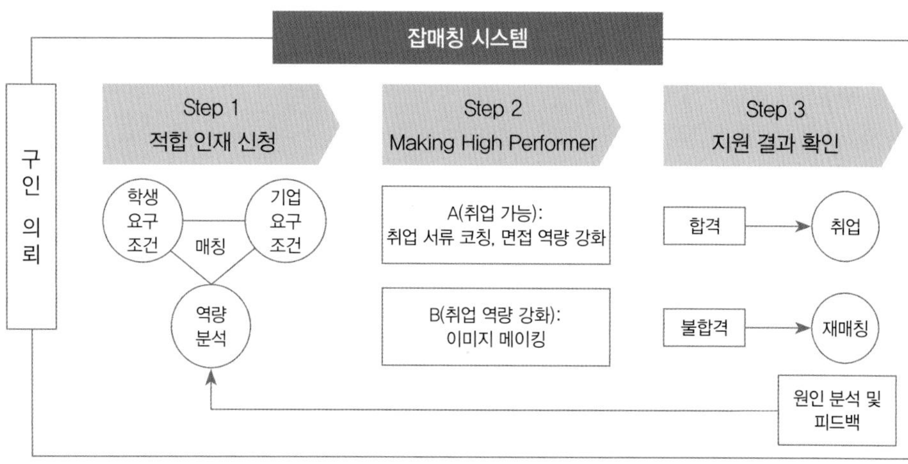

[그림 2-9] B대학교의 잡매칭 시스템

출처: 고용노동부, 한국고용정보원(2018), p. 69에서 재구성.

단원 요약

1. 대학생 시기는 진로발달에 있어서 중요한 시기이다. 2021년 기준 우리나라 대학생의 수는 251만 4천여 명으로, 2015년 이후 감소 추세이며, 고등학교 졸업자의 고등교육기관 진학률은 70%를 상회하여 고등교육은 더 이상 엘리트 교육이 아니라 대중교육의 면모를 띄고 있다.

2. 대학생의 진로 특성을 보면, 대학 졸업자의 취업률은 2010년 이후 다소 상승하여 2020년 기준 전문대학은 70% 내외, 대학은 63% 내외이고, 대학생 절반 이상(55.5%)이 졸업 후 취업을 계획하고 있다. 진로계획이 없는 이유는 '구체적으로 어떻게 준비해야 할지 몰라서'인 것으로 나타났고, 진로선택 시 '내가 좋아하는 것'을 중요하게 생각하는 비율이 가장 높은 것으로 나타났다.

3. 대학 졸업 후 대부분 자신의 전공 분야로 진로를 정하지만, 전공 이외의 다양한 진로를 개척한 사례도 많다. 따라서 진로탐색, 선택, 준비에 있어서 보다 넓고 다양한 시각으로 도전하는 것이 필요하다.

4. 국가나 지방자치단체 등에서 대학생 진로를 지원하는 사업이 많으므로 진로 관련 법령, 정책 및 제도, 부처별(주로 교육부와 고용노동부) 진로지원사업을 잘 파악하여 지원을 받도록 한다.

참고문헌

고등교육법(2022). 2022 법률 제17951호.

고용노동부(2019). 청년, 일할기회 늘리기. http://www.moel.go.kr/policy/policyinfo/young/list.do

고용노동부, 한국고용정보원(2018). 2018 대학 진로취업지원 우수사례 공유 세미나 자료집.

관계부처 합동(2018). 진로교육 활성화 방안.

교육부(2023). 제3차 진로교육 5개년 기본계획(안)(2023~2027).

교육부(각 연도). 교육통계연보.

교육부(각 연도). 취업통계연보.

교육부, 한국직업능력개발원(2013). 2013 창의적 커리어패스 사례집: 나의 꿈을 디자인하다(창업분야).

김대은(2020). "경기를 시작~하겠습니다!". http://www.snunews.com/news/articleView.html?idxno=21661

김미정, 김영희(2018). 전문대학생이 인식한 계획된 우연기술과 진로적응성과의 관계에서 진로신념의 매개효과. 학습자중심교과교육연구, 18, 495-523.

김민희(2021). 크리에이터 도티이자 샌드박스 공동 창업자 나희선: 초통령을 넘어 유튜브 제왕이 되기까지. http://topclass.chosun.com/board/view.asp?catecode=Q&tnu=202103100017

김형주, 연보라, 유설희(2019). 청년 사회 · 경제 실태 및 정책방안 연구 Ⅳ. 세종: 한국청소년정책연구원.

워크넷(2017). 워크넷이 만난 사람들-방송PD 신원호. https://www.work.go.kr/consltJobCarpa/srch/newJob/newJobDetail.do?board_no=9&write_no=26

이용익(2018). 자연과학 엘리트에서 축구 덕후로… KBS 축구해설위원 한준희. Weekend Interview. https://www.mk.co.kr/news/sports/view/2018/11/704223/

이재열, 장주희, 최수현, 류지영, 이윤진, 박봉남(2021). 대학 진로교육 현황조사(2021). 세종: 한국직업능력연구원.

장진이, 이지연(2016). 대학생의 부모 진로지지, 특성불안, 계획된 우연 역량에 따른 군집 유형별 진로결정 수준의 차이. 아시아교육연구, 17(1), 47-65.

정윤경 외(2017). 고등교육단계의 진로교육 정책 방향과 과제. 세종: 한국직업능력개발원.

정은진, 정윤경, 김나라, 류지영, 김재희, 장현진(2018). 대학 진로취업지원 현황조사(2018). 세종: 한국직업능력개발원.

차영은, 김시내, 강재연(2015). 대학생의 계획된 우연기술과 불안, 진로스트레스 및 진로관련 변인들의 관계탐색. 인간이해, 36(2), 67-85.

한국대학신문(2021). **창간 33주년 대학생 의식조사**. http://news.unn.net/news/articleView.html?idxno=517314

한민영, 오은주(2019). 대학생이 지각한 사회적 지지가 진로준비행동에 미치는 영향–계획된 우연기술과 진로결정자기효능감의 매개효과. **청소년시설환경**, 17(1), 71-80.

Arnett, J. J. (2000). Emerging adulthood: A theory of development from the late teens through the twenties. *American Psychologist*, *55*(5), 469-480. https://doi.org/10.1037/0003-066x.55.5.469

Arnett, J. J. (2010). Emerging Adulthood(s). In L. A. Jenson (Ed.), *Bridging cultural and developmental approaches to psychology* (pp. 255-275). London: Oxford University Press. https://doi.org/10.1093/acprof:oso/9780195383430.003.0012

Erikson, E. H. (1994). *Identity: Youth and crisis*. WW Norton & Company.

Havighurst, R. J. (1953). *Human development and education*. Mckay.

Krumboltz, J. D. (2009). The happenstance learning theory. *Journal of Career Assessment*, *17*(2), 135-154.

Levinson, D. J. (1986). A conception of adult development. *American Psychologist*, *41*(1), 3-13.

Mitchell, K. E., Levin, A. S., & Krumboltz, J. D. (1999). Planned happenstance: Constructing unexpected career opportunities. *Journal of Counseling and Development*, *77*, 115-124.

OECD. (각 연도). *Educational attainment of 25-64 year-olds, by programme orientation*. OECD.

Super, D. E. (1980). A life-span, life-space approach to career development. *Journal of Vocational Behavior*, *16*(3), 282-298.

읽을거리

대학내일20대 연구소: https://www.20slab.org/

임홍택(2018). **90년생이 온다**. 서울: 웨일북.

한국대학신문: http://news.unn.net/

Emerging Adulthood Journal: https://journals.sagepub.com/home/eax

활동지 2-1

우리나라 대학생들의 일반 특성과 나의 특성을 비교해 보자.

구분	대학생들의 일반 특성	나의 특성
진학 이유	취업에 유리, 다양한 경험, 사회적 분위기, 학문 연구 순임.	나의 대학 진학 이유는?
주된 고민	졸업 후 진로, 학업, 경제적 어려움, 대학생활 적응, 전공 불만족 순임.	나의 주된 고민은?
결혼에 관한 인식	청년층의 절반가량은 결혼과 출산에 유보적임.	결혼 여부와 자녀를 갖는 것에 대한 나의 생각은?
경제생활	만 19~29세 사이 청년층의 한 달 생활비는 약 74만 원이고, 부모님이나 친지로부터 지원을 받는 경우는 32%임.	나의 한 달 생활비는 얼마이고, 어떻게 조달하고 있는지?

활동지 2–2

우리나라 대학생들의 진로 특성과 나의 특성을 비교해 보자.

구분	대학생들의 진로 특성	나의 특성
취업률	전문대학은 70% 내외, 대학은 63% 내외	내가 다니는 대학과 학과의 졸업 후 진로는 어떠하며, 나의 예상 취업 가능성은?
졸업 후 진로 계획	졸업 후 취업, 시험 준비, 대학원 진학, 창업 등의 순임.	나의 졸업 후 진로계획은?
진로계획이 없는 이유	구체적으로 어떻게 준비를 해야 할지 몰라서, 하고 싶은 것이 있으나 확신이 들지 않아서, 나의 흥미와 적성을 몰라서, 진로, 직업에 관한 정보가 부족해서 등의 순이었음.	내가 진로계획이 없거나 확실히 정하지 못한 경우, 그 이유는?
진로선택 시 주된 고려사항	내가 잘하는 것보다 좋아하는 것을 더 고려하고, 돈을 많이 벌고 오래 안정적으로 일하는 것을 나의 발전 가능성보다 더 고려하는 비율이 높았음.	진로선택 시 나의 주된 고려사항은?

활동지 2-3

이 장에 제시된 사례 외에 대학 졸업 후 새롭게 진로를 개척한 사례를 2개 더 찾아보자. 그리고 새롭게 찾은 2개의 사례를 포함하여 이 장의 사례 5개 중에서 내가 가장 관심이 있는 사례를 하나 선정하여 그 사례가 나에게 주는 시사점을 3개 정도 기술해 보자.

구분	설명
진로 개척 사례	[사례1 개요]
	[사례2 개요]
내가 가장 관심 있는 사례 (이 장에 제시된 사례 5개와 본인이 선정한 사례 2개 중에서)	[사례______] 〈구체적인 내용〉
나에게 주는 주요 시사점	1.
	2.
	3.

활동지 2-4

우리 대학에서 진로지도서비스를 제공하는 기관은 어디인지, 그리고 각 기관의 지원 내용은 무엇이 있는지 구체적으로 파악하여 정리해 보자. 특히 우리 대학에서 진로지원서비스를 제공하는 기관과 진로검사를 받을 수 있는 기관은 어디이며, 진로지도 및 진로상담과 진로검사를 받기 위한 절차를 정리해 보자.

<table>
<tr><th>구분</th><th colspan="2">설명</th></tr>
<tr><td rowspan="7">우리 대학에서
진로지원
서비스를
제공하는 기관</td><td>제공 기관</td><td>제공 내용</td></tr>
<tr><td></td><td></td></tr>
<tr><td></td><td></td></tr>
<tr><td></td><td></td></tr>
<tr><td></td><td></td></tr>
<tr><td></td><td></td></tr>
<tr><td></td><td></td></tr>
<tr><td>진로지도 및
진로상담을
받는 절차</td><td colspan="2"></td></tr>
<tr><td>진로검사를
받는 절차</td><td colspan="2"></td></tr>
</table>

제3장 미래 사회 및 직업세계와 진로

개 요

대학생활을 마치고 직업세계에 들어가 일을 하게 되는 것은 현재가 아니라 미래에 펼쳐질 일이다. 따라서 진로를 올바르게 선택하기 위해서는 미래 사회의 모습은 어떠하며, 그에 따라 미래의 직업세계가 어떻게 변화해 나아가는지를 예측하고 이해하는 것이 필요하다. 이를 위해서는 우선 직업의 의의와 다양성을 이해하고 미래 사회와 직업세계의 변화에 대해서 이해한다면 자신의 진로를 보다 합리적으로 결정하고 준비하는 데 도움이 될 수 있을 것이다.

따라서 이 장에서는 직업의 개념과 기능, 직업의 분류, 미래 사회와 직업세계의 변화에 관하여 알아보도록 한다.

학습목표

- 직업의 개념과 기능을 설명할 수 있다.
- 직업의 분류 방법을 설명할 수 있다.
- 미래 사회의 변화에 따라 직업세계가 어떻게 변화되는지 설명할 수 있다.

주요용어

■ 직업의 개념 ■ 직업의 기능 ■ 직업의 분류 ■ 미래 사회 및 직업세계의 변화

1 직업의 의의[1]

"직업은 삶의 근간이다."

-프리드리히 니체-

1) 일과 직업의 개념

일과 직업은 흔히 같은 뜻으로 많이 쓰이지만, 학문적으로는 구분해서 쓰기도 한다. 예를 들면, 일은 보수가 있기도 하지만 그렇지 않기도 하다. 그러나 직업은 반드시 보수가 따른다는 정도의 차이이다. 그래서 일을 정신적 · 육체적인 노동이나 활동을 통하여 가치를 창출하는 것이라고 한다면, 직업은 사람이 살아가기 위해 맡은 책무를 다하려는 경제적 · 사회적 활동이라고 할 수 있다.

우리는 이러한 직업을 통해서 일다운 일을 하고 나아가 삶의 기쁨과 자아실현도 한다. 직업이라는 단어는 '직(職)'과 '업(業)'의 합성어이다. '직'은 관을 중심으로 하는 일, 즉 관직적 뜻과 직분을 맡아 한다는 개인의 사회적 역할을 뜻하며, '업'은 생계를 유지하기 위해 전념하는 일이라는 뜻과 자기 능력의 발휘를 위해 어느 한 가지 일에 전념한다는 뜻을 가지고 있다. 따라서 직업은 사회적 책무로서 개인이 맡아야 할 직무성과 생계를 유지하거나 과업을 수행하는 노동 행위라는 두 가지 의미를 가지고 있다.

한국직업사전의 정의에 따르면, 직업은 '개인이 지속적으로 수행하는 경제 · 사회적 활동의 일종'이다. 직업 활동은 주기적이거나 계속적으로 하는 일이어야 하고, 또 일에 대한 생각과 능력을 가지고 행하는 것이어야 한다. 그러므로 다음과 같은 것은 직업의 범주에 넣지 않는다.

① 이자, 주식 배당, 임대료(전월세), 소작료, 권리금 등으로 수입을 얻는 경우
② 보험금 수취, 차용, 자기 소유 토지나 주식 매각 등으로 수입을 얻는 경우
③ 연금법이나 사회 보장에 의해 수입을 얻는 경우

1) 직업의 의의는 정철영(2006), pp. 103-110을 기초로 보완하였음.

④ 정규 주간 교육 기관에 재학하고 있는 경우
⑤ 경마 등에 의한 배당금 수입을 얻는 경우
⑥ 자기 집에서 가사에 종사하는 경우
⑦ 법률에 의해 강제 노동을 하는 경우

한국표준직업분류는 직업 범주에 포함되지 않는 기준으로서 앞의 7개 기준과 더불어 3개 기준을 포함한 총 10개 기준을 제시하였다(통계청, 2017).

⑧ 시민봉사활동 등에 의한 무급봉사적인 일에 종사하는 경우
⑨ 사회복지시설 수용자의 시설 내 경제 활동
⑩ 도박, 강도, 절도, 사기, 매춘, 밀수와 같은 불법적인 활동

2) 직업생활에 필요한 마음가짐

우리 사회는 생활 수준, 사고방식, 가치관, 인격 등이 서로 다른 각양각색의 사람이 모여 사는 곳이기 때문에 최소한의 직업윤리와 예절, 그리고 더불어 살아갈 수 있는 인간관계가 필요하다. 따라서 직업에 임할 때는 다음과 같은 마음가짐이 필요하다.

첫째, '직업은 신이 내려 주면서 열심히 하라(천직과 소명의식)고 명한 것이다.'라고 생각하는 것이다. 왜냐하면 직업을 통해 하늘이 내려 준 생명을 유지하고, 또 개성을 발휘하며, 자아도 실현하기 때문이다.

둘째, '직업은 일종의 봉사 행위이다.'라고 생각하는 것이다. 진정한 보람은 자신과 남, 그리고 사회와 국가를 위해 봉사할 때 얻어지는 것이기 때문이다.

셋째, '종사하는 직업에서 일인자가 되겠다.'라고 생각하는 것이다. 진정한 행복은 자신이 하는 일을 성공적으로 성취했을 때 주어지는 것이기 때문이다.

3) 직업의 기능

우리는 직업을 통해서 생계를 유지하고, 소속감을 갖게 되며, 사회적 역할을 하며,

자아를 실현하는 역할도 한다. 구체적으로 직업의 기능을 살펴보면 다음과 같다.

첫째, 생계를 유지해 준다. 인간이 직업을 갖는 일차적인 이유는 생존의 기본적인 의식주의 해결을 위해서이다. 즉, 직업생활을 통해 얻은 재화를 가지고 자신과 가족의 생계를 유지하고 모든 경제 활동을 한다.

둘째, 사회의 일원이라는 소속감을 준다. 직업은 개인을 어떤 조직이나 단체에 소속시킴으로써 구성원 간에 유대감과 공감대를 느끼게 해 준다. 이러한 소속감에서 인간은 심리적 안정감을 얻는다.

셋째, 사회적 접촉 대상과 범위를 규정해 준다. 인간은 불완전한 존재이기 때문에 모든 사물, 모든 사람과 관계를 맺을 수 없다. 주로 직업과 관련된 사람과 사물을 접촉하면서 살아간다.

넷째, 자아실현을 가능하게 한다. 사람은 누구나 자신의 적성과 능력을 마음껏 발휘하려는 욕구를 가지고 있다. 왜냐하면 이를 통해 자신의 존재 의의와 긍지를 느끼기 때문이다.

이처럼 직업을 통해서 Maslow가 [그림 3-1]에 제시한 대부분의 위계적 욕구 모두를 충족하게 된다.

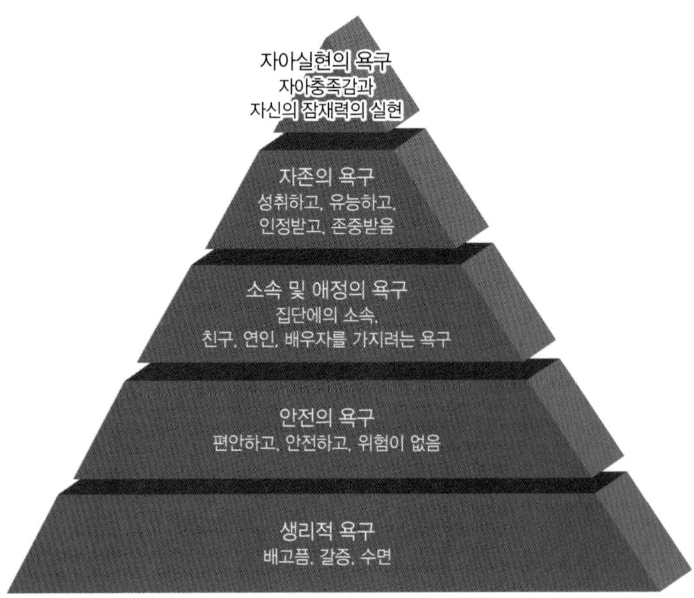

[그림 3-1] Maslow의 위계적 욕구

출처: 위키백과.

2 직업의 분류[2)]

직업의 분류는 크게 두 가지의 방법으로 이루어진다. 첫째, 직업에 속한 종사자들이나 그 직업에서 수행하는 직무의 심리적 특성이나 유사성을 기준으로 한 분류와 둘째, 직업에서 수행하는 직무 그 자체를 중심으로 한 분류이다.

1) 심리적 특성에 기초한 직업분류체계

(1) Roe의 직업분류체계

Roe의 직업분류체계는 이원적인 분류체계인데, Roe는 직업을 8가지 영역(field)과 6가지 수준(level)으로 나누어 분류하였다.

Roe가 제시한 8가지의 직업 영역(field)은 [그림 3-2]와 같이 원형의 구조를 이루고 있는데, 각 직업 영역 간의 거리는 심리적 유사성을 의미한다. 즉, 서로 가까운 위치에 있는 영역일수록 이들 영역이 지니는 심리적인 특성은 더욱 더 유사하다.

직업을 바꾸려고 하는 사람은 자신이 속한 직업 영역과 심리적인 특성이 유사한, 즉 그림에서 가까운 거리에 있는 직업 영역으로 이동한다.

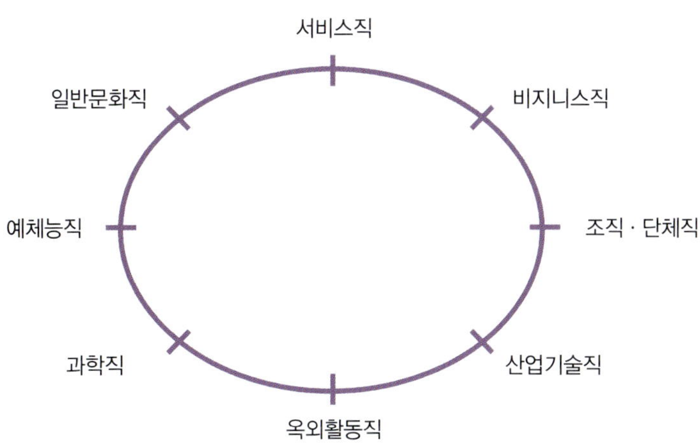

[그림 3-2] Roe의 직업분류체계

---

2) 직업의 분류는 정철영(2006), pp. 110-116을 기초로 보완하였음.

또한 Roe는 이러한 8가지의 직업 영역과 함께 6가지의 직업 수준을 제시하였는데, 그가 말하는 직업 수준(level)이란 종사자의 진로와 관련하여 복잡성, 책무, 사고능력, 훈련 등의 정도를 의미한다. 직업 수준은 6단계의 위계구조로 이루어져 있는데, 8가지의 직업 영역과 관련하여 특이한 점은 직업 수준이 높을수록 직업 영역 간의 심리적 특성의 거리는 멀어지며, 직업 수준이 낮을수록 직업 영역 간의 심리적 특성의 거리는 가까워진다는 점이다.

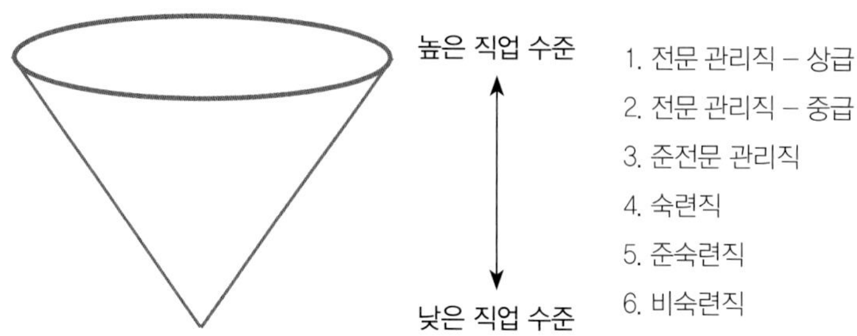

[그림 3-3] **직업 영역과 직업 수준 간의 관계-원뿔 구조**

(2) Holland의 직업분류체계

Holland의 직업분류체계는 진로선택에 관한 그의 이론에 기초한 분류체계로, 〈표 3-1〉과 같이 6가지의 직업 영역으로 구성되어 있다. Holland의 6가지 영역의

〈표 3-1〉 **Holland의 직업분류체계**

영역	내용	관련 직업
실제적(Realistic) 영역: R	• 실제 사물을 대상으로 한 활동 • 활동적, 근육적	• 자동차 정비사, 항공기 조종사, 측량기사, 농부, 전기기사, 트럭 운전사 등
탐구적(Investigative) 영역: I	• 지적 작업과 관련된 직업 • 추상적, 논리적, 과학적	• 학자, 연구자: 생물학자, 화학자, 물리학자, 문화인류학자, 지질학자 등
예술적(Artistic) 영역: A	• 심미적이고 감각적인 활동 • 상상적, 창조적, 비사교적	• 예술가: 작곡가, 무대감독, 작가, 실내장식가, 연극배우 등
사회적(Social) 영역: S	• 타인을 위한 봉사활동 • 언어 능력, 대인관계 능력, 봉사적	• 교사, 종교인, 상담가, 임상심리학자, 심리치료사 등
진취적(Enterprising) 영역: E	• 상대방의 설득 • 지도력, 설득력, 외향적, 남성적	• 판매원, 경영관리인, 광고대행업자, 교육행정가 등
관습적(Conventional) 영역: C	• 자기 통제 • 논리적, 체계적, 틀에 박힌 활동	• 도서관 사서, 위생시험사, 안전관리사, 행정사무원, 법무사 등

출처: Holland의 Hexagon Model

직업분류체계는 [그림 3-4]와 같이 육각형의 구조를 이룬다. Holland의 분류체계는 Roe의 분류체계와 마찬가지로 각 직업 영역 간의 물리적 거리가 가까울수록 이들의 심리적인 특성도 매우 유사하다.

(3) Prediger의 직업분류체계

Prediger(1993)는 Holland의 6가지 영역을 단순화하여 이해하기 쉽도록 하였다. Prediger가 제시한 체계는 자료, 개념과 사물, 사람의 이차원적인 체계로서 [표 3-2]에서 보는 바와 같이 실재적인 영역은 사물지향적인 특성이 강한 반면, 실제적인 유형과 심리적으로 가장 상이한 사회적 영역은 사람지향적인 특성이 강하다.

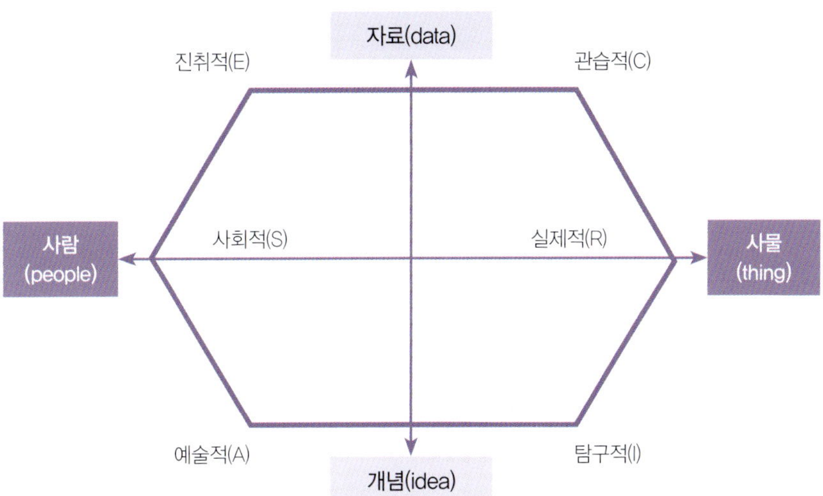

[그림 3-4] Holland의 직업분류체계 및 Prediger의 이차원 분류체계

2) 직무의 특성에 기초한 직업분류체계

(1) 미국직업사전에서의 직업분류

직무의 특성에 기초한 가장 대표적인 직업분류체계는 미국 노동부에서 제작하는 미국직업사전(Dictionary of Occupational Titles: DOT)으로, 미국직업사전에서의 직업분류는 다음과 같이 9자리의 직업코드에 집약되어 제시되어 있다.

앞의 세자리의 번호, 즉 ABC는 각 직업에서 직무를 기초로 한 것으로 A는 〈표 3-2〉와 같은 9가지 영역의 대분류를 의미하며, B는 각 대분류에서의 중분류, 그리고 C는 소분류를 의미한다. DEF의 3자리의 번호는 각 직업에서의 활동이 자료, 사람, 사물에 어느 정도 관련되어 있는지를 알려 주는데, 작은 숫자일수록 더욱 더 고차원적인 활동을 요구한다. GHI는 각 직업의 일련번호를 의미한다.

A B C. D E F – G H I

A : 대분류	D : 자료(data)	GHI : 일련번호
B : 중분류	E : 사람(people)	
C : 소분류	F : 사물(thing)	

〈표 3-2〉 **미국직업사전(DOT)에서의 대분류체계 및 자료, 사람, 사물과 관련 활동**

대분류(A)	자료(D)	사람(E)	사물(F)
0/1 전문기술/관리직군	0 종합	0 지도	0 조립
2 사무/판매직군	1 조정	1 협의	1 정밀
3 서비스직군	2 분석	2 지시	2 조작제어
4 농업 · 어업 · 임업/관리직군	3 수집	3 감독	3 운전조작
5 가공처리직군	4 계산	4 기분전환	4 조정
6 기계기술직군	5 정서	5 설득	5 손질
7 정밀조립직군	6 비교	6 대화–신호	6 투입–이송
8 구조설비직군		7 섬김	7 취급
9 기타 직군		8 지시받기–보조	

(2) 우리나라의 직업분류체계

① 한국표준직업분류에 의한 직업분류체계

우리나라의 직업분류는 1958년에 제정된 국제노동기구(International Labor organization: ILO)에서 권고하는 국제 표준직업분류(International Standard Classification of Occupation: ISCO)를 근거로 1963년에 한국표준직업분류가 제정되었고(통계청, 2017), 이후 국내 산업 및 직업구조의 변화를 고려하여 계속 개정되고 있다.

우리나라의 직업분류는 현재 통계청에서 담당하고 있으며, 통계청 통계분류포털(kssc.kostat.go.kr)에서 한국표준직업분류에 대한 다양한 정보를 얻을 수 있다. 현재 사용되고 있는 한국표준직업분류는 2017년에 일곱 번째 개정된 것(통계청 고시 제2017-191호)으로, 직업을 '1. 관리자, 2. 전문가 및 관련 종사자, 3. 사무 종사자,

4. 서비스 종사자, 5. 판매 종사자, 6. 농림 · 어업 숙련 종사자, 7. 기능원 및 관련 기능 종사자, 8. 장치 · 기계 조작 및 조립 종사자, 9. 단순노무 종사자, A. 군인'의 10개 대분류로 구분하였다. 또한 10개의 대분류에 따라 중분류 52개, 소분류 156개, 세분류 450개, 세세분류 1,231개로 구분하였다.

〈표 3-3〉 한국표준직업분류의 분류단계별 항목 수 (단위: 개)

대분류	중분류	소분류	세분류	세세분류
전체	52	156	450	1,231
1. 관리자	5	16	24	82
2. 전문가 및 관련 종사자	8	44	165	463
3. 사무 종사자	4	9	29	63
4. 서비스 종사자	4	10	36	80
5. 판매 종사자	3	5	15	43
6. 농림 · 어업 숙련 종사자	3	5	12	29
7. 기능원 및 관련 기능 종사자	9	21	76	198
8. 장치 · 기계 조작 및 조립 종사자	9	31	65	220
9. 단순노무 종사자	6	12	24	49
A. 군인	1	3	4	4

출처: 통계청(2017).

② 한국고용직업분류에 의한 직업분류체계

한국고용정보원이 자체 개발한 한국고용직업분류(Korean employment classification of occupations)는 2000년부터 발간되었으며, 노동시장의 상황과 수요에 적합하도록 각종 직무를 분류한 것으로, 직업정보의 제공을 통한 노동시장 효율성의 제고를 목적으로 한다. 한국고용직업분류는 2005년에 처음 개정되었고, 이후 2007년에 개정되었으며, 10년이 지난 2017년에 개정되어 2023년 현재까지 활용되고 있다(고용노동부, 2018). 2017년에 개정된 한국고용직업분류는 대분류 10개, 중분류 35개, 소분류 136개, 세분류 450개로 구성되어 있다.

한국고용직업분류는 한국직업사전의 기반이 된다. 한국직업사전의 직업코드 구성은 4자리 코드로 되어 있으며, 첫 번째는 한국고용직업분류의 대분류, 두 번째는 중분류, 세 번째는 소분류, 네 번째는 세분류를 나타낸다(한국고용정보원, 2020). 또한 한국고용직업분류는 한국직업전망에도 기반이 된다. 한국직업전망은 한국고용직업분류의 세분류(4-DIGITS) 직업에 기초하여 종사자 수가 일정 규모(3만 명) 이상인 경우를 원칙으로 직업을 선정한다(한국고용정보원, 2021).

〈표 3-4〉 한국고용직업분류의 분류단계별 항목 수 (단위: 개)

대분류	중분류	소분류	세분류
전체	35	136	450
0. 경영 · 사무 · 금융 · 보험직	3	18	70
1. 연구직 및 공학 기술직	5	19	54
2. 교육 · 법률 · 사회복지 · 경찰 · 소방직 및 군인	5	12	41
3. 보건의료직	1	7	20
4. 예술 · 디자인 · 방송 · 스포츠직	2	8	34
5. 미용 · 여행 · 숙박 · 음식 · 경비 · 청소직	6	13	49
6. 영업 · 판매 · 운전 · 운송직	2	11	35
7. 건설 · 채굴직	1	6	24
8. 설치 · 정비 · 생산직	9	37	110
9. 농림어업직	1	5	13

출처: 고용노동부(2018).

3 미래 사회와 직업세계의 변화

앞으로 대학 졸업 후 수십 년 동안 살게 될 미래 사회의 변화와 그에 따른 직업세계의 변화를 파악하는 것은 진로선택을 위해 필수적인 사항이다. 따라서 여기서는 미래 사회의 변화와 그에 따른 직업세계의 변화를 살펴보기로 한다.

1) 미래 사회의 변화

(1) 저출산 및 고령화

미래 사회는 저출산 및 고령화가 심화될 것으로 전망된다. 미래 사회를 예측한 선행연구에서는 점차 저출산과 고령화가 심화될 것임을 전망하였다(박가열 외, 2017; 정의진 외, 2020). 특히 우리나라는 저출산과 고령화가 급격히 진행되고 있다. 국내 출생아 수는 2022년부터 2025년까지 연평균 24만 2천 명 수준으로 예상되며, 2035년부터 2040년까지는 연평균 29만 9천 명 수준으로 다소 증가할 예정이다(통계청, 2022). 합계출산율[4)]은 0.81명으로 지속적으로 감소 추세인데(통계청, 2021), OECD 회원국 중 최저 수준이다(김경수, 2021). 우리나라 고령인구(65세 이상)는 2020년 807만 명(총 인구의 약 16.1%)에서 2040년 1,698만 명(총 인구의 약 35.3%)으로 향후 20년간 2배 증가할 전망이다(통계청, 2022). 저출산과 고령인구 증가 현상으로 인해 국내 인구성장률은 2020년부터 2025년까지 연평균 0.15% 감소하고, 2035년부터 2040년까지 연평균 0.27% 수준으로 감소율이 확대될 전망이다(통계청, 2022).

(2) 삶의 다양성 증가 및 사회적 불평등 심화

미래 사회는 가족 형태가 다양해지고 평생학습 확산, 여가 및 웰빙에 대한 중요성 증대 등 삶의 다양성이 증가되는 반면에 사회적 불평등은 심화될 것으로 예상된다. 선행연구(정의진 외, 2020; Arnett et al., 2020)에서는 미래 사회에 가족 형태가 다양해질 것으로 전망하였다. 우리나라의 경우, 2020년 기준 전체 가구 10가구 중 3가구(31.7%)가 1인 가구인 것으로 나타났고, 1인 가구의 비중은 지난 5년간 지속적으로 증가하는 추세이다(통계청, 2021). 또한 1인 가구뿐만 아니라 다문화가족, 한부모가족, 비혼가족 등 다양한 형태의 가족이 증가할 것으로 전망된다(송효진, 2019; 여성가족부, 2021).

여러 연구자는 평생학습 참여가 지속적으로 증가될 것이고, 여가 및 웰빙에 대한 중요성 인식이 증가할 것임을 전망하였다(정의진 외, 2020). 우리나라의 경우, 2020년 기준 성인(만 25~29세)의 평생학습 참여율이 42.1%로 나타났으며, 2007년부터 증가하는 경향을 보였다(교육부, 2022)[5)]. 또한 2016년 이후로 지난 5년간 우리나라 국민들의 평균 여가 시간이 점차 증가하였다(문화체육관광부, 2020).

이와 함께 사회·경제적 불평등이 점차 심화될 것으로 전망된다. 미래 사회를 전망한 선행연구에서는 경제적 불평등(배정환, 박진희, 2013; 변수용, 이성균, 2020)뿐만

---

4) 가임 여성(15~49세) 1명이 평생 동안 낳을 것으로 예상되는 평균 출생아 수(통계청 통계용어 및 지표)

5) COVID-19의 영향으로 인해 2021년의 성인 평생학습 참여율은 30.7%로 감소하였음(교육부, 2022).

아니라 교육 불평등(배정환, 박진희, 2013), 지역 간 불균형(정의진 외, 2020)이 심화될 것이라고 예측하였다. 1993년 이후 우리나라는 경제가 성장함에도 빈곤과 불평등이 악화되고 있으며, 낙수효과(trickle down effect)가 없는 사회로 전환되었고, 개선된 분배 및 빈곤 지표는 2016년부터 악화로 반전되었다(김미곤 외, 2017). 특히 분위별 소득 점유율 추세에 따르면, 2011~2019년까지 중위 중산층 이상의 고소득층에서 상당한 소득이 집중된 것으로 나타났다(이태수, 2021).

교육 불평등과 관련하여 한국 사회에서 양적 측면에서의 교육 불평등은 유지되어 온 반면, 질적 측면에서의 교육 불평등은 최근 들어 심화된 경향이 있다(변수용, 이성균, 2020). 특히 선행연구에서는 COVID-19 팬데믹은 소외계층의 학습 격차를 강화시켰다(권연하 외, 2021; 최형미, 이동국, 2020).

지역 불균형과 관련하여 살펴보면, 2000~2018년까지 전국 대비 수도권의 지역총소득 비중은 51.7~56.1% 수준을 유지하여 평균 54.4%를 기록하였으며, 2010년부터 수도권과 비수도권의 지역총소득 격차가 급격하게 증가하기 시작하여 2019년 기준 전국 지역총소득은 수도권이 55.6%, 비수도권이 44.4%를 차지하는 것으로 나타났다(김태환 외, 2021). 이와 더불어 미래 사회에 지방 중소도시가 몰락할 것으로 전망되기도 한다(정의진 외, 2020). 사회적 불평등 심화는 다양한 요인에 기반을 두는데, 개방 경제체제로의 전면적 이행 및 금융화로 인한 제조업 쇠퇴, 노동절감적 기술 발전 등의 역사적 환경, 기업규모별 격차 심화, 노동시장의 이중 구조화 및 비정규화 등의 경제 환경, 소득불평등 심화, 대학교육의 공급 증대 등의 사회 환경 등을 불평등의 세대 간 계층 이동성 저하 요인으로 제시되고 있다(김희삼, 2017).

(3) 과학기술 발전 가속화

미래 사회는 과학기술 발전이 가속화될 것으로 예상된다. 2016년 1월에 개최된 세계경제포럼(World Economic Forum: WEF)에서 Schwab(2016)은 현재 제4차 산업혁명이 진행 중임을 천명하였다. 그는 제1차 산업혁명은 철도 건설과 증기기관의 발명에 기반을 두고, 제2차 산업혁명은 전기와 생산 조립 라인의 출현으로 인한 대량 생산에 기반을 두며, 제3차 산업혁명은 반도체와 메인 프레임 컴퓨팅(main frame computing) 및 PC(Personal Computing)에 기반을 둔다고 하였다. 나아가 제4차 산업혁명은 디지털 혁명을 기반으로 물리학, 디지털, 생물학 영역의 경계가 희석되는 기술융합의 시대라고 정의하였다. Schwab(2016)이 제시한 제1~4차 산업혁명의 특징은 〈표 3-5〉와 같다.

〈표 3-5〉 **제1~4차 산업혁명의 특징**

구분	제1차 산업혁명	제2차 산업혁명	제3차 산업혁명	제4차 산업혁명
시기	1760~1840년	19세기 말~20세기 초	1960~1990년대 말	2000년~현재
동인	• 증기기관 발명 • 철도 건설	• 전기 발명 • 생산 조립 라인 도입	• 반도체, PC • 인터넷	• 유비쿼터스 인터넷 • 인공지능, 머신러닝
변화	• 기계에 의한 생산 체계 도입	• 대량 생산의 발전	• 컴퓨터 및 디지털 기술 활용 증대	• 극단적 자동화 • 연결성 극대화

출처: Schwab (2016), pp. 24-27을 참고하여 재구성.

미래 사회를 전망한 선행연구 또한 미래 사회의 특징으로서 과학기술 발전을 제안하였다. 박가열 외(2017)는 미래 사회에는 과학기술의 진보와 융합이 가속화될 것이고, 디지털 혁신에 기초한 스마트 자동화가 확산되고, 가상세계와 물리세계가 연결되며, 유전자 가위 기술과 합성생물학, 인공지능과 3D 프린팅 기술 등 지금까지 생각하지 못했던 새로운 기술이 확산될 것임을 주장하였다. 정의진 등(2020)은 미래 사회가 디지털 사회임을 전망하였고, 세부적으로 디지털 제조기술이 확산되고, 가상과 현실 공간이 통합될 것임을 예상하였다.

(4) 경제 저성장 및 신산업 성장

미래 사회는 저성장 경제가 예상된다. 세계은행(World Bank)은 2022년 세계 경제성장률을 4.1%(선진국 3.8%, 신흥 · 개도국 4.6%)로, 2020년 5.5% 대비 1.4% 하락할 것임을 전망하였다. 또한 세계 경제성장률 하락 원인으로 COVID-19 재발과 재정 지원 감소 등을 제시하였다. OECD에 따르면, 2015~2019년까지 한국의 경제성장률은 평균 2.8%로 나타났고, 일본은 0.94%, 미국은 2.38%로 나타났다. 2020년의 경우, COVID-19의 여파로 인해 세 개 국가의 경제성장률은 모두 마이너스를 기록하였다. 이러한 추세에 대해 석병훈, 이남강(2021)은 지난 1981~2009년까지의 5.5% 경제성장률을 감안할 때, 연평균 2.3%의 수치는 매우 낮아진 수치로써 저성장 고착화에 대한 우려가 커지고 있음을 주장하였다.

기술 변화에 따라 신산업이 성장할 것으로 예상된다. 미래 사회는 온라인 경제의 주류화로 생산, 분배, 소비 등의 경제 활동이 온라인으로 대거 이동할 것으로 전망되고, 디지털 제조기술이 확산되고, 디지털 방식으로 제작 및 처리하여 경제적 가치를 갖는 다양한 정보(information goods) 시장이 성장되며(정의진 외, 2020), 바이오 관련 산업이 지속적으로 성장할 것으로 전망되고 있다(박환일 외, 2019). 이러한 흐름에 발맞추어 우리나라는 신산업 분야를 선정하여 미래 사회를 대비하고 있다. 산업통상자원부(2021)는 차세대반도체, 신금속소재, 차세대세라믹소재, 첨단화학, 하이테크섬유소재의 5대 신산업을 선정하여 2029년까지 관련 분야의 인력을 양성할 것임을 계획하였고, 과학기술정보통신부 또한 메타버스, 나노 및 소재기술 등의 신산업 분야 지원을 지속하고 있다.

(5) 기후 변화 및 전염병 확산

미래 사회는 기후 변화와 전염병이 확산될 것으로 예측되고 있다. 특히 미래 사회의 글로벌 핵심 트렌드로서 기후 변화가 일어날 것으로 전망되고 있다(박가열 외, 2017). 또한 미래 사회에는 온난화 심화에 따른 이상기후 현상이 확산될 것이 전망되고 있다(정의진 외, 2020).

이와 함께 전 지구적으로 지구의 평균기온이 올라 해수면이 상승할 것임을 예측하였고, 빙하 부피가 더욱 감소하고 대기 중 이산화탄소의 농도가 증가할 것으로 예측하고 있다(IPCC, 2021).

전염병 확산과 관련하여 신종 감염병이 발생할 것임을 예측하면서 다양한 대응방안을 마련하는 것의 필요성이 강조되고 있다(박환일 외, 2019). 또한 미래 사회의 글로벌 핵심 트렌드로서 신종 전염병이 등장할 것이 예측되고 있다(박가열 외, 2017). COVID-19 팬데믹으로 미래 사회 변화 요인으로 제시된 전염병 확산을 전 세계 인구가 경험하였다. 그 이전에도 2002년 사스(SARS), 2009년 신종플루, 2012년 메르스(MERS)를 경험한 바 있다.

(6) 협력적 거버넌스 및 국가 간 연결 확대

전통적인 행정을 지칭하는 '정부(government)'를 대체하는 새로운 개념인 '거버넌스(governance)'가 전 세계적으로 주목을 받기 시작한 지 이미 오랜 시간이 지났다(이명석, 2017). 거버넌스는 과거 중앙집권적 행정체계에 대한 대안이며, 다양한 유형의 사회문제를 해결하기 위한 다양한 주체 간의 협력을 의미한다. 미래 행정 변화에 협력적 거버넌스(collaborative governance)의 필요성이 강조되는데, 협력적 거버넌스는 정부와 민간부문 및 그 외 다양한 기관이 함께 협력하여 정책을 결정할 뿐만 아니라 사회문제를 해결하는 것으로 정의된다(이명석, 2017). 우리나라 또한 점차 지방자치를 확대하고 있다. 행정안전부는 32년만에 「지방자치법」을 전면 개정하여 주민자치, 자치분권 확대의 기틀을 마련하였고(행정안전부, 2020), 지방재정 혁신방안을 통해 지방재정 자율성 확대에 힘쓰고 있다(행정안전부, 2021).

세계화가 진행됨에 따라 국가 간 연결이 지속적으로 확대되고 있다. 미래 사회를 예측한 다수의 선행연구 또한 국가 간 협력이 확대될 것임을 전망하였다. 이와 함께 글로벌 밸류체인(value chain)이 형성되고 북한과의 평화분위기가 조성되어 안정적인 관계가 구축되지만, 미중 갈등이 격화되고, 한일 간 정치, 외교, 군사, 경제 분야에서 갈등이 발생하며, 한국 주도의 새로운 협력관계가 구축될 것으로 예측되고 있다(정의진 외, 2020).

2) 미래 직업세계의 변화

(1) 중장년 및 노년의 노동시장 확대

향후 고령화가 심화될 것을 고려할 때, 미래 직업세계는 중장년 및 노년의 노동시장이 확대될 것으로 예상된다. 고용노동부에 따르면, 2010~2017년까지 만 55~65세 중장년의 고용률은 지속적으로 증가하는 추세였고, 2018~2021년까지 66% 수준을 유지하고 있는 것으로 나타났다. 65세 이상 고용률 또한 2014년 31.1%에서 2020년 34.1%로 점차 증가하는 것으로 나타났다(한국노인인력개발원, 2021). 한편, 중장년 및 노년의 노동시장 참여가 확대될 전망이나 현재 일자리의 질은 긍정적이지 못한 실정으로, 선행연구에서는 중장년 및 노년 노동시장의 질적 개선을 요구하였다(남재량, 김동배, 2020; 정재현, 2019). 종합하면 향후 미래 직업세계는 중장년 및 노년 노동시장이 양적으로 확대될 뿐만 아니라 질적으로 개선될 것으로 예상된다.

(2) 직장 이동 증가 및 고용관계 변화

삶의 다양성 증가로 인해 경력에 대한 가치관이 변화하고 뿐만 아니라 기술 발전이 가속화될 것으로 전망된다. 이러한 사회 변화는 직장 이동 증가 및 고용관계 변화 등의 직업세계 변화를 일으킨다. 최근 개인 주도적인 경력 관리의 중요성이 강조됨에 따라 경력 관련 연구 분야는 조직의 경계를 초월하여 조직 안팎으로 경력을 개발하는 무경계 경력(boundaryless career; Arthur & Rousseau, 1996), 자신의 경력에 스스로 가치를 부여하고 주도적으로 경력을 개발하는 프로티언 경력(protean career; Hall, 1976)에 대한 담론이 확산되고 있다. 이는 경력 관리의 주체를 조직에서 개인으로 보는 관점의 변화로서 경력에 대한 가치관 변화에 기인한다(소병한, 2019).

경력에 대한 가치관 변화뿐만 아니라 기술 발전도 직장 이동과 고용관계 변화를 촉진한다. 기술 발전은 모바일 및 온라인을 통해 필요한 일자리를 주문하고 고용하는 온디맨드(On-Demand) 플랫폼을 활성화하였고, 이로 인해 긱(Gig)[6] 경제가 확대됨에 따라 기업들의 필요에 따라 고용하는 단기 계약직, 임시직 등의 긱 워크(Gig Work)가 확대되었다(양희웅, 2017). 현재 우리나라에서도 음식배달 서비스, 대리운전 서비스 등 긱 워크가 활발히 이루어지고 있다.

또한 기술 발전은 기술 발전에 따른 전문화된 분야 및 자동화되지 않은 분야의 노동 수요를 증가시켜서(David, 2015) 필요에 따라 직장 이동이 빈번하게 이루어지는 형태의 노동시장이 더욱 확산될 것으로 판단된다. 인공지능을 비롯한 기술의 발달로 유연성과 다양성이 요구되는 영역까지 자동화가 확대될 것으로 예측된다(Pirger et al., 2017). 이로 인해 향후 미래지향적 기술(future-proof technology)과 그러한 기술을 활용할 능력, 유연성 및 인지 지능(cognitive intelligence)을 가진 사람에 대한 중요성이 높아질 것으로 예상된다(Pirger et al., 2017). 특히 맥킨지 글로벌 연구소는 COVID-19 이후 저임금이나 중임금의 저숙련 노동이 감소하고, 의료 및 STEM 관련 직업과 같은 고숙련·고임금 일자리가 증가할 것임을 예측하였다(McKinsey Global Institute, 2021).

6) 긱(Gig)은 일시적인 일이라는 의미로서 1920년대에 미국의 재즈클럽들이 주변의 단기계약 연주자를 섭외해 공연한 현상에서 유래한 단어임(양희웅, 2017).

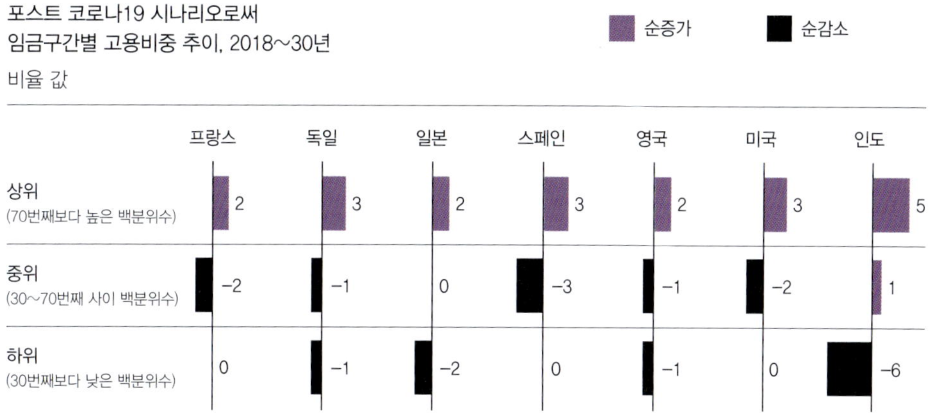

[그림 3-5] 코로나-19 이후의 일자리 수요-공급 시나리오
출처: McKinsey Global Institute. (2021), p. 16.

(3) 신산업 직업 수요 증가

과학기술 발전이 가속화되며, 이로 인해 신산업이 성장할 것으로 예상되는 가운데 과학기술 발전과 신산업 성장은 신기술 직업 수요를 증가시킬 것으로 예상된다. 미래를 전망한 다수 연구에서는 과학기술 발전으로 반복적인 직무를 수행하는 직업이 감소하고 신기술을 활용하는 직업의 수요가 증가할 것임을 예측하였다(한국과학기술기획평가원, 2020; Autor et al., 2003; Frey & Osborne, 2013). Citi(2016)는 IT 및 제조 분야의 중요성이 증가될 것임을 주장하였고, White House(2016)는 AI 기술과 관련한 직업의 고용이 증대될 것임을 예상하였다. World Economic Forum(2020)은 데이터 분석가 · 과학자, AI · 머신러닝 전문가, 빅데이터 전문가 등 신기술을 활용하는 직업의 수요는 증가될 것으로 예상했고, 데이터 입력 사무원, 비서, 회계사 등 자동화로 인해 대체될 가능성이 높은 직업은 수요가 감소될 것으로 예상하였다. 김동규 등(2021)은 미래 유망 신직업으로서 온라인 튜터, e러닝 테크니션, 건강기능식품 상담사, 모바일헬스케어 코디네이터 등을 제안하였다.

기후 변화 위기가 확산될 것으로 전망되는 가운데 기후 변화에 대응하기 위해 관련 분야의 일자리가 새로 창출될 것으로 예상된다. 그린피스(Greenpeace)에서는 한국이 탄소 중립 목표를 달성하기 위해 에너지 효율 제고 및 재생에너지원 개발에 투자할 경우, 2030년까지 약 81~86만 개의 일자리, 2031~2050년까지 약 90~120만 개의 일자리를 창출할 수 있을 것으로 전망하였다(Pollin et al., 2022).

〈표 3-6〉 수요 증가 및 감소가 예상되는 상위 20개 직업

순위	수요 증가 직업	수요 감소 직업
1	데이터 분석가 및 과학자	데이터 입력 사무원
2	AI 및 머신러닝 전문가	행정 및 전문 비서
3	빅데이터 전문가	회계사무원
4	디지털 마케팅 및 전략 전문가	회계사 및 회계 감사관
5	프로세스 자동화 전문가	조립 및 공장 노동자
6	비즈니스 개발 전문가	비즈니스 서비스 및 행정 관리자
7	디지털 전환 전문가	고객 정보 및 고객 서비스 사무원
8	정보 보안 분석가	일반 및 운영 관리자
9	소프트웨어 및 어플리케이션 개발자	기계 수리공
10	사물인터넷 전문가	자료 기록 및 재고 관리 사무원
11	프로젝트 매니저	재무 분석가
12	행정 및 전문 비서	우편 사무원
13	데이터베이스 및 네트워크 전문가	도소매업자
14	로보틱스 엔지니어	관계 관리자
15	전략 전문가	은행원 및 관련 사무원
16	경영 및 조직 분석가	방문 판매상 및 노점상
17	핀테크 엔지니어	전자 및 통신 설치 및 수리공
18	기계 수리공	인적자원 전문가
19	조직개발 전문가	교육훈련 전문가
20	위기관리 전문가	건설노동자

출처: World Economic Forum. (2020), p. 30에서 재구성.

IRENA(International Renewable Energy Agency, 2021) 또한 이산화탄소 배출량을 감축하고 탄소 중립을 달성하는 경우, 신재생에너지 분야 고용이 2050년까지 약 4,300만 명으로 증가할 것으로 예측하였다.

(4) 비대면 근무의 확대

기술 발전이 가속화됨에 따라 직업에 따라 별도의 직장이 없이 근로하는 형태가 보편화될 것이다. 제4차 산업혁명 시대에는 AI 및 텔레컨퍼런스 기능이 향상되어 이로 인해 재택근무의 영역이 확대되며, 스마트폰, 태블릿, 웨어러블기기 등 관

련 기기의 발달로 공간에 관계없이 지속적으로 생산성 향상을 유도할 수 있다(박가열 외, 2017). 특히 2015년 독일의 연방노동사회부(Bundesministerium für Arbeit und Soziales)에서는 근로자들의 지식노동이 언제 어디서나 가능하게 되면서 직장 내에서 이루어지는 직업적 활동과 직장 외에서의 일상적 활동 간에 시간적 · 공간적 경계가 희미해질 것으로 예측하기도 하였다(한국노동연구원, 2017). COVID-19 팬데믹으로 인해 전 세계인은 비대면 근무를 경험하였다. 하세정, 오영민(2021)에 따르면, COVID-19로 인한 비대면 근무는 직무의 명확성, 전문성, 자율성이 높은 직무에서는 만족도가 높게 나타났으나 구성원 관리 부담, 업무 몰입도 하락 등의 부작용도 나타났다. 이를 고려할 때, 비대면 근무는 향후에도 지속적으로 확대될 것으로 예상되며, 점차 조직 또는 직무 등 비대면 근무의 맥락을 고려하여 더욱 체계화, 다양화될 것으로 예상된다.

(5) 고용 취약계층에 대한 고용지원 및 유관 기관의 연계, 협력 확대

미래 사회는 1인 가구의 증가, 다문화가족, 한부모가족, 비혼가족 등 가족의 형태가 다양화되고 사회적 불평등 또한 증가될 것으로 예상된다. 또한 협력적 거버넌스가 확대될 것으로 예측된다. 이를 고려할 때, 미래 직업세계는 고용 취약계층에 대한 고용지원이 확대될 것을 전망할 수 있고, 특히 고용 취약계층의 고용지원을 위한 유관 기관 간 연계 및 협력이 확대될 것임을 예측할 수 있다. 최근 수행된 다수의 선행연구에서 고용 취약계층에 대한 고용지원이 확대되는 것이 필요함을 주장하면서 유관 부처 간에 원활한 연계 및 협력이 기반되는 것이 중요함을 강조하였다. 김기헌 등(2021)은 청년 중 고용 취약계층을 대상으로 중앙정부가 대책을 마련하는 것이 필요하고, 부처 간에 연계 및 협력이 원활히 이루어지는 것이 필요함을 주장하였고, 김승보, 유한구(2021)는 COVID-19 위기 상황에서 저소득층이나 노년층, 장애인 등 사회적 취약계층 지원을 위해 관련 기관 간에 협력관계를 구축하고 전달체계를 마련하는 것이 필요함을 주장하였다. 강두용 등(2021) 또한 COVID-19 위기의 충격은 저소득 계층일수록 더 크게 나타나기 때문에 취약계층에 대한 지원이 지속될 필요가 있음을 강조하였다. 상기 주장을 종합할 때, 미래 직업세계는 고용 취약계층에 대한 고용지원이 확대될 것으로 예상되며, 이를 위해 유관 기관 간의 연계 및 협력이 확대될 것으로 예상된다.

단원 요약

1. 우리가 진로를 올바르게 선택하기 위해서는 현재는 물론 미래 사회의 모습은 어떠하며, 그에 따라 미래의 직업세계가 어떻게 변화해 나아갈지를 예측하고 이해하는 것이 중요하다.

2. 직업은 사람이 살아가기 위해 맡은 책무를 다하려는 경제적 · 사회적 활동으로, 직업을 통해서 생계를 유지하고, 개인적 능력을 발휘하며, 소속감을 갖게 하고, 사회적 역할을 하며, 자아를 실현하는 역할도 한다.

3. 직업은 심리적 특성과 직무의 특성에 따라 분류된다. 심리적 특성에 따른 분류에는 Roe의 분류, Holland의 분류, Prediger의 분류가 있고, 직무의 특성에 따른 분류에는 미국직업사전 분류, 한국표준직업분류, 한국고용직업분류 등이 있다.

4. 미래 사회는 저출산 및 고령화가 심화되고, 삶의 다양성이 증가되고 사회적 불평등이 심화되며, 과학기술 발전이 가속화되고, 경제가 저성장되고 신산업이 성장하고, 기후변화와 전염병이 확산되고, 협력적 거버넌스 및 국가 간 연결이 확대되는 사회가 될 것으로 예측된다.

5. 미래 직업세계는 중장년 및 노년의 노동시장이 확대되고, 직장 이동 증가 및 고용관계가 변화되고, 신산업 직업 수요가 증가되고, 비대면 근무가 확대됨에 따라 재택근무를 포함한 직장이 없이 근로하는 형태가 보편화될 것이며, 고용 취약계층에 대한 고용지원 및 유관 기관의 연계, 협력이 확대될 것으로 예측된다.

참고문헌

강두용, 민성환, 박성근(2021). 코로나 팬데믹이 한국경제와 산업에 미친 영향. 서울: 산업연구원.

고용노동부 e-고용노동지표.(n.d.). 연도별 장년고용률. https://eboard.moel.go.kr/indicator/detail?menu_idx=76

고용노동부(2018). 한국고용직업분류 2018 해설서.

교육부(2022). '2021년 국가평생교육통계조사' 결과 발표.

권연하, 박세진, 이현숙(2021). 텍스트 마이닝 기법을 활용한 코로나19 발생 이후 교육격차의 쟁점 분석. 학습자중심교과교육학회, 21(6), 625-644.

기획재정부(2021). 2022년 세계은행(World Bank) 세계경제전망 발표.

김경수(2021). 2020년 합계출산율 현황과 정책적 시사점. 국회예산정책처.

김기헌, 배정희, 김창환, 성재민(2021). 청년 사회 첫 출발 실태 및 정책방안 연구: 일자리. 한국청소년정책연구원.

김동규, 김중진, 최영순, 신지선, 서민정(2021). 미래유망 신직업 발굴 및 국내 활성화 방안 연구. 한국고용정보원.

김미곤, 여유진, 정해식, 변재관, 김성아, 조한나(2017). 포용적 복지국가 비전과 정책방향. 한국보건사회연구원.

김승보, 유한구(2021). 코로나19 공존 시기 인적자원개발 정책. 한국직업능력연구원.

김양건(2019). 고령자 정책의 효과성 논의: 노인일자리 사업 중심으로. 의정논총, 14(1), 111-136.

김태환, 김은란, 신휴석, 이혜민, 박미래, 이혜진(2021). 지역별 소득 격차와 불균형. 국가균형발전지원센터.

김희삼(2017). 사회이동성과 교육격차. 한국경제연구원 대외 세미나 자료.

남재량, 김동배(2020). 중고령층 노동시장의 특성 변화와 정책과제. 한국노동연구원.

문화체육관광부(2020). 국민여가활동조사.

박가열, 천영민, 홍성민, 손양수(2017). 기술변화에 따른 일자리 영향 연구. 한국고용정보원.

박가열, 최영순, 손다혜, 박성원, 진설아, 홍성민(2017). 인간기술융합 트랜스휴먼 시대에 따른 미래직업세계 연구. 한국고용정보원, 과학기술정책연구원.

박환일, 장용석, 장진규, 임영훈, 성경모, 백서인, 이선아, 이향희, 김지은, 안지용(2019). 2019년도 글로벌 도전과제의 과학기술혁신협력에 관한 연구. 과학기술정책연구원.

배정환, 박진희(2013). STEEP 분석을 통한 국내 테러발생 가능성에 대한 연구. 한국경찰학회보, 15(4), 51-68.

변수용, 이성균(2020). 부모의 사회경제적 지위와 자녀의 교육 결과. 서울: 박영STORY.

산업통상자원부(2021). 5대 신산업 분야 '29년까지 산업기술인력 15만 5천명 필요.

석병훈, 이남강(2021). 한국경제의 추세 성장률 하락과 원인. 한국은행.

소병한(2019). 프로티언 경력(Protean Career)의 통합적 개념모형과 측정도구 개발. 한양대학교 대학원 박사학위논문.

송효진(2019). 다양한 가족, 다양한 현상. 한국여성정책연구원.

양희승(2017). 긱 경제 확산과 새 정보의 일자리 정책에의 시사점. 중소기업금융연구 여름, 75-89.

여성가족부(2021). 제4차 건강가정기본계획(2021~2025): 2025 세상모든가족함께.

이명석(2017). 미래 행정수요와 거버넌스 변화. 한국행정연구, 26(4), 1-32.

이태수(2021). 불평등, 지표로 보는 10년. 한국보건사회연구원.

정의진, 임현, 박창현, 박노언, 지수영, 문병진(2020). 제6회 과학기술예측조사 연구(1차년도). 과학기술기획평가원.

정재현(2019). 중장년(50~65세) 노동시장 구조 및 인력수요 변화 분석. 한국고용정보원.

정철영(2006). 일과 직업세계의 이해. 김영인, 노경주, 정철영 공저, 청소년 진로 및 학업지도 (pp. 103-122). 서울: 한국방송통신대학출판부.

최형미, 이동국(2020). COVID-19에 따른 중등 교사의 원격수업에 대한 경험 탐색. 학습자중심교과교육연구, 20(16), 1047-1071.

통계청(2017). 한국표준직업분류.

통계청(2021). 2021 통계로 보는 1인가구.

통계청(2021). 2021년 인구동향조사: 출생 · 사망통계(잠정).

통계청(2022). 2021년 장래인구추계를 반영한 내 · 외국인 인구전망: 2020~2040년.

하세정, 오영민(2021). 공공기관 비대면(untact) 근무 현황과 정책과제. 한국조세재정연구원.

한국고용정보원(2020). 2020 한국직업사전: 통합본 제5판. 고용노동부, 한국고용정보원.

한국고용정보원(2021). 한국직업전망 2021. 고용노동부, 한국고용정보원.

한국과학기술기획평가원(2020). 과학기술인재정책 동향리포트: 일자리의 미래 2020 보고서.

한국노동연구원(2017). 노동세계의 디지털화: 관리와 규제의 필요성. 국제노동브리프, 15(3), 9-21.

한국노인인력개발원(2021). 2020 노인일자리 및 사회활동지원사업 통계동향.

행정안전부(2020). 지방자치법 32년 만에 전부개정, 자치분권 확대 기틀 마련.

행정안전부(2021). 내년 지방재정 늘고 세출 자율성 확대… 자치분권 한걸음 더.

Arnett, J. J., Robinson, O., & Lachman, M. E. (2020). Rethinking adult development: Introduction to the special issue. *American Psychologist, 75*(4), 425.

Arthur, M. B., & Rousseau, D. M. (1996). A career lexicon for the 21st century. *Academy of Management Perspectives, 10*(4), 28-39.

Autor, D., Levy, F., & Murnane, J. R. (2003). The skill content of percent technological change: An empirical exploration. *The Quarterly Journal of Economics, 118*(4), 1279-1332.

Citi. (2016). *Technology at work 2.0.* Citigroup.

David, H. (2015). Why are there still so many jobs?: The history and future of workplace automation. *The Journal of Economic Perspectives, 29*(3), 3-30.

Frey, C. B., & Osborne, M. (2013). *The future of employment.* Oxford: Oxford Martin School.

Friedman, G. (2014). Workers without employers: Shadow corporations and the rise of the gig economy. *Review of Keynesian Economics, 2*(2), 171-188.

Hall, D. T. (1976). *Careers in organizations.* Seibert, Foresman.

IPCC. (2021). *Climate change 2021: The physical science basis.* IPCC.

IRENA. (2021). *Renewable energy and jobs.* IRENA.

Kenney, M., & Zysman, J. (2015). Choosing a future in the platform economy: The implications and consequences of digital platforms. In Kauffman Foundation New *Entrepreneurial Growth Conference* (pp. 156-160).

McKinsey Global Institute. (2021). *The future of work after COVID-19.* McKinsey Global Institute.

Pirger A., Wittemann P., Bürkner S., & Gutschalk T. (2017). Ergonomics in the product development process at Daimler AG: A holistic approach. In M. Bargende, H. C. Reuss, & J. Wiedemann. (Eds.), *Internationales Stuttgarter Symposium.* Proceedings. Springer Vieweg, Wiesbaden

Pollin, R., Lim, J. W., Chakraborty, S., Semieniuk, G., & Yoon, J. (2022). **한국 에너지 대전환의 일자리 창출 효과 분석**. Greenpeace.

Prediger, D., Swaney, K., & Mau, W-C. (1993). Extending Holland's Hexagon: Procedures, Counseling Applications, and Research. *Journal of Counseling & Development, 71*(4), 422-428.

Schwab, K. (2016). **클라우스 슈밥의 제4차 산업혁명 (The Fourth Industrial Revolution)**. (송경진 역). 서울: 새로운현재.

White House. (2016). *Artificial intelligence, automation, and the economy*. Executive Office of the President.

World Economic Forum. (2020). *The future of jobs report 2020*. World Economic Forum.

읽을거리

한국고용정보원고용이슈: https://keis.or.kr/user/extra/main/2103/publication/publicationList/jsp/LayOutPage.do?categoryIdx=130

한국고용정보원인력수급전망: https://keis.or.kr/user/extra/main/2161/publication/reportDownload/jsp/LayOutPage.do

McKinsey Global Institute Research: https://www.mckinsey.com/mgi/our-research/all-research

World Economic Forum: https://www.weforum.org/

활동지 3-1

나의 삶에서 직업은 어떠한 의미를 가지고 있으며, 왜 중요한지 그 이유를 기술해 보자.

활동지 3-2

직업은 심리적 특성과 직무의 특성에 따라 분류되는데 내가 가장 공감하는 분류 방법은 어떠한 것이며, 그 분류체계가 주는 시사점은 무엇인가?

활동지 3-3

미래 사회와 직업세계의 변화가 나의 직업선택에 어떠한 시사점을 준다고 생각하는가?

제2부

나의 이해

제4장 나의 이해 Ⅰ: 스스로 나 이해하기

제5장 나의 이해 Ⅱ: 적성과 흥미 표준화 검사하기

제6장 나의 이해 Ⅲ: 성격, 가치관과 강점 표준화 검사하기

제2부에서는 나 자신을 체계적으로 이해하는 데 중점을 둔다. 나 이해 방법에는 주관적인 나 이해 방법과 객관적인 나 이해 방법이 있다. 주관적인 나 이해 방법은 '스스로 자기 자신을 이해하는 방법'으로 나에 대한 이해의 중요성과 나 이해의 영역 및 나의 이해 시점에 대한 이해를 바탕으로 스스로 나를 이해하는 방법을 다룬다. 객관적인 나 이해 방법은 '표준화 검사를 통한 나 이해 방법'으로 적성, 흥미, 성격, 가치관 및 강점 표준화 검사를 통해 자신의 특성을 탐구한다.

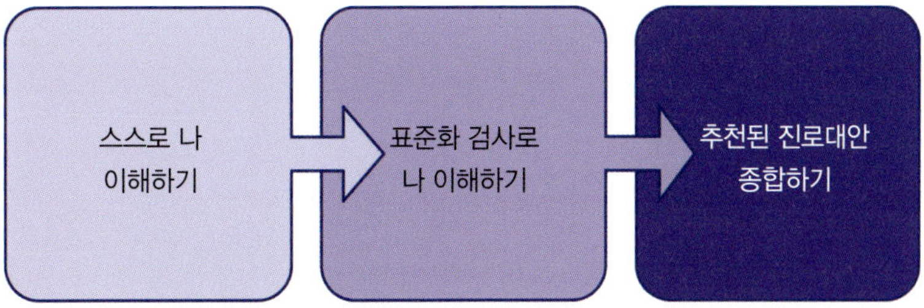

제4장

나의 이해 I: 스스로 나 이해하기

개 요

자신에 관한 종합적이고 정확한 이해는 자신의 진로를 디자인할 때 가장 기본이 되는 필수 사항이다. 따라서 자신의 어떠한 사항을 파악해야 하고, 이러한 사항들을 어떻게 파악할 수 있는지를 아는 것은 매우 중요하고 필요하다. 자신을 이해하는 방법에는 자기 스스로 자신을 파악하는 방법과 표준화 검사를 통하여 파악하는 방법이 있다.
따라서 이 장에서는 나 이해의 중요성, 영역, 시점 및 방법에 관한 이해를 바탕으로 스스로 자신을 파악하는 방법에 관하여 살펴보도록 한다.

학습목표

- 나에 대한 이해가 왜 중요한지를 설명할 수 있다.
- 나의 이해의 영역을 설명할 수 있다.
- 나의 이해 시점과 방법을 설명할 수 있다.
- 스스로 나 이해 방법을 설명할 수 있다.

주요용어

■ 나의 이해 의의 ■ 나의 이해의 영역 ■ 나의 이해 시점
■ 나의 이해 방법 ■ 나의 개인적 특성 ■ 나의 환경적 특성

1 나의 이해 의의

"자신을 아는 것은 모든 지혜의 시작이다
(Knowing yourself is the beginning of all wisdom)."
-아리스토텔레스-

어떤 배우자가 나에게 가장 좋은 배우자일까? 나는 사랑하지만 나를 별로 사랑하지 않는 배우자나 나를 사랑하지만 내가 별로 사랑하지 않는 배우자를 좋은 배우자라고 하지는 않을 것이다. 나와 배우자가 서로를 잘 알고 사랑하는 경우에 좋은 배우자 관계라고 할 수 있을 것이다. 어떤 경우에는 자신의 장점뿐만 아니라 단점도 매력으로 생각해 주는 사람이면 더 말할 나위도 없을 것이다. 이러한 사람을 천생연분, 즉 하늘이 정해 준 인연이라고 할 수 있다.

마찬가지로 나에게 가장 좋은 직업은 나에게 맞는 직업이다. 내가 좋아하고, 내가 잘할 수 있으며, 내가 추구하는 가치를 채워 주는 직업이다. 그러한 직업을 선택하기 위해서는 무엇보다도, 그리고 우선적으로 내가 어떤 일을 좋아하고, 내가 어떤 일을 잘할 수 있으며, 내가 어떤 가치를 추구하는지 등을 알아야 한다. 그런데 우리는 서로 얼굴이 다르듯 각기 다른 적성, 흥미, 가치관 등의 특성이 있다. 따라서 나 자신만의 독특한 적성, 흥미, 가치관 등의 특성을 이해하고, 그러한 나의 특성에 부합하는 직업을 선택하여 계획하고 준비하는 것이 진로 디자인의 핵심이다.

그런데 나를 이해하고 파악하는 것은 쉽지 않아 사람들이 자신에 대하여 잘 알지 못하는 경우가 대부분이다. 소크라테스(Socrates)는 "유일한 참 지혜는 자신이 아무것도 모른다는 것을 아는 데 있다(The only true wisidom is in knowing you know nothing.)."고 할 정도로 사실 우리는 자신에 관하여서도 잘 알고 있지 못하다. 더욱이 자신을 정확하고 종합적으로 알고 있지 못하다. 추상적이나 단편적으로 또는 추측이나 기대 정도로 막연하게 알고 있을 정도이다. 그래서는 소크라테스는 "너 자신을 알라"고 하였다. 이는 누구나 동의하지만 누구도 알지 못하는 희대의 명언이라 불린다. 나에 대해 잘 알수록 나는 다른 사람들의 의견에 휘둘리지 않게 된다. 조나단 데이비스(Jonathan Davis)는 "나는 내가 누구인지 알기 때문에 다른 사람이 나에 대해서 어떻게 생각하든, 말하든 전혀 개의치 않는다(I don't care what people think or say about me, I know who I am.).”라고 하였고, 캣 데닝스(Kat Dennings)는 “당신이 나를 좋아하지 않는다면 그것은 당신의 문제(If you don't like me, it's your problem.)”라고 할 정도로 마음이 흔들리지 않는 당당함을 이야기하였다. 나 자신을 잘 알고 있으면 다른 사람의 어떠한 편견이나 악성 댓글에 영향을 잘 받지 않게 되므로 인터넷 악성 댓글로 많은 사회문제가 발생하는 이 시대에 자신을 잘 아는 것이 그 무엇보다도 필요하고 중요하다고 할 수 있다.

그렇다면 나의 특성을 파악하기 위해서는 어떠한 사항들이 필요할까? 이를 구체적으로 살펴보면 다음과 같다.

첫째, 나의 어떠한 특성을 이해해야 하는가?

둘째, 현재의 특성만을 이해하면 되는가 아니면 과거의 변화 추이와 미래의 변화 가능성도 이해해야 하는가?

셋째, 나의 특성을 파악할 수 있는 방법에는 무엇이 있는가?

이러한 세 가지 사항에 관하여 구체적으로 살펴보기로 한다.

2 나의 이해 영역

나를 이해하기 위해서는 나에 관하여 구체적으로 어떤 사항들을 파악해야 하는가, 특히 나의 진로를 선택하기 위해서는 나에 관한 어떠한 내용들이 파악되어야 하는가를 아는 것은 중요하다. 나에 관한 이해의 영역은 크게 나의 개인적 특성과 환경적 특성으로 나눌 수 있다.

개인적 특성은 나 자신의 심리적·신체적 제반 특성을 말한다. 예를 들면, 나의 적성, 흥미, 가치관, 성격, 강점 등의 심리적 특성과 신장, 체력, 용모 등 나의 신체적 특성들이 이에 포함된다. 이 중에서 심리적 특성은 매우 중요한데, 나는 무엇을 잘하는지, 나는 무엇을 좋아하는지, 나는 무엇에 가치를 두고 있는지, 나의 성격은 어떠한지, 나의 강점은 무엇인지 등은 진로선택을 위하여 나 자신에 관해서 알아야 하는 무척이나 중요한 사항이다. 내가 진출한 분야에서의 성공 여부는 물론 행복 여부, 만족 여부와 그 정도는 자신의 심리적 특성에 관한 정확한 이해와 그에 적합한 진로선택에 달려 있다. 이러한 심리적 특성은 주로 표준화 진로검사를 통하여 측정

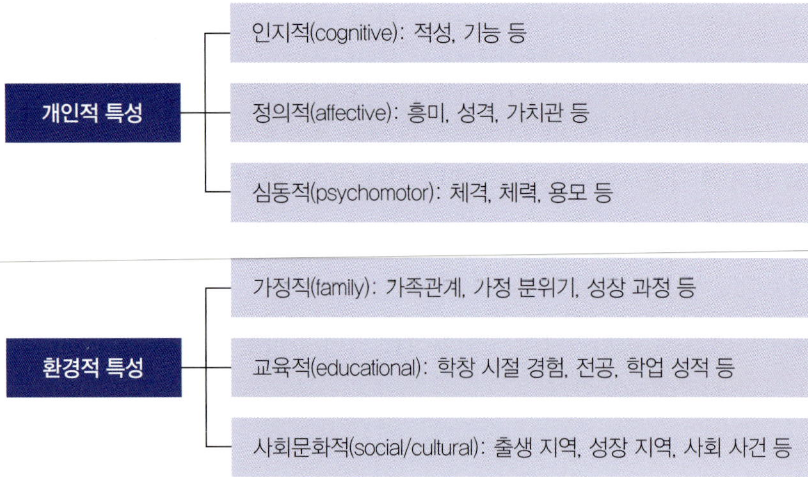

[그림 4-1] 나의 이해 영역

출처: 정철영(2006), p. 84의 그림을 수정 · 보완하였음.

되므로 제5장에서 자세히 다루도록 한다.

환경적 특성은 나를 둘러싸고 있는 나의 여건이나 주변에 관한 사항으로 가정적, 교육적 · 사회문화적 환경들이 포함된다. 즉, 똑같은 특성을 가진 사람이라고 해도 그 사람의 가정 여건, 교육적 여건, 사회문화적 여건이 어떠한가에 따라 개인적으로 많은 차이가 나게 된다. 예를 들어, 가족의 기대가 어떠하고, 가족의 재정적인 지원 여부와 정도가 어떠한지, 그리고 사회적으로 사는 지역의 가치와 문화가 어떠한지에 따라 달라진다. 마치 동일한 회색이라고 하더라도 흰색을 배경으로 하고 있으면 진하게 보이고, 반대로 검정색을 배경으로 하고 있으면 옅게 보이는 것과 같다. 주변 환경으로부터의 공감과 지지, 그리고 지원을 받는 경우와 그렇지 않은 경우에 따라서 개인의 진로선택은 영향을 받게 된다. 똑같이 외향적인 성격을 가진 자녀가 있을 때, 부모 모두가 외향적인 경우에는 부모로부터 지지를 받지만 부모 모두가 내성적인 경우에는 자녀의 외향적인 성격이 많은 경우에 지지를 못 받는 경우가 이러한 예에 해당한다.

3 나의 이해 시점

나의 이해에서는 현재의 나의 상황을 다양한 관점에서 정확히 파악하는 것이 중요하다. 그러나 이와 함께 사람은 언제나 변화하고 무한한 변화의 가능성이 있으므로 나의 잠재력이나 무한한 변화의 가능성을 고려하는 것도 나의 이해에서 매우 중요하다. 특히 나의 적성, 흥미, 가치관 등의 특성은 변화한다. 이와 함께 진로발달이론에 의하면, 진로선택의 기준도 좋아하는 일(흥미)에서 잘하는 일(적성)로, 그리고 이후에는 가치 있는 일(가치관)로, 그리고 다음은 전환단계로서 나에 관한 특성보다는 일의 고용 가능성 등 나의 외부에 해당하는 일의 특성으로 전환(transition)되기도 한다. 따라서 '현재'의 나의 특성에만 국한하기보다는 과거의 변화 양상과 앞으로 '미래'의 변화 가능성과 꿈과 이상 등도 폭넓게 이해하고 파악하는 것이 필요하고 중요하다.

이러한 변화 가능성의 대표적인 예가 잠재력이다. 잠재력(potential)은 현재 겉으로 드러나지 않지만 내부에 있는 능력으로, 발견 및 개발 여부에 따라 미래에 크게 발현될 중요한 능력이다. 우리 모두는 무한한 잠재력을 가지고 있으므로 보이지 않는 우리의 무한한 잠재력을 발견하고 개발하는 것은 무척이나 중요하다. 잠재력은 다양한 경험을 통하여 발견하게 되는데, 구체적으로 다양한 체험, 여행, 독서 등을 통하여 잠재력을 발견하게 된다.

[그림 4-2] 수면 아래 보이지 않는 거대한 부분이 나의 잠재력

이와 함께 나의 이상이나 꿈도 파악하여 진로결정 시 고려하는 것도 중요하다. 현재의 열악한 상황은 여건의 변화나 나의 의지 및 노력에 의하여 변화되거나 개선될 여지가 존재한다. 따라서 소극적이고 수동적인 자세로 현실만을 고려하기보다는 나의 성장 가능성, 특히 현재의 여건을 혁신적으로 노력하여 개선한다는 보다 적극적이고 능동적인 관점에서 나를 이해하는 것도 필요하고 중요하다. 중고등학교에 입학하여 교복을 구입하는 경우에 현재 딱 맞는 교복을 구입하기보다는 앞으로 3년간 입어야 하기 때문에 성장을 고려하여 약간 여유 있는 것을 구입하는 것과도 같이 나를 이해할 때에도 앞으로의 성장 가능성을 고려해야 한다.

[그림 4-3] 중고등학교에 입학하여 교복을 구입할 때는 성장을 고려하여 구입

[그림 4-4] 독수리 알로만 이해하기보다는 부화 후 독수리가 되었을 때를 이해

4 나의 이해 방법

나에 관하여 이해할 수 있는 방법은 첫째, 나 스스로 또는 나를 잘 아는 가족이나 친구를 통하여 나 자신을 파악하는 방법, 둘째, 표준화 검사를 통하여 나 자신을 파악하는 방법이 있다. 나 스스로 또는 나를 잘 아는 가족이나 친구를 통해서는 현재 시점은 물론 과거나 미래의 시점 등 여러 시점에서 파악하고 이해할 수 있다. 반면에 표준화 검사를 통해서는 적성, 흥미, 가치관, 장점 등 주로 나의 현재 시점의 심리적인 요소들을 객관적으로 파악할 수 있다.

[그림 4-5] 영역, 시점, 방법을 종합한 나의 이해

5 스스로 나 이해하기

1) 나의 개인적 특성 분석: 현재의 진로 특성(적성, 흥미, 가치, 강점)을 중심으로

현재 내가 잘하는 일, 좋아하는 일, 가치가 있다고 여기는 일들을 기술하여 3가지

특성 모두에 해당하는 일은 무엇이고, 3가지 중 2가지에 해당하는 일, 1가지에 해당하는 일을 기술하고, 마지막으로 3가지 모두에 해당하지 않는 일은 무엇이 있는지 분석해 본다. 또한 나의 강점은 무엇인지, 또한 그러한 강점이 표현되고 발현되었던 사례를 기술한다.

2) 자서전 작성을 통한 나의 총괄적 이해: 전반적인 환경적 · 개인적 특성

과거, 현재, 미래의 관점에서 나를 이해하기 위해서는 무엇보다도 자서전을 쓰는 활동이 도움이 된다. **자서전**은 일반적으로 출생 이후 현재에 이르기까지의 성장 과정을 구체적으로 기술하면 된다. 특히 성장 과정 중의 특징적인 일들이나 사건들이 나에게 어떠한 영향을 끼쳤는지 등을 기술한다. 이를 통하여 자신의 일생을 되돌아보고 본인에 관한 깊은 이해를 할 수 있다.

진로 자서전은 자서전 중에서 진로와 관련된 내용만 추려서 작성된 자서전이다. 즉, **진로 자서전**은 현재의 진로 위치(현재 자신의 대학 전공이나 학과)에 있게 되기까지 과거에 어떤 사건과 경험이 있었으며, 진로선택의 기로에서 어떻게 의사결정을 했는지(예: 대학 전공 선택)를 알아보기 위해 작성하는 문서라고 할 수 있다.

따라서 자신의 전반적인 이해와 특히 진로 관련 이해를 위해서는 자신의 이제까지의 전체적인 생애를 자서전의 형식으로 쓰되, 진로와 관련된 사항들을 강조하여 작성하면서 자신의 환경적 특성과 개인적 특성을 파악하도록 한다. 특히 이제까지 자신의 학창 시절을 학교급별로 나누어 살펴본다. 학교급별 주요 특징은 무엇이고, 진로와 관련하여 어떤 특성이 있고, 어떤 경험을 해 왔으며, 누구의 영향을 받았으며, 어떤 직업을 선호했고, 어떤 진로의사결정을 어떻게 해 왔는지, 그리고 학창 시절의 다양한 활동이나 경험들이 나에게 끼친 영향 등을 살펴보며 나를 이해하도록 한다.

3) 나의 환경적 특성 분석: 진로 가계도를 중심으로

나의 환경적 특성을 분석하기 위해서는 가족의 진로 가계도를 작성하고, 가족 관계나 분위기가 나에게 어떠한 영향을 주었으며, 그 영향들의 우선순위는 어떠한지

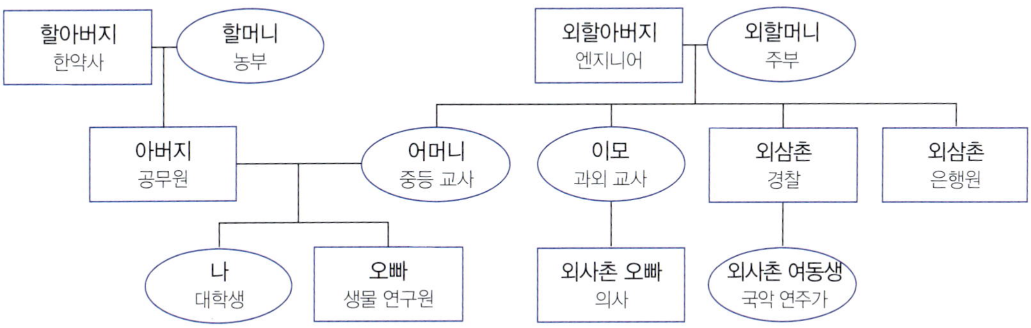

[그림 4-6] 진로 가계도 예시(학생 작품)

등을 살펴보는 것이 필요하다. 개인의 진로에 영향을 가장 많이 미치는 요인 중의 하나가 가족인데, 가족은 유전적 특성이나 생활환경이 유사하기 때문에 진로선택 행동도 유사하다고 유추해 볼 수 있다. 따라서 가족의 직업적 특성을 분석해서 자신의 직업선호 행동을 가늠해 보기 위해 진로 가계도를 활용한다. 즉, **진로 가계도(career genogram)**는 3세대 이상에 걸친 생물학적 가족(조부모, 부모, 숙모와 삼촌, 외숙모와 외삼촌, 형제자매, 친사촌, 외사촌 등)의 진로를 시각적으로 표현한 도표를 말한다. 물론 자신의 진로에 큰 영향을 준 중요한 타인(예: 선생님, 친구)도 포함시킬 수 있다.

진로 가계도를 그릴 때, 남성은 네모, 여성은 타원으로 그리고, 위에는 나와의 관계를, 아래에는 그 분의 직업을 기재한다. 그리고 직업명 옆에 그 분이 직업을 성공적으로 수행했다고 판단하면 S, 그렇지 않다고 생각하면 U라고 쓰기도 한다. 이때의 평가는 나의 주관적인 것이다. 이러한 진로 가계도를 통하여 가족을 더욱 잘 이해할 수 있고, 유전적으로나 환경적으로 일치도가 높은 가족의 진로 가계도를 통해 가족의 다양한 직업과 그 분위기를 이해하는 데 도움이 된다. 특히 진로 가계도를 통해 유전적으로나 환경적으로 유사한 가족의 3대에 걸친 대표적인 직업과 직업적 지위를 알 수 있으며, 가족 구성원의 직업선택 방법, 가족 구성원의 직업 기대와 압력, 가족이 중시하는 일의 가치 등을 알 수 있다.

나의 진로 가계도를 분석하여 다음의 각 사항에 답하도록 한다.

- 가족 중 자신의 진로역할 모델이 있다면 누구이고, 없다면 가족 구성원 이외에 진로역할 모델은 누구이며 그 이유는 무엇인가?

- 가족은 대체로 자신의 직업에 만족하는가, 불만족하는가? 만족 또는 불만족인 이유는 무엇인가?
- 우리 가족이 전체적으로 중요시하는 직업가치는 무엇이며, 그에 해당하는 직업은 무엇인가?
- 가족이 나에게 추천하거나 또는 기대하는 직업은 무엇인가?
- 가족 관계와 분위기는 나의 특성에 어떠한 영향을 주었는가?

4) 나의 미래의 이상 분석: 현재의 여건과 상관없는 희망 직업을 중심으로

나의 현실적인 제약에서 벗어나 내가 바라고 원하는 나의 이상적인 모습은 무엇이고, 그것이 실현 가능하다고 생각하는지, 어떻게 하면 실현 가능한지, 또한 그러한 모습과 관련 있는 직업은 무엇인지 생각해 본다. 특히 현재의 여건과 상관없이 도전적으로나 모험적으로 꼭 해 보고 싶은 일이나 직업 3가지는 무엇이고, 각각의 장벽이나 장애는 무엇이고, 각각의 돌파 여부와 방법 등에 관하여 기술한다.

5) 스스로 이해한 나의 특성 종합과 적합한 직업 선정

스스로 나를 이해한 결과를 종합하여 나에게 적합한 직업을 선정해 보는 활동은 다음과 같다.

첫째, 스스로 이해한 나 이해 결과를 종합한다. 나의 과거, 현재, 미래, 그리고 현실과 이상 모두를 고려한 나는 어떠한 사람인지 종합하여 기술한다.

둘째, 나에게 적합한 직업들을 열거한다. 이제까지 수행한 활동들과 관련하여 나에게 적합하다고 판단되는 직업들을 열거해 본다.

셋째, 스스로 이해한 나의 특성에 적합하다고 판단되는 5개의 직업을 열거하고, 그 근거와 이유를 구체적으로 기술한다.

단원 요약

1. 자신에 관한 종합적이고 정확한 이해는 자신의 진로를 디자인할 때 가장 기본이 되는 필수 사항이다. 따라서 자신의 어떠한 사항을 파악해야 하고, 이러한 사항들을 어떻게 파악할 수 있는지를 아는 것은 매우 중요하다.

2. 나를 이해하기 위해서는 나에 관하여 구체적으로 어떤 사항들을 파악해야 하는가. 특히 나의 진로를 선택하기 위해서는 나에 관한 어떠한 내용들을 파악하여야 하는가를 아는 것이 중요하다. 나에 관한 이해의 영역은 크게 나의 개인적 특성과 환경적 특성으로 나눌 수 있다.

3. 나의 이해에서는 현재의 나의 상황을 다양한 관점에서 정확하게 파악하는 것이 중요하다. 그러나 이와 함께 사람은 언제나 변화하고 무한한 변화의 가능성이 있으므로 나의 잠재력이나 무한한 변화의 가능성을 고려하는 것도 나의 이해에서 매우 중요하다.

4. 나를 이해하는 방법에는 나 스스로 또는 나를 잘 아는 분들을 통하여 나 자신을 파악하는 방법과 표준화 검사를 통하여 나 자신을 파악하는 방법이 있다.

5. 나 스스로 나에 관하여 이해하기 위해서는 자서전, 나의 개인적 특성, 환경적 특성, 미래 이상 등을 파악하여 나의 특성을 종합하고 이를 토대로 나에게 적합한 직업을 선정한다.

참고문헌

고용노동부(2018). 표준이력서 및 자기소개서 양식. https://www.moel.go.kr/policy/policyinfo/safety/bbsView.do?bbs_seq=20180100182

꿈날개(2021). 모의 면접. https://www.dream.go.kr/dream/index.do

서울대학교 경력개발센터(2021). 합격자 자기소개서. http://u.educe.co.kr/jobsnu/?mod=passReport&m_idx=17

워크넷(2021). 직무별 자소서 작성가이드. https://www.work.go.kr/empSpt/empGuide/selfintroWriteGuide/selfintroWriteGuideViewList.do

잡코리아(2021). 한글 이력서 양식. https://www.jobkorea.co.kr/goodjob/docs/form?schOrder=1&schFile=0&schTxt=&schCol=000001

잡플래닛(2021). 면접 후기. https://www.jobplanet.co.kr/job/ search?q=CJ&page=2

정철영(2006). 자신의 이해. 김영인, 노경주, 정철영 공저, 청소년 진로 및 학업지도(pp. 83-101). 서울: 한국방송통신대학출판부.

Tom, R. (2007). *Strengths finder 2.0: A new and upgraded edition of the online test from gallup's now, discover your strengths with other*. Gallup Press.

읽을거리

나승일, 오승균. (2016). 가방끈보다 신발끈. 미래융합연구소.

소셜멘토링 잇다: https://www.itdaa.net/

활동지 4-1

나의 개인적 특성의 이해

- 나의 흥미, 적성, 가치: 내가 좋아하는 일, 잘하는 일, 가치롭게 여기는 일들은 무엇인가? 내가 좋아하는 일들(여행하기, 독서하기 등)을 열거하고, 그 각각의 일들에 대해서 잘하는지 여부와, 가치부여 여부를 ○, ×로 표기하고, 이를 종합하여 우선순위를 매겨 보자.

내가 좋아하는 일	잘 하는지 여부 (○, ×)	가치 부여 여부 (○, ×)	우선 순위

<table>
<tr><th>구분</th><th>좋아하는 일
(재미
있는 일)</th><th>잘 하는 일
(재능
있는 일)</th><th>가치로운 일
(의미
있는 일)</th><th>앞에서 열거된 일</th><th>우선순위</th></tr>
<tr><td>I
영역</td><td>○</td><td>○</td><td>○</td><td></td><td>1</td></tr>
<tr><td rowspan="2">II
영역</td><td>○</td><td>○</td><td>×</td><td></td><td></td></tr>
<tr><td>○</td><td>×</td><td>○</td><td></td><td></td></tr>
<tr><td>III
영역</td><td>○</td><td>×</td><td>×</td><td></td><td></td></tr>
</table>

주) I영역은 3개 특성 모두가 해당하는 영역이고, II영역은 3개 특성 중 2개 특성에 해당하는 영역이고, III영역은 3개 특성 중 1개 특성에만 해당하는 영역임.

■ 내가 생각하는 나의 강점과 이를 발휘했던 사례

나의 강점	발휘했던 사례	비고

활동지 4-2

나의 진로 자서전 작성하기

■ 나의 진로 자서전을 작성해 보자. 자신의 전반적인 이해와 특히 진로 관련 이해를 위해서는 자신의 이제까지의 전체적인 생애를 자서전의 형식으로 쓰되, 진로 자서전의 사항들을 강조하여 학교 급별로 보다 구체적이며 심도 있게 기술해 보자.

나의 진로 자서전
1. 출생 ~ 초등학교 이전
2. 초등학교 시절
3. 중학교 시절
4. 고등학교 시절(재수 기간 등 포함)
5. 대학 시절(인턴, 해외 연수, 군입대, 휴학 등 포함)

활동지 4-3

나의 환경적 특성의 이해: 진로 가계도

■ 나의 진로 가계도 그려 보기

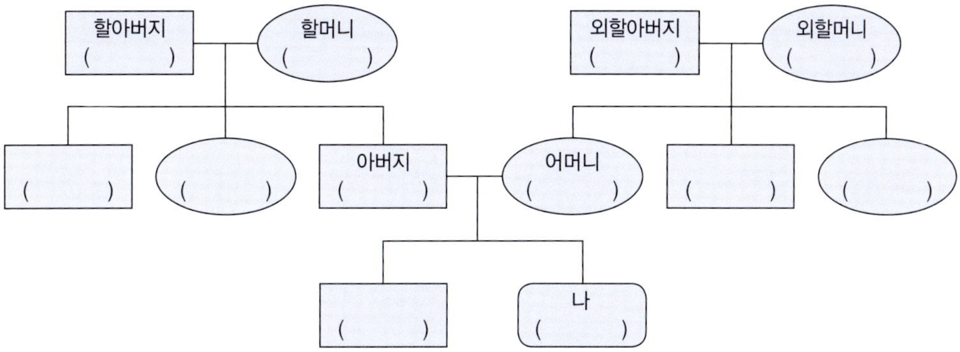

■ 나의 진로 가계도 분석하기

진로 가계도에 대한 질문	나의 생각
가족 중 자신의 진로역할 모델이 있다면 누구이고, 없다면 가족 구성원 이외에 진로역할 모델은 누구이며 그 이유는 무엇인가?	
가족은 대체로 자신의 직업에 만족하는가, 불만족하는가? 만족 또는 불만족인 이유는 무엇인가?	
우리 가족이 전체적으로 중요시하는 직업가치는 무엇이며, 그에 해당하는 직업은 무엇인가?	
가족이 나에게 추천 또는 기대하는 직업은 무엇인가?	
가족 관계와 분위기는 나의 특성에 어떠한 영향을 주었는가?	

활동지 4-4

나의 미래의 이상

■ 현재의 여건과 상관없이 도전적, 모험적으로 꼭 해 보고 싶은 일이나 직업 3가지는 무엇인가?

해 보고 싶은 일이나 직업	장벽 또는 장애	돌파 가능 여부와 방법

활동지 4-5

스스로 나 이해 결과 종합

➡ 스스로 나 이해 결과를 종합하여 나의 진로 특성을 기술하고, 나에게 적합한 직업을 열거하고 그 근거 또는 이유를 기술해 보자.

☑ 스스로 나 이해를 통한 나의 진로 핵심 특성 종합 요약

☑ 나의 진로 핵심 특성에 적합한 직업들

➡ 나의 진로 핵심 특성에 적합한 직업 10개 내외를 열거하고 그 근거 또는 이유를 기술해 보자.

적합한 직업	적합하다고 판단되는 근거 또는 이유 (구체적으로)

제5장 나의 이해 II: 적성과 흥미 표준화 검사하기

개 요

자신의 진로 특성에 관하여 객관적으로 파악할 수 있는 가장 좋은 방법 중의 하나가 표준화 진로검사이다. 표준화 검사는 모집단을 대표하는 피험자를 표집하여 동일한 지시와 절차에 따라 검사를 시행한 후 객관적 채점 방법에 따라 규준이 만들어진 검사이다. 표준화 검사란 검사의 구성 요소, 실시 과정, 채점 방법, 결과 해석 기법을 구조화하는 과정을 거쳐 제작된 검사이다. 표준화 검사로 제작된 심리검사 중 대표적인 것은 적성과 흥미검사이다.

따라서 이 장에서는 표준화 검사에 대하여 알아보고, 적성과 흥미를 중심으로 표준화 진로검사를 수행한 후 자신의 검사 결과를 통하여 자신의 진로 특성을 알아보도록 한다.

학습목표

- 표준화 검사의 의의를 설명할 수 있다.
- 적성검사를 실시하고, 그 결과를 해석할 수 있다.
- 흥미검사를 실시하고, 그 결과를 해석할 수 있다.

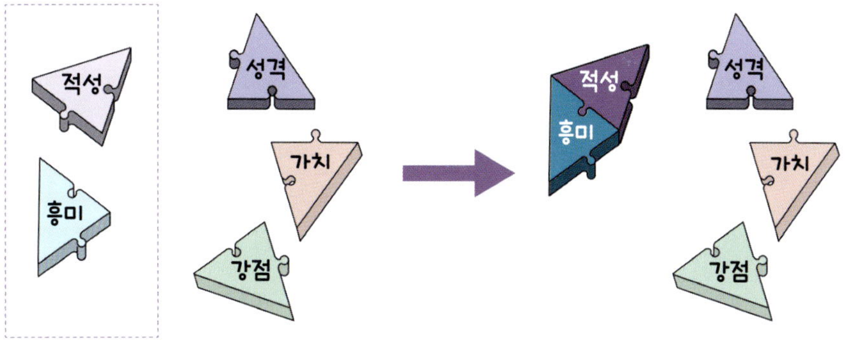

주요용어

■ 표준화 ■ 표준화 검사 ■ 표준화 진로검사 ■ 적성검사 ■ 흥미검사

1 표준화 진로검사의 의의

"중요한 것을 모두 측정하라."

-밥 파슨스-

자신을 이해하기 위해서는 다양한 방법을 이용할 수 있다. 우리 스스로 자기에 대해 생각하고 있는 것을 적어 보거나 간단한 검사를 통해서도 알아볼 수 있다. 그러나 이러한 방법은 시간이나 장소 그리고 기분에 따라 그 결과가 달라지기도 하고, 또 그 결과를 해석하기도 쉽지 않다.

반면에 심리검사 도구의 내용, 제작 방법, 검사 내용, 실시 내용, 채점 과정, 해석 등을 일정하게 하면 효과적으로 심리검사를 통해 자신을 정확히 이해할 수 있다. 더욱이 이미 많은 사람을 대상으로 검사를 실시하여 참고할 만한 점수분포를 가지고 있다면 우리는 검사를 실시한 후에 이 집단(규준집단)의 점수와 비교하여 자신의 점수의 상대적 위치를 가늠해 볼 수 있다. 이와 같은 검사 방법을 표준화 검사라고 한다. 즉, 표준화 검사(standardized test)란 검사의 구성 요소, 실시 과정, 채점 방법, 결과 해석 기법을 구조화하는 과정을 거쳐 제작된 검사이고, 타당도와 신뢰도가 보장되어 상대적 비교가 가능한 규준(norm)이 있는 검사를 말한다(유승희 외, 2016).

표준화 진로검사(standardized career test)는 진로지도 및 상담 과정에서 진로와 관련된 개인의 특성을 알아보는 평가도구를 총칭하는 말로서 진로 탐색 · 선택 · 전환 등 진로의사결정 과정에 영향을 주는 개인의 심리적 특성을 파악하고, 진로와 관련한 문제들을 진단하며, 합리적인 의사결정을 수행할 수 있도록 도와주는 데 활용되는 검사 도구를 의미한다(정철영 외, 2002). 대표적인 표준화 진로검사는 직업적성검사, 직업흥미검사, 성격검사, 직업가치관검사 등이 있다.

표준화 진로검사를 사용하는 목적은 (1) 개인의 심리적 특성 파악, (2) 진로 관련 문제 진단, (3) 진로탐색, 진로선택, 진로전환 등 진로의사결정 과정을 지원하는 데 있다(정철영 외, 2002). 즉, 표준화 진로검사는 자신을 이해하기 위한 정보를 제공해 줄 뿐만 아니라 개인의 진로탐색을 위한 동기를 제고하고, 자기성찰의 기회를 제공한다는 점에 중요성이 있다(임언, 2011). 따라서 우리가 자신에게 적합한 진로를 결정하기 위해서는 표준화 진로검사를 통하여 자신의 진로 관련 심리적 특성을 이해하여 자신에게 적합한 진로를 결정하는 것이 필요하다. 이 단원에서는 표준화 진로 검사 중에서 적성검사와 흥미검사를 중심으로 살펴본다.

2 적성

"모든 사람은 천재이다.
그러나 물고기를 나무 타기 능력으로 평가한다면
물고기는 평생 자신이 형편없다고 믿으며 살 것이다."
-아인슈타인-

1) 적성의 개념

우리 주변에는 다양한 능력을 가진 사람들이 많다. 어떤 사람은 수학문제를 잘 풀고, 어떤 사람은 영어 구사 능력이 뛰어나기도 하다. 또한 어떤 사람은 피아노를 잘 치고, 어떤 사람은 축구를 잘하기도 한다. 이렇듯 대부분의 사람들은 누구나 한 가지씩 특별한 능력을 갖추고 있다. 물론 어떤 사람은 많은 영역의 많은 일에서 두각을 나타내기도 한다. 이와 같이 어떤 과제나 임무를 학습하는 데 있어서 개인에게 요구되는 특수한 능력을 적성(aptitude)이라고 한다. 즉, 적성은 어떤 특수한 분야에서 무언가 잘할 수 있는 개인의 능력을 말한다. 적성은 잠재 능력으로서 미래의 성공 가능성을 예언하는 데 사용되는 개념이다.

적성과 유사 개념으로서 지능과 성취도가 있다. 지능(intelligence)이란 종합적이고 일반적인 능력을 지칭하는 광의의 개념이고, 성취도(achievement)란 이전의 학습경험의 결과로 획득된 현재의 지식이나 기술의 수준을 의미한다(Anastasi, 1997). 적성이 지능이나 성취도와 함께 혼용하여 사용되는 경향도 있지만, 지능 및 성취도는 폭넓은 의미에서 하나의 개발된 능력(ability)으로 이해되어 적성에 포함될 수 있고, 학력도 넓은 의미에서 적성에 포함될 수 있다(서울대학교 교육연구소, 1995). 이러한 지능, 적성, 성취도는 개념상의 차이에도 불구하고 미래의 학습 또는 수행을 예측하는 데 사용되며, 하나의 개발된 능력으로 포괄적으로 정의할 수 있다.

2) 적성검사

적성은 일반적으로 학업적성, 직업적성, 그리고 특수적성으로 분류할 수 있다(서울대학교 교육연구소, 1995).

현재 우리나라에서 많이 이용되고 있는 직업적성검사에는 고용노동부가 개발한 중고등학생용인 '일반직업적성검사'와 성인용인 '성인용 직업적성검사'가 있다(워크넷). 여기서는 주로 성인용 직업적성검사를 중심으로 논의하고자 한다.

성인용 직업적성검사는 고용노동부에서 개발한 검사로서 11개의 적성요인과 19개의 하위검사로 구성되어 있으며, 만 18세 이상의 모든 성인이 사용할 수 있다.

이 검사는 다양한 직업 분야에서 자기가 맡은 직무를 성공적으로 수행하기 위하여 요구되는 중요한 적성요인을 측정하기 위하여 제작되었다. 이 검사 결과를 통해 우리는 어떤 직업 분야에 적합한지를 파악할 수 있다. 본인의 적성과 본인이 희망하는 분야에서 요구되는 직무 수행 요건 및 중요 적성요인과의 차이를 비교함으로써 개인의 능력과 적성에 적합한 직업선택에 활용될 수 있다.

성인용 직업적성검사의 11개 적성요인은 ① 언어력, ② 수리력, ③ 추리력, ④ 공간지각력, ⑤ 사물지각력, ⑥ 상황판단력, ⑦ 기계 능력, ⑧ 집중력, ⑨ 색채지각력, ⑩ 사고유창력, ⑪ 협응 능력으로 구성되어 있다. 각 적성요인별 하위요인과 내용은 다음의 〈표 5-1〉과 같다.

〈표 5-1〉 고용노동부의 성인용 직업적성검사의 적성요인별 내용

적성요인	하위요인	내용
언어력	어휘력검사, 문장독해력검사	일상생활에서 사용되는 다양한 단어의 의미를 정확히 알고, 글로 표현된 문장들의 내용을 올바르게 파악하는 능력
수리력	계산력검사, 자료해석력검사	사칙연산을 이용하여 수리적 문제들을 풀어 내고 일상생활에서 접하는 통계적 자료들의 의미를 정확하게 해석하는 능력
추리력	수열추리검사, 도형추리검사	주어진 정보를 종합해서 이들 간의 관계를 논리적으로 추론해 내는 능력
공간지각력	위치찾기검사, 조각맞추기검사, 그림맞추기검사	물체를 회전시키거나 재배열했을 때 변화된 모습을 머릿속에 그릴 수 있으며, 공간 속에서 위치나 방향을 정확히 파악하는 능력
사물지각력	지각속도검사	서로 다른 사람들 간의 유사점이나 차이점을 빠르고 정확하게 지각하는 능력

상황판단력	상황판단력검사	실생활에서 자주 당면하는 문제나 갈등 상황에서 문제를 해결하기 위한 여러 가지 방법 중 보다 바람직한 대안들을 판단하는 능력
기계 능력	기계능력검사	기계의 작동 원리나 사물의 운동 원리를 정확히 이해하는 능력
집중력	집중력검사	작업을 방해하는 자극이 존재함에도 불구하고 정신을 한 곳에 집중하여 지속적으로 문제를 해결할 수 있는 능력
색채지각력	색구별검사, 색혼합검사	서로 다른 색을 정확히 구별하고, 서로 다른 색의 혼합 결과를 판단하는 능력
사고유창력	용도찾기검사, 상상하기검사	주어진 상황에서 짧은 시간 내에 서로 다른 많은 아이디어를 개발해 내는 능력
협응 능력	기호쓰기검사	눈과 손이 정확하게 협응하여 세밀한 작업을 빠른 시간 내에 정확하게 해 내는 능력

출처: 워크넷(www.work.go.kr).

성인용 직업적성검사는 현재 워크넷(www.work.go.kr)을 통하여 무료로 검사할 수 있다. 검사 결과 점수가 의미하는 개인의 능력 수준은 다음의 〈표 5-2〉와 같다.

〈표 5-2〉 고용노동부의 성인용 직업적성검사의 점수의 의미

검사 점수	의미
120점 이상	최상의 위치로서 상위 10% 이내에 속한다.
112~119점	상의 위치로서 상위 10~20% 사이에 속한다.
100~110점	중상의 위치로서 상위 20~50% 사이에 속한다.
88~99점	중하의 위치로서 하위 50~20%에 속한다.
81~87점	하의 위치로서 하위 20~10%에 속한다.
80점 이하	최하의 위치로서 하위 10% 이내에 속한다.

이 검사를 통해 총 54개 직업군에 속하는 직업들을 추천하고 있다.

적성은 어떤 직업에서의 성공 가능성을 진단하여 주는 요인의 하나라고 할 수 있으므로 개인의 진로와 깊은 관련이 있다. 즉, 자신의 적성을 정확하게 파악하는 것은 자신의 적성에 맞는 직업이나 학과를 선택하고, 현재 직업을 갖고 있는 성인들의 이직, 전직, 퇴직 등과 관련한 의사결정을 할 때 매우 중요하게 활용될 수 있다.

그러나 유념해야 할 것은 개인이 자신의 여러 가지 특성 중에서 어느 것을 우선적으로 고려하느냐에 따라 직업선택이 달라질 수 있기 때문에 적성검사의 결과만으로는 직업에서의 성공 여부를 정확하게 예측하지 못한다는 것이다. 따라서 적성검사를 통해 얻은 정보는 직업선택 시에 참고 자료 정도로 활용되어야 한다. 적성이란 유전적 요인에 의하여 결정이 많이 되나, 환경적 요인에 의해서도 영향을 받게 된다. 적성은 개인의 노력 여하에 따라 개발될 수 있기 때문에 어려서부터 실물을 실제로 조작하고 관리하여 구체적인 사실을 접해 봄으로써 오관을 통한 여러 가지의 경험을 쌓아 자기의 적성을 발견하고, 적극적으로 개발하려는 노력이 필요하다.

3 흥미

1) 흥미의 개념

우리는 어떤 일이나 활동을 하면서 흔히 '이 일은 재미가 있다'라든지 '재미가 없다'라고 말한다. 재미를 느끼는 일에 대해서는 누가 시키거나 어떤 보상이 주어지지 않더라도 그 일에 몰두하게 되며, 그렇지 않을 때는 자기가 하는 일에 별 관심이 없이 책임감으로 하거나 마지못해 하게 된다. 이와 같이 흥미란 어떤 종류의 활동이나 사물에 대하여 특별한 관심이나 주의를 가지게 하는 개인의 일반화된 행동 경향을 말한다. 즉, 어떤 종류의 사물이나 활동에 끌리는 개인의 일반화된 행동 경향이다. 여기서 '끌린다'는 말은 개인이 자신에게 잠재적으로 가치가 있다고 생각하는 그 무엇에 대해 주의를 기울이고, 추구하고, 그쪽으로 나아가고, 얻으려고 노력하는 것을 의미하는 것으로, 개인이 어떤 일을 '어떻게' 또는 '얼마나' 잘하느냐를 결정하는 것이 아니라 '무엇'을 하느냐를 결정하는 요인이다.

일반적인 흥미와는 달리 여러 가지 직종 가운데서 어떤 특정한 직종에 대하여 호의적이고 수용적인 관심 및 태도를 갖는 흥미를 직업흥미라고 한다. 이 직업흥미는 직업의 결정과 적응 및 성공을 결정하는 데 가장 중요한 요인의 하나로 알려져 있다. 이러한 관점에서 직업흥미는 직업선택, 직무만족, 직무동기뿐만 아니라, 재직기간, 이직, 직업만족, 직업적응의 훌륭한 예언변인이다(전진수, 김완석, 2001).

우리는 누구나 자기 나름대로 좋아하는 대상이나 활동 분야가 있다. 여러 가지 활동 중에서 어떤 활동을 특히 좋아할 때 그 방면에 흥미가 있다고 한다. 직업선택에 있어서 적성이 중요한 것도 사실이지만, 적성이 아무리 적합하다고 하여도 그 일을 하기 싫어한다면 그 일에서 성공할 가능성은 극히 적다. 예를 들면, 아이들과 어울려 지내는 것이 그저 좋아서 초등학교 교사가 되었다든지, 글 쓰는 게 좋아서 작가가 되었다든지, 축구가 좋아서 축구선수가 되었다는 이야기를 들어 본 적이 있을 것이다. 이러한 사례는 우리가 직업을 선택하거나 직업을 유지할 때 흥미가 중요한 역할을 한다는 것을 시사한다. 지금까지의 연구 결과에 의하면, 홍미는 직업의 선택이나 결정, 직업만족도, 그리고 직업생활의 지속 여부에 큰 영향에 주는 요인으로 알려져 있다. 흥미는 학습이나 일의 세계에서 성공을 가져다주는 직접적인 요인은 아니지만, 동기요인으로서 중요한 역할을 한다는 것이다.

따라서 자신의 흥미를 다양한 방법으로 알아보고 이에 적합한 직업을 선택하는 것이 중요하다. 그러나 누구나 자신의 흥미에 알맞은 직업을 선택하기는 쉽지 않다. 그 이유는 자신의 흥미와 관계가 있는 직업에서 요구하는 조건들을 다 갖추기 어렵고, 조건을 다 갖추었더라도 그 직업을 선택하려는 사람이 많을 경우에는 경쟁이 불가피해지고 경쟁에서 지는 경우도 있기 때문이다.

2) 흥미검사

흥미는 각종 직업 활동에 필요한 흥미의 소유 정도를 확인하는 직업흥미, 여러 가지 교과에 대한 흥미의 상대적 수준을 비교하는 학습흥미, 일상생활의 제반 대상이나 활동에 대한 흥미를 확인하는 일반흥미 등으로 구분할 수 있는데, 이를 종합하면 다음의 〈표 5-3〉과 같다.

대표적인 직업흥미검사는 스트롱 직업흥미검사, 쿠더 직업흥미검사 및 홀랜드 직업흥미검사가 있다. 직업흥미검사로서 가장 역사가 긴 것은 스트롱 직업흥미

〈표 5-3〉 흥미의 유형

검사명	출판사	대상	흥미 영역
스트롱 직업흥미검사	어세스타	고등학생 이상	① 실제형, ② 탐구형, ③ 예술형, ④ 사회형, ⑤ 진취형, ⑥ 관습형(Holland의 RIASEC 유형)
진로(적성)탐색검사	한국 가이던스	중학생~성인	① 활동, ② 성격, ③ 유능감, ④ 가치, ⑤ 직업, ⑥ 능력평정(Holland의 RIASEC 유형)
직업선호도검사 (흥미검사)	워크넷	성인	① 실제형, ② 탐구형, ③ 예술형, ④ 사회형, ⑤ 진취형, ⑥ 관습형(Holland의 RIASEC 유형)

검사(Strong Interest Inventory: SII)이다. 이 검사는 스트롱 2세(Edward Strong, Jr)가 1927년에 제작한 것으로서 아직까지 미국에서 가장 많이 이용되고 있는 검사이다. 최신판 스트롱 직업흥미검사는 1994년 판이다. 쿠더 직업흥미검사는 옥외 활동, 기계, 계산, 과학, 설득, 예술, 문학, 음악, 사회봉사, 사무 등과 같은 10개 영역의 흥미 요인으로 구분된다. 마지막으로 Holland(1985, 1996)는 개인의 직업흥미와 직업유형을 RIASEC 유형으로 구분하여 측정하였다.

여기서는 Holland의 RIASEC 유형에 터하여 개발된 고용노동부의 흥미검사를 중심으로 살펴보고자 한다. 이 검사는 Holland(1994)의 개인과 환경 간의 적합성 모형(individual-environemnt fit)을 토대로 개발된 것이다. Holland의 이론은 다음과 같이 4가지 가정에 터해 있다(전진수, 김완석, 2001; 한국고용정보원, 2005).

첫째, 대부분의 사람은 6가지의 직업적 성격유형, 즉 실제형(Realistic type), 탐구형(Investigative type), 예술형(Artistic type), 사회형(Social type), 진취형(Enterprising type), 관습형(Conventional type) 중 한 가지 유형으로 분류될 수 있다.

둘째, 직업도 6가지 유형, 즉 실제형, 탐구형, 예술형, 사회형, 진취형, 관습형으로 구분된다. 특정 직업에 종사하는 사람들은 그 직업에서 요구하는 흥미 특성을 가지고 있는 경향이 많다. 가령, 학교에서는 주로 가르치고 돌보는 일을 많이 요구하기 때문에 사회형의 사람들이 주로 많이 근무한다. 개인적 흥미 유형은 평소에 좋아한 활동 영역들, 즉 자신이 잘한다고 지각한 활동 영역, 호감을 갖는 직업의 종류, 일반적으로 좋아하는 분야나 과목을 통해 탐색한다.

셋째, 사람들은 자신의 능력과 기술을 발휘하고, 태도와 가치를 표현하며, 자신에게 적합한 역할을 수행하는 환경을 찾는 경향이 있다. 예를 들면, 실제형은 실제형 환경을, 진취형은 진취형 환경을 추구한다.

넷째, 행동은 성격유형과 환경의 상호작용으로 결정된다. 예를 들면, 자신의 흥미유형과 일치하는 작입 환경에서 일할 때 자신의 잠재력을 최대한 발휘할 수 있다.

개인의 성격유형은 곧 특정한 문화 속에서 살아온 결과라고 할 수 있으며, 이것은 사람들이 어떻게 자신의 진로목표를 설정하고, 진로를 선택했는지를 보여 준다.

Holland의 개인 · 직업 환경 간의 적합성을 제시하면 다음의 [그림 5-1]과 같다.

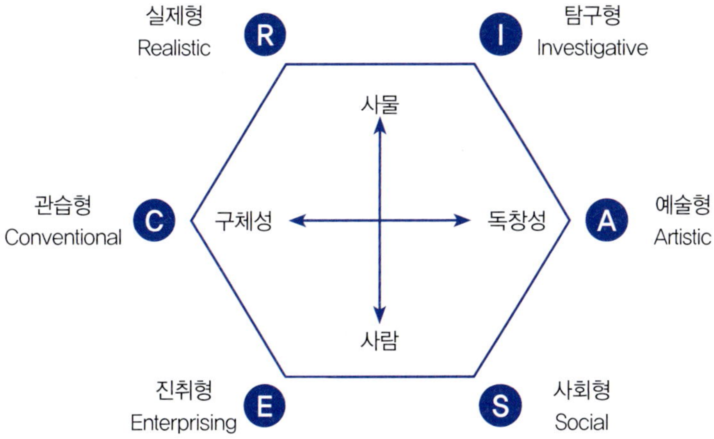

[그림 5-1] 홀랜드 흥미 유형(RIASEC) 모형

Holland 흥미 유형의 특징은 다음과 같다(전진수, 김완석, 2001; 한국고용정보원, 2005).

첫째, 실제형(Realistic, R)이다. 이 유형은 실용적이고 구체적인 일을 좋아하는 사람들에게 해당된다. 이 유형의 일을 좋아하는 사람들은 몸을 움직여 밖에서 일하거나 기계나 도구를 써서 일하기를 즐긴다. 흔히 자연이나 야외, 기계, 건설 등에 연관된 분야에서 일을 찾는다.

둘째, 탐구형(Investigative, I)이다. 이 유형은 과학적 · 지적 탐구를 즐겨 하는 사람들이 흥미를 느끼는 영역이다. 이 유형의 일을 좋아하는 사람들은 정보를 모으고 사실과 이론을 밝혀 내거나 자료를 분석하고 해석하기를 즐겨 한다. 흔히 학문적 조사연구나 의학시설, 컴퓨터 관련 사업 분야에서 일을 찾는다.

셋째, 예술형(Artistic, A)이다. 이 유형은 예술적 자질이나 자기표현 기회를 중시하는 사람들이 흥미를 느끼는 영역이다. 이 유형의 일을 좋아하는 사람들은 고정된 틀이 짜여 있지 않고 융통성 있는 환경을 선호한다. 흔히 미술, 음악, 드라마, 저작 활동이나 박물관 등에서 일을 찾는다.

넷째, 사회형(Social, S)이다. 이 유형은 다른 사람들과 함께 일하며 사람들을 교육시키거나 돕고, 정보를 알려 주는 일을 좋아하는 사람들이 흥미를 느끼는 영역이다. 이 유형의 일을 좋아하는 사람들은 집단적으로 일하고, 다른 이들과 책임을 나누며, 대체로 의사소통 능력이 우수하다. 남과 대화를 통해 감정을 교환하고 문제 풀기를 즐긴다. 흔히 교육훈련, 카운슬링, 레크리에이션 분야에서 일을 찾는다.

다섯째, 진취형(Enterprising, E)이다. 이 유형은 경제적 성취나 조직의 목표 달성을 위해 남을 이끌고, 영향을 미치고, 관리하는 일을 좋아하는 사람들이 흥미를 느끼는 영역이다. 이 유형의 일을 좋아하는 사람들은 자기 관점을 남에게 설득하고 리더십을 구사할 수 있는 일을 즐겨 한다. 흔히 기업 경영이나 세일즈, 정치 분야에서 일을 찾는다.

여섯째, 관습형(Conventional, C)이다. 이 유형은 정확성을 요하는 체계적 활동을 좋아하는 사람들이 흥미를 느끼는 영역으로, 사무적인 일에 관련된 경우가 많다. 이 유형의 일을 좋아하는 사람들은 대체로 큰 조직에서 일하고 잘 짜여 있는 명령체계에 따라 일하는 것을 편하게 느낀다. 주로 금융기관, 회계사무소와 대기업에서 일자리를 찾는 경향이 있다.

Holland가 제시한 개인의 6가지 흥미 유형의 세부적인 특징은 다음의 〈표 5-4〉와 같다(전진수, 김완석, 2001; 한국고용정보원, 2005).

〈표 5-4〉 Holland의 흥미 유형

구분	실제형	탐구형	예술형	사회형	진취형	관습형
성격 특성	실제적인, 겸손한, 실용적인, 독단적인, 소박한, 단순한, 통찰을 중요시하지 않는	분석적, 이지적, 현학적, 개방적, 호기심이 많은	상상력이 풍부한, 직관적, 감수성이 예민한, 자유분방, 개방적, 독자적	명랑한, 친절한, 이해심 있는, 사교적, 설득적, 외향적	지배적, 모형적, 야심적, 권력 지향적, 경쟁적, 외향적, 열정적	순응적, 보수적, 실용적, 상상력이 풍부하지 못한, 변화를 싫어하는, 안정 추구적
선호 직업 활동	기계, 도구, 사물의 조작	자연현상과 사회현상 탐구, 이해, 예측, 통제	문학, 음악, 미술 활동	개인적 교류를 통해 타인을 도와주고 가르치고 상담해 주고 봉사하는 활동과 직업	타인을 설득하고 부리며 지시하는 활동	관례를 정하고 유지하며 기준을 적용하는 활동
적성	기계적 능력	학구적 능력	예술적 능력	사회적·교육적 능력, 지도력, 영업 능력, 대인관계 능력	지도력, 영업 능력, 사회적·교육적 능력, 사업/사무적 능력, 대인관계 능력	사업/사무적 능력
생애 목표	눈에 보이는 성취에 대한 물질적 보상	지식의 개발과 습득	아이디어, 정서, 감정의 창조적 표현	타인의 복지와 사회적 서비스를 중시함	물질적 성취와 사회적 지위	물질적·금전적 성취와 사회, 사업, 정치 영역에서의 권력
회피 활동	타인과의 교류	설득 혹은 영업 활동	반복적인 작업과 관례에 순응	기계 및 기능적 활동	과학적·지적·추상적 주제	모호하거나 비구조적 과업

출처: 전진수, 김완석(2001); 한국고용정보원(2005).

단원 요약

1. 자신의 진로 특성에 관하여 객관적으로 파악할 수 있는 가장 효율적인 방법 중의 하나가 표준화 진로검사이며, 적성검사, 흥미검사, 성격검사, 가치관검사, 강점검사가 대표적이다.

2. 적성이란 어떤 과제나 임무를 학습하는 데 있어서 개인에게 요구되는 특수한 능력이나 잠재 능력으로서 미래의 성공 가능성을 예언하는 데 주안을 두는 개념이다.

3. 흥미는 어떤 종류의 활동 또는 사물에 대하여 특별한 관심이나 주의를 가지게 하는 개인의 일반화된 행동 경향으로, Holland에 의하면 실제적, 탐구적, 예술적, 사회적, 진취적, 관습적 흥미가 있다.

4. 표준화 진로검사는 워크넷(www.work.go.kr)이나 커리어넷(www.career.go.kr)을 통하여 검사하고 그 결과를 확인할 수 있다.

참고문헌

고려대학교. 행동과학연구소(2000). **심리척도 핸드북**. 서울: 학지사.

김봉환, 정철영, 김병석(2006). **학교 진로상담(2판)**. 서울: 학지사.

김성곤(2000). **심리검사 이론과 실제**. 서울: 한국가이던스.

서울대학교 교육연구소(1995). **교육학용어사전**. 서울: 하우.

서울대학교 교육연구소(1997). **한국교육 심리검사 총람: 교육 · 심리검사의 체계적 집대성**. 서울: 프레스빌.

워크넷(n.d.). **직업심리검사**. http://www.career.go.kr/cnet/front/examen/examenMain.do

유승희, 이수연, 이윤주, 정종진, 최웅용(2016). **상담학 사전**. 서울: 학지사.

임언(2011). 진로관련 심리검사의 이해 및 활용. 한국진로교육학회 저, **선진패러다임을 위한 진로교육의 이론과 실제**(p.147-166). 경기: 교육과학사.

전진수, 김완석(2001). **심리검사**. 서울: 율곡출판사.

정철영, 이종범, 이성식(2002). 우리나라 주요 표준화 진로검사 도구의 실태 분석. **진로교육연구, 15**(2), 193-212.

조붕환(2017). 자기이해. 김봉환 외 저, **진로교육개론**(pp. 63-87). 서울: 사회평론.

커리어넷(n.d.). **진로심리검사**. http://www.career.go.kr/cnet/front/examen/examenMain.do

한국고용정보원(2005). **성인용 직업적성검사**. 서울: 한국고용정보원.

Anastasi, A., & Urbina, S. (1997). *Psychological testing* (7th ed.). Upper Saddle River.

Holland, J. L. (1985). *Making vocational choices: A theory of vocation personalities and work environments*. Prentice Hall.

Holland, J. L. (1996). Exploring careers with a typology what we have learned and some new directions. *American Psychologist, 51*, 397-406.

Hood, A., & Johnson. R. (2001). *Assessment in counseling: A guide to the use of psychological assessment procedures* (3rd ed.). ACA.

Kapes, J. (2002). *A counselor's guide to career assessment instruments* (4th ed.). National Career Development Association.

Kuder, G. F. (1960). *Kuder preference record: Administrator's manual*. Chicago.

Strong Jr, E. K. (1927). *Vocational interest blank*. Palo Alto.

Zunker, V.G., & Osborn, D. S. (2002). *Using assessment results for career development* (9th ed.). Pacific Grove, Brooks/Cole.

읽을거리

김강한(2020). 대학생 절반 진로 결정 못해. 조선일보. https://www.chosun.com/economy/economy_general/2020/10/19/VTIK2X2WVFDSJF26H2SDN3DEHA/

어세스타(2016). 온라인심리검사. http://www.assesta.com/Service/OnlineExam.asp

와이즈멘토(n.d.). 온라인 검사 안내. http://www.wisementor.net/?page_id=74

활동지 5-1

표준화 직업적성검사하기

워크넷(www.work.go.kr)에 접속하여 직업적성검사를 실시하고 그 결과를 출력해 보자.

■ 표준화 직업적성검사를 실시해 보자.

기관	검사명	개요	문항 수	소요 시간
워크넷	성인용 직업적성검사	직업선택 시 중요한 능력과 적성을 토대로 적합한 직업을 선택할 수 있도록 도와주기 위한 검사임.	248문항	70분

■ 표준화 직업적성검사 결과를 출력하고 정리해 보자.

활동지 5-2

표준화 직업흥미검사하기

워크넷(www.work.go.kr)에 접속하여 직업흥미를 측정하는 직업선호도검사를 실시하고 그 결과를 출력해 보자.

■ 표준화 직업흥미검사를 실시해 보자.

기관	검사명	개요	문항 수	소요 시간
워크넷	직업선호도검사 L형(흥미검사)	개인의 흥미 유형 및 성격, 생활사 특성을 측정하여 적합한 직업을 제공함.	–	60분

■ 직업흥미검사 결과를 출력하고 정리해 보자.

활동지 5-3

적성과 흥미 표준화 검사를 통한 나의 종합

직업적성검사		1순위:		2순위:		3순위:		검사 일자: 202_년 __월 __일		
언어력	수리력	추리력	공간 지각력	사물 지각력	상황 판단력	기계 능력	집중력	색채 지각력	사고 유창력	협응 능력
1. 나의 직업적성 특성은?				2. 직업적성 측면에서 나에게 적합한 직업은?						

직업선호도검사 L형(흥미검사)		**흥미** 1순위: 2순위: 3순위:	성격 1순위: 2순위: 3순위:	생활사 1순위: 2순위: 3순위:	검사 일자: 202_년 __월 __일	
흥미 코드	실제형(R)	탐구형(I)	예술형(A)	사회형(S)	진취형(E)	관습형(C)
1. 나의 흥미 특성은?		2. 흥미검사 측면에서 나에게 적합한 직업은?				

➡ 적성과 흥미 표준화 검사를 종합하여 나의 진로 특성을 기술하고, 나에게 적합한 직업을 열거하고 그 근거 또는 이유를 기술해 보자.

☑ 적성과 흥미 표준화 검사를 통한 나의 진로 핵심 특성 종합 요약

☑ 적성과 흥미 표준화 검사를 통한 나에게 적합한 직업들

➡ 적성과 흥미 표준화 검사를 종합하여 나에게 적합한 직업 10개 내외를 열거하고 그 근거 또는 이유를 기술해 보자.

적합한 직업	적합하다고 판단되는 근거 또는 이유 (구체적으로)

제6장

나의 이해 III: 성격, 가치관과 강점 표준화 검사하기

개 요

표준화 검사를 통하여 파악할 수 있는 자신의 진로 특성은 적성과 흥미 이외에도 성격, 가치관 및 강점 등이 있다. 자신의 성격 특성이 어떠한지, 자신의 가치관이 어떠한지, 자신의 강점이 무엇인지에 따라 적합한 진로가 달라질 수 있다.

따라서 이 장에서는 성격, 가치관 및 강점 표준화 검사를 통하여 자신의 특성을 이해하고, 자신의 특성에 적합한 진로를 탐색해 보도록 한다.

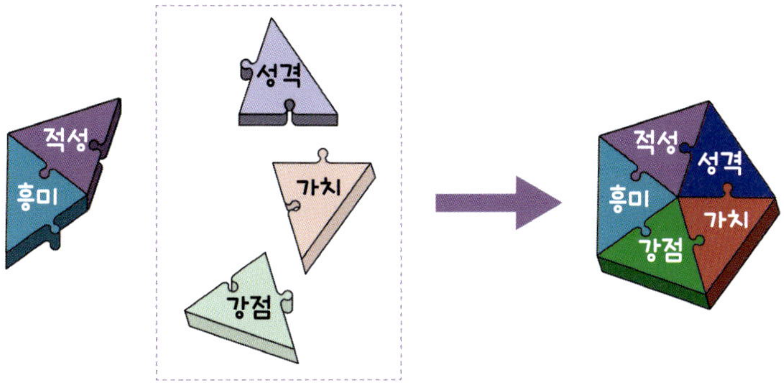

학습목표

- 성격검사를 실시하고, 그 결과를 해석할 수 있다.
- 가치관검사를 실시하고, 그 결과를 해석할 수 있다.
- 강점검사를 실시하고, 그 결과를 해석할 수 있다.

주요용어

■ 성격검사 ■ 가치관검사 ■ 강점검사

1 성격

"모든 사람의 운명은 자기 성격에 의해 만들어진다."

-네포스-

1) 성격의 개념

우리는 일상생활에서 '그 친구는 내성적이야' '그 친구는 성격이 변덕스러워' '그 친구는 침착해' 등의 말을 하곤 한다. 이들 이야기 속에 성격의 단면들이 담겨 있다.

성격(personality)은 사람들의 특성을 잘 나타내는 개념으로서 성품, 인품, 품성, 인성, 기질, 개성, 사람됨 등의 용어로 쓰이기도 하고, 퍼스낼리티라고 쓰이기도 한다. 성격은 관점에 따라 다양하게 정의된다. 성격은 비교적 일관성 있는 행동 양식으로서 교육학 용어사전(2011)에서는 '사람의 지속적인 동기의 경향이나 비교적 오랫동안 계속되는 행동 성향의 조직이나 집합'으로 정의된다. 성격은 사람이나 사물에 대한 개인의 행동 양식이나 반응 양식으로서 선천적, 후천적으로 형성될 수 있으며, 이와 관련하여 Allport(1961)는 성격을 '환경에 대한 개인의 독특한 적응 양식을 결정하는 정신적 · 물리적 제 조직의 역동적 체제'로 정의하였다.

권석만(2015)은 다양한 성격의 정의를 종합하여 다음과 같이 요약하였다. 첫째, 성격은 개인이 나타내는 행복의 독특성을 설명하는 개념이다. 성격은 개인이 가지고 있는 독특한 심리적 색깔이라는 것이다. 둘째, 성격은 개인이 여러 상황에서 나타내는 다양한 행동을 관통하는 일관성을 설명하는 개념이다. 성격은 개인이 여러 상황에서 나타내는 다양한 행동의 공통성을 설명할 수 있어야 한다. 셋째, 성격은 시간과 상황의 변화에도 불구하고 일관성 있게 지속적으로 나타나는 개인 행동의 안정성을 반영하는 개념이다. 넷째, 성격은 구조를 지니고 역동적으로 기능하는 내면적 조직체이다. 인간의 다양한 행동은 외부 자극에 대한 반사적 반응이 아니라 내면적 조직체의 심리적 과정을 통하여 표출된 것이다. 마지막으로, 성격은 개인의 독특한 심리적 반응을 다양한 측면, 즉 동기, 인지, 정서, 행동의 측면에서 설명하는 개념이다.

성격이란 자기를 대표하거나 상징하는 성품이라고 할 수 있다. 그리고 성격은 각 사람에 있어 어떤 상황에서도 변하지 않고 일관성 있게 표출되는 지속적인 특성을 지니고 있다. 이러한 특성은 일상생활에서도 쉽게 나타난다. 예를 들어, 외향적인 사람은 많은 사람과 접촉하는 사교적인 활동을 좋아하는 반면에 내향적인 사람은 조용히 혼자서 하는 일을 즐기고 좋아한다.

성격은 개인의 삶에 큰 영향을 끼치며, 특히 인간관계에 많은 영향을 끼친다. 즉, 주어진 직무를 충분히 수행할 수 있는 능력이 있을지라도 동료 사이의 인간관계가 원활하지 못하면 일을 효율적으로 수행하기 어렵다. 예를 들면, '침착하지 못하고 급한' 유형의 성격을 소유한 사람은 계속성을 요구하는 직업에 적합하지 않으며, '차가운' 성격을 소유한 사람은 대인관계의 일에 적합하지 않을 것이고, '고집이 센' 성격의 소유자는 여러 사람과 함께 일하는 직종에서 일할 경우에 인간관계나 업무면에서 마찰과 갈등을 빚기 쉽다. 어떤 성격은 어떤 직종에 맞고, 어떤 성격은 맞지 않는다고 단언할 수는 없다. 예를 들어, '침착하지 못한' 성격의 사람은 어떤 일부 직종에 부적합할 뿐이며, 그런 성격이 갖고 있는 다른 긍정적인 측면을 필요로 하는 직종이 있을 수 있다.

또한 성격적 결함, 이를테면 그 정도가 비교적 높은 우울증, 히스테리, 편집증, 신경쇠약증, 정신분열증, 사회적 내향성을 지닌 사람은 직장에서 적응하기가 어려워 중도에 전직하거나 퇴직하는 예가 많다. 성격적으로 결함이 있는 경우에 제대로 적응을 하지 못하는 직업이 있는 반면에 그러한 결함을 최소한으로 감소시킬 수 있는 직업도 있다. 따라서 성격은 직업에서의 적응에 영향을 미치는 중요한 요인의 하나로 볼 수 있다.

2) 성격검사

성격을 측정하는 검사는 크게 자기보고형 검사(self-reporting test)와 투사적 검사(projective test)가 있다. 자기보고형 검사는 피검자에게 여러 검사 문항을 질문의 형태로 제시하여 응답하게 하는 질문지법으로, 대표적인 검사로 NEO 성격질문지(NEO-PI-R), 다면적 인성검사(MMPI), 성격유형검사(MBTI) 등이 있다. 투사적 검사는 피검자에게 애매한 자극을 제시하고 그에 대한 자유로운 반응을 유도한 후에 검사 반응을 분석하여 피검자의 무의식적 성격 특성을 밝히는 방법으로, 대표적인 검사로 로르샤흐검사(Rorschach test)와 주제통각검사(TAT)가 있다(권석만, 2017). 여기서는 많이 사용되고 있는 MBTI와 NEO-PI-R을 중심으로 살펴보고자 한다.

〈표 6-1〉 성인용 성격검사

검사명	출판사	대상	성격 영역
MBTI	한국 심리 연구소	고등학생 이상	① 에너지 방향, ② 인식 기능, ③ 판단 기능, ④ 행동양식
	어세스타	고등학생 이상	① 에너지 방향, ② 인식 기능, ③ 판단 기능, ④ 행동양식
직업선호도검사 (성격검사)	워크넷	성인	① 외향성, ② 호감성, ③ 성실성, ④ 정서적 불안정성, ⑤ 경험에 대한 개방성 (Big 5)

(1) MBTI

MBTI는 1920년대에 브릭스(Katharine C. Briggs)에 의해 시작되었다. 그녀는 인간의 성격 유형에 대한 여러 문헌과 연구를 통해 심리유형체계를 개발하였다. 특히 1921년 칼 융(Carl Jung)의 심리유형이론을 접하면서 그의 딸 마이어스(Isabel Briggs Myers)와 함께 인간 성격에 대한 연구를 시작하였다. 융의 심리유형이론은 개인의 다양한 성격적 특성을 태도와 기능으로 설명하였다. 융은 개인이 내면 세계 또는 외부 세계에 대하여 관심과 에너지를 투여하는 방향성에 따라서 외향성(extraversion)과 내향성(introversion)의 2가지 태도로 구분하였다. 그리고 성격을 구성하는 기능을 사고, 감정, 감각, 직관으로 나누어 설명하였다. 이 4가지의 기능을 이성과 판단의 필요 여부에 따라 합리적 기능 또는 비합리적 기능으로 나누어 설명하였다. 이러한 2가지의 태도와 4가지의 기능을 결합하여 8가지의 성격 유형을 제시하였다. 마이어스와 브릭스는 융의 이론을 확장시키고 보다 정교하게 다듬어서 사람들이 자신의 심리적인 유형을 객관적으로 판단할 수 있는 검사 도구를 개발하였다.

MBTI 검사 도구는 1920년대 당시에는 별로 알려지지 않았지만, 현재는 세계에서 널리 알려진 심리검사로 각광을 받고 있다. MBTI 성격 유형은 4개의 독립적인 지표로 구성되어 있다. 즉, 외향성(E: Extraversion)과 내향성(I: Introversion), 감각형(S: Sensing)과 직관형(N: iNtuition), 사고형(T: Thinking)과 감정형(F: Feeling), 인식형(P: Perceiving)과 판단형(J: Judging)이라는 이분척도 상에서 반대되는 단어의 쌍으로 구성되어 있다. 인식(P)을 감각적(S)으로 하기도 하고, 직관적(N)으로 하기도 하며, 판단(J)을 사고적(T)으로 하기도 하고, 감정적(F)으로 하기도 하는데, 이들 각각의 선호지표는 〈표 6-2〉와 같다.

〈표 6-2〉 MBTI의 선호지표

구분	MBTI 선호지표	
에너지 방향, 주의초점	외향(E)	–
	내향(I)	
외부 세계에 대처하는 행동 양식	인식(P) [정보 수집]	감각(S)
		직관(N)
	판단(J) [의사결정]	사고(T)
		감정(F)

이 네 쌍의 단어들은 다양한 성격 양상을 설명한다. 이들의 각 선호도는 상반된 것들 중에서 어느 하나를 선택하는 것이다. 어느 한쪽의 성향은 매우 분명하지만 그 반대쪽의 성향을 전혀 좋아하지 않는 경우에는 쉽게 선택할 수 있다. 반면에 양쪽의 성격 양상이 거의 비슷하게 해당되는 경우에는 선택하기가 쉽지 않다. 예를 들면, 오른손잡이나 왼손잡이 모두 양쪽 손을 다 쓸 수도 있다. 그러나 일의 능률이나 편의성을 고려하여 오른손잡이는 오른손을, 왼손잡이는 왼손을 주로 사용한다. 이와 마찬가지로, 자신이 좋아하는 기능이나 태도를 바탕으로 자신의 성격 유형을 생각할 수 있다.

이 선호도는 주어진 상황에서 사람들이 무엇에 주의를 기울이는가와 그들이 인식한 것에 대하여 어떻게 결론을 내리는가에 영향을 미친다. 즉, '내가 더 지식적이고 일관성 있게 활용하는 것' '더 자주, 많이 쓰는 것' '선택적으로 더 좋아하는 것' '상대적으로 더 편하고 쉬운 것' '상대적으로 더 쉽게 끌리는 것'을 의미한다.

MBTI의 각 유형별 특성을 요약하면 다음의 〈표 6-3〉과 같다.

〈표 6-3〉 MBTI의 선호지표별 특성

구분	선호지표	특성	그림 예시
에너지 방향, 주의초점	외향(E)	외부 세계와의 상호작용을 중시 (외부 환경이나 사람들)	 외부 세계와의 상호작용
	내향(I)	내부 세계와의 상호작용을 중시 (내적인 생각과 반추)	 내부 세계와의 상호작용
외부 세계에 대처하는 행동 양식	인식(P)	융통성 있고 적응하며 순발력 있는 삶의 스타일을 좋아함(삶이 발생하는 대로 적응함).	 융통성, 적응, 순발력 선호
	판단(J)	결정하고 계획하며 질서 있는 삶의 스타일을 좋아함(목표와 계획을 세우고 계획에 맞춰 목표를 향해 달려감).	 결정, 계획, 질서 선호
인식(정보 수집) 양식	감각(S)	오감(시각, 청각, 미각, 촉각, 후각)을 통한 정보 획득	 세밀한 부분을 감지(나무를 봄)
	직관(N)	육감(예감, 관련성, 통찰 등)을 통한 정보 획득	 전체 맥락을 감지(숲을 봄)
판단(의사결정) 양식	사고(T)	논리적인 분석들을 토대로 결정 (공평한 기준, 원인과 결과, 지속적인 원칙, 진리 등)	 정의, 공평 중시
	감정(F)	주관적인 가치를 평가함으로써 결정 (다른 사람에게 주는 영향, 욕구, 조화 등)	 관계, 조화 중시

출처: 한국MBTI연구소(2022); 엄마의 마음으로 상담하는 쏘쏘엄마(2021).

4가지의 선호지표를 조합하여 만들어진 MBTI의 16가지 성격 유형은 [그림 6-1]과 같다.

ISTJ 세상의 소금형 한 번 시작한 일은 끝까지 해내는 사람들	ISFJ 임금 뒷편의 권력형 성실하고 온화하며 협조를 잘하는 사람들	INFJ 예언자형 사람과 관련된 뛰어난 통찰력을 가지고 있는 사람들	INTJ 과학자형 전체적인 부분을 조합하여 비전을 제시하는 사람들
ISTP 백과사전형 논리적이고 뛰어난 상황 적응력을 가지고 있는 사람들	ISFP 성인군자형 따뜻한 감성을 가지고 있는 겸손한 사람들	INFP 잔다르크형 이상적인 세상을 만들어 가는 사람들	INTP 아이디어 뱅크형 비평적인 관점을 가지고 있는 뛰어난 전략가들
ESTP 수완 좋은 활동가형 친구, 운동, 음식 등 다양한 활동을 선호하는 사람들	ESFP 사교적인 유형 분위기를 고조시키는 우호적 사람들	ENFP 스파크형 열정으로 새로운 관계를 만드는 사람들	ENTP 발명가형 풍부한 상상력을 가지고 새로운 것에 도전하는 사람들
ESTJ 사업가형 사무직, 실용직, 현실적으로 일을 많이 하는 사람들	ESFJ 친선도모형 친절과 현실감을 바탕으로 타인에게 봉사하는 사람들	ENFJ 언변능숙형 타인의 성장을 도모하고 협동하는 사람들	ENTJ 지도자형 비전을 가지고 사람들을 활력적으로 이끌어 가는 사람들

[그림 6-1] MBTI의 16가지 성격 유형

출처: 한국MBTI연구소(2022).

(2) 직업선호도검사(성격검사)

성격의 5차원을 측정하는 'Big 5'라고 불리는 성격검사 도구도 있다. 카텔(Raymond Cattell)은 성격 특질요인들을 토대로 16개의 성격 유형을 찾아냈고, 피스크(Fiske, 1949)는 이 16개 요인이 5개 요인(자신감, 사회적응력, 동조성, 감정 통제, 지적 호기심)으로 묶인다는 것을 발견하였다. 이후 Norman(1963)은 카텔이 사용한 16개 요인에서 5개 요인(외향성, 호감성, 성실성, 정서적 안정성, 교양)을 추출하여 성격의 5요인 모형을 제안하였다. 이후 McCrae와 Costa(1985, 1987)는 Norman의 '교양' 대신에 '경험에 대한 개방성'으로 명칭을 바꾸기를 제안하였다.

우리나라에서도 '5요인 모형(Big 5)'을 토대로 고용노동부의 한국노동연구원이

1998년에 개발한 성격검사가 있다. 이 검사는 '직업선호도검사'에 포함되어 있는 성격의 5차원을 재는 검사 도구이다. 여기서 'Big 5'는 외향성, 호감성, 성실성, 정서적 불안정성, 경험에 대한 개방성의 5요인을 말한다.

첫 번째 요인은 외향성(Extraversion, E)이다. 외향적인 사람은 사교적일 뿐 아니라 활달하고, 말을 많이 하며, 자기주장을 잘한다. 그들은 흥분과 자극을 좋아하고, 명랑하고, 힘이 넘치며, 선천적으로 낙관적이다. 영업사원들은 전형적인 외향적 특성을 갖고 있다고 볼 수 있다. 내향적인 사람은 외향성의 반대라기보다는 외향성 특징이 없는 것으로 보아야 한다. 즉, 그들은 활기가 없다기보다는 꾸준하며, 말수가 적고, 독립적이다. 또 혼자 있기를 좋아하지만 대인관계적 불안을 겪지는 않는다. 이들은 명랑하고, 활달하지 않다고 해서 우울하거나 비관적이지도 않다.

두 번째 요인은 호감성(Agreeableness, A/Likablilty, L)이다. 호감성은 외향성과 함께 대인관계적 양상과 관련이 있는 차원이다. 호감적인 사람은 기본적으로 이타적이다. 그들은 타인과 공감을 잘하고, 기꺼이 도와주며, 상대방도 자신에게 도움을 줄 것이라고 생각하는 사람이다. 호감성이 부족한 사람은 자기중심적이고, 타인의 의도를 의심하고, 경쟁적이다. 이 차원의 양쪽 극단 중 어느 것도 사회적으로 바람직하지 않을 뿐만 아니라 개인의 정신 건강에도 유익하지 않다. 낮은 점수는 자기애적(narcissistic) · 반사회적(antisocial) · 편집증적(paranoid) 성격 장애와 연관이 있고, 높은 점수는 의존적 성격장애와 관련이 있다.

세 번째 요인은 성실성(Conscientiousness, C)이다. 이 차원을 구성하고 있는 기본 요소는 매사에 꼼꼼히 계획하고, 일정을 조직화하고, 끈질기게 과제를 수행하는 과정에서 반드시 필요한 일종의 자기통제력이다. 이 점수가 높은 사람은 꼼꼼하고, 정확하며, 믿을 만하다. 또 이들은 목표를 갖고 행동하며 의지가 강하다. 높은 성실성 점수는 학문적 및 직업적 성취와 관련되지만 까다로움, 강박적인 깔끔함 또는 일 중독지의 증상을 보일 수도 있다. 하지만 성실성 점수가 낮은 사람이라고 해서 성실성에 대한 개념이 없는 것은 아니며, 단지 이들은 성실성의 측면들을 드러내는 데 있어서 점수가 높은 사람들에 비해 비교적 덜 하다고 볼 수 있다.

네 번째 요인은 정서적 불안정성(Negative Affectivity, NA/ Neuroticism, N/ Adjustment, A)이다. 이 차원은 적응 또는 정서적 안정성을 부적응 또는 정서적 불안정성과 대비시키는 차원이다. 두려움, 슬픔, 당혹감, 분노, 죄책감과 같은 부정적인 정서의 경험이 정서적 불안정성 차원의 핵심적인 내용이다. 정서적 불안정성 차원은 심리적 고통을 당할 가능성 이상의 것을 포함한다. 부정적인 정서의 경험은 부적응, 불합리한 사고, 충동 통제의 어려움, 스트레스 대처의 어려움, 그리고 정신병리적 문제들과 관계가 있다. 이 차원의 점수가 낮은 사람은 정서적으로 안정되어 있고 어려운 상황에 큰 두려움 없이 직면할 수 있다.

다섯 번째 요인은 경험에 대한 개방성(Openness to experience, O)이다. 개방적인 사람은 자기 자신과 자신을 둘러싼 세계에 관심이 많고 새로운 윤리, 사회, 정치사상들을 기꺼이 받아들인다. 그들의 삶은 풍부한 경험으로 가득 차 있다. 이들은 새로운 아이디어와 관습에 얽매이지 않는 가치를 받아들이며, 억압적인 사람들에 비해 감정의 긍정적인 면과 부정적인 면 모두를 더욱 예민하게 경험한다. 경험에 대한 개방성 점수가 높을수록 더 건강하고 성숙한 사람으로 보이기 쉽지만, 이것은 상황의 요구 조건에 따라 달라진다. 개방적인 사람과 그렇지 않은 사람 모두 사회에서 중요한 역할을 한다는 것을 기억해야 한다.

고용노동부의 성격검사 도구의 특성을 요약하면 다음의 〈표 6-4〉와 같다.

〈표 6-4〉 **고용노동부의 성격검사 도구의 특성**

요인명	소검사	문항 수	비고
외향성(E)	온정성, 사교성, 리더십, 적극성, 긍정성	29문항	5개 하위척도
호감성(L)	타인에 대한 믿음, 도덕성, 타인에 대한 배려, 수용성, 겸손, 휴머니즘	33문항	6개 하위척도
성실성(C)	유능감, 조직화 능력, 책임감, 목표 지향성, 자기통제력, 완벽성	44문항	6개 하위척도
정서적 불안정성(A)	불안, 분노, 우울, 자의식, 충동성, 스트레스 취약성	37문항	6개 하위척도
경험 개방성(O)	상상력, 문화, 정서, 경험 추구, 지적 호기심	29문항	5개 하위척도

2 가치관

1) 가치관의 개념

가치관은 사람들로 하여금 어떤 방식으로 행동하게 하는 믿음과 신념이다. 즉, 한 인간이 무엇을 믿고 있고, 무엇을 지지하며, 무엇을 중요하게 생각하느냐에 있어서 그 무엇에 해당하는 것으로서 우리의 행동 양식, 사고방식, 일상생활의 결정과 선택의 중요한 준거로 작용한다. 따라서 가치관이란 개인이 어떤 상황에서 어떤 선택이나 결정을 내려야 할 때, 어떤 특정한 방법으로 행동하게 하는 원리나 믿음 또는 신념이다. 즉, 가치관은 개인으로 하여금 선과 악, 좋고 싫음, 아름답고 추함에 대한 판단을 내리게 하고, 어떤 방향, 어떤 방식으로 행동하게 만든다. 예를 들어, 어떤 사람은 현재가 중요하다고 생각하기 때문에 오늘 하루를 즐겁고 행복하게 보내야 된다고 생각하고, 다른 사람은 현재보다는 미래가 중요하다고 생각하기 때문에 오늘의 즐거움을 희생하고서라도 미래를 준비하려고 한다. 어떤 사람이 외적인 아름다움에 가치를 부여한다면 그는 아름다운 용모를 갖추기 위해 여러 가지 시도를 하게 될 것이고, 어떤 사람이 돈을 버는 것에 가치를 부여한다면 그는 돈을 버는 일에 몰두할 것이다. 이러한 가치관은 개인의 미래를 설계하는 데 고려해야 할 중요한 요소가 된다. 왜냐하면 자신의 가치관에 어긋나는 미래의 선택으로 인해 좌절과 불행을 맛볼 수도 있기 때문이다.

그런데 이와 같은 가치관은 단기간에 형성되는 것이 아니라 어린 시절부터 사는 환경과 주위의 중요한 타인과의 관계를 통해 형성된다. 또한 형성된 가치는 일정기간이 되면 비교적 정형화된 형으로 되며, 가치가 부여되면 그것에 대해 정진하고, 어떤 가치관을 갖도록 할 것이냐 하는 문제는 국가적인 차원의 역할이 크게 작용하는 특징을 갖고 있다.

직업가치란 직업생활을 통해 충족하고자 하는 욕구 또는 상대적으로 중요시하는 것을 의미하고, 가치관은 다양한 환경적 요인에 영향을 받는데, 특히 직업가치관은 시간, 성차, 부모나 가정 환경, 사회문화적 배경 등에 영향을 받는다(신세인 외, 2015).

가치관 중에서도 개인의 진로와 밀접한 관련이 있는 직업가치관은 '개개인이 소속 혹은 종사하고 있는 직업에 대하여 어떠한 가치를 부여하고 있는가'의 측면에서 직업에 종사하고 있는 사람의 그 직업에 대한 특유한 의식, 태도, 도덕관, 가치관이라고 할 수 있다.

가치는 여러 가지로 구분할 수 있지만 가장 중요한 기준의 하나는 어떤 가치가 '안에 있는가' '밖에 있는가' 하는 것이다. 내재적 가치란 안에 있는 가치이고, 외재적 가치란 밖에 있는 가치를 말한다. 다른 말로는 목적적 가치와 수단적 가치라고 하기도 한다. 일의 외재적 가치란 영향력 발휘, 금전적 보상, 인정, 애국, 사회적 명예, 지위와 같이 일의 활동 자체와는 직접적인 관련이 없는 가치를 말한다. 반면에 일의 내재적 가치란 일을 하면서 얻게 되는 정신적인 성취, 봉사, 개별 활동, 변화 지향, 지식 추구, 몸과 마음의 여유, 자율, 즐거움, 보람, 만족 등 개인의 내면적 만족을 얻고자 하는 가치를 의미한다. 이 두 가치는 모두 중요하다. 그러나 보다 중요한 것은 내재적 가치라고 볼 수 있다. 그것은 외재적 가치를 무시하고 내재적 가치만을 추구하는 사람은 기쁨과 보람을 느낄 수 있지만, 내재적 가치를 무시하고 외재적 가치만을 추구하는 사람은 많은 경우에 불만족, 공허, 회의를 느끼기 때문이다.

직업선택과 관련하여 우리는 가치 갈등을 겪게 된다. 예를 들어, 취업을 하려고 하는데 두 직장이 나타났다고 하자. 한 직장은 보수가 많은데 여가 시간이 적고, 다른 하나는 여가 시간은 많은데 보수가 적다고 했을 때 바로 가치 갈등이 일어난다. 즉, 보수와 여가라는 두 가치 사이에서 갈등을 겪게 되는 것이다. 이러한 가치 갈등은 문제를 일으킬 수 있으나 반대로 자신의 가치를 더욱 명확하고 확고하게 만드는 가치 정립의 계기가 될 수도 있다.

이렇게 가치관은 개인의 진로선택이나 진로발달에 영향을 미친다. 예를 들면, 어떤 사람이 봉사활동에 가치를 부여한다면 그는 교사나 목사 또는 사회사업가가 되려고 할 것이고, 돈에 가치를 둔다면 그는 이익을 가져다주는 경제활동에 관심을 갖게 될 것이다. 이러한 가치관은 장래 직업가치관의 형성에 큰 영향을 끼치게 되는데, 개인이나 사회가 어떤 직업관을 갖고 있느냐 하는 문제는 개인적 차원에서나 국가사회적 차원에서 중요한 의미를 지니게 된다. 가치관과 진로의 문제는 어떤 유형의 가치관을 가진 사람이 어떤 직종에 적합하다는 점에서 의미가 있는 것이라기보다는 어린 시절부터 어떠한 방법으로 올바른 가치관을 정립하느냐 하는 데 그 의미가 있다.

2) 가치관검사

이러한 직업가치관에 대한 분류는 학자들마다 다양하게 제시되고 있는데, 이를 살펴보면 〈표 6-5〉와 같다.

〈표 6-5〉 가치관의 유형

검사명	출판사	대상	가치관 영역
직업가치관검사	커리어넷	중학생 이상	① 안정성, ② 보수, ③ 일과 삶의 균형, ④ 즐거움, ⑤ 소속감, ⑥ 자기 계발, ⑦ 도전성, ⑧ 영향력, ⑨ 사회적 기여, ⑩ 성취, ⑪ 사회적 인정, ⑫ 자율성
직업가치관검사	커리어넷	대학생~성인	① 능력 발휘, ② 자율성, ③ 보수, ④ 안정성, ⑤ 사회적 인정, ⑥ 사회봉사, ⑦ 자기 계발, ⑧ 창의성
직업가치관검사	워크넷	중3 이상	① 성취, ② 봉사, ③ 개별 활동, ④ 직업 안정, ⑤ 변화 지향, ⑥ 몸과 마음의 여유, ⑦ 영향력 발휘, ⑧ 지식 추구, ⑨ 애국, ⑩ 자율성, ⑪ 금전적 보상, ⑫ 타인 인정, ⑬ 실내 활동

(1) 워크넷의 직업가치관검사

워크넷에서 제공하고 있는 직업가치관은 〈표 6-6〉과 같다.

〈표 6-6〉 직업가치관의 요인, 내용 및 관련 직업

직업가치관 요인	내용	관련 직업
성취	스스로 달성하기 어려운 목표를 세우고 이를 달성하여 성취감을 맛보는 것을 중시하는 가치	대학교수, 연구원, 프로운동선수, 연구가, 관리자 등
봉사	자신의 이익보다는 사회의 이익을 고려하며, 어려운 사람을 돕고, 남을 위해 봉사하는 것을 중시하는 가치	판사, 소방관, 성직자, 경찰관, 사회복지사 등
개별 활동	여러 사람과 어울려 일하기보다는 자신만의 시간과 공간을 가지고 혼자 일하는 것을 중시하는 가치	디자이너, 화가, 운전기사, 교수, 연주가 등
직업 안정	해고나 조기퇴직의 걱정 없이 오랫동안 안정적으로 일하며 안정적인 수입을 중시하는 가치	연주가, 미용사, 교사, 약사, 변호사, 기술자 등
변화 지향	일이 반복적이거나 정형화되어 있지 않으며, 다양하고 새로운 것을 경험할 수 있는 업무나 직업을 중시하는 가치	연구원, 컨설턴트, 소프트웨어 개발자, 광보 및 홍보 전문가 등

몸과 마음의 여유	건강을 유지할 수 있으며, 스트레스를 적게 받고, 마음과 몸의 여유를 가질 수 있는 업무나 직업을 중시하는 가치	레크리에이셔너, 교사, 대학교수, 화가, 조경 기술자 등
영향력 발휘	타인에게 영향력을 행사하고, 일을 자신의 뜻대로 진행할 수 있는지를 중시하는 가치	감독 또는 코치, 관리자, 성직자, 변호사 등
지식 추구	일에서 새로운 지식과 기술을 얻을 수 있고, 새로운 지식을 발견할 수 있는지를 중시하는 가치	판사, 연구원, 경영컨설턴트, 소프트웨어 개발자, 디자이너 등
애국	국가의 장래나 발전을 위하여 기여하는 것을 중시하는 가치	군인, 경찰관, 검사, 소방관, 사회단체활동가 등
자율성	다른 사람들에게 지시나 통제를 받지 않고 자율적으로 업무를 해 나가는 것을 중시하는 가치	연구원, 자동차 영업원, 레크리에이션 진행자, 광고전문가, 예술가 등
금전적 보상	생활하는 데 경제적인 어려움이 없고, 돈을 많이 벌 수 있는지를 중시하는 가치	프로운동선수, 증권 및 투자 중개인, 공인회계사, 금융자산 운용가, 기업고위임원 등
타인 인정	자신의 일이 다른 사람들로부터 인정받고 존경받을 수 있는지를 중시하는 가치	항공기 조종사, 판사, 교수, 운동선수, 연주가 등
실내 활동	주로 사무실에서 일할 수 있으며, 신체 활동을 적게 요구하는 업무나 직업을 중시하는 가치	번역사, 관리자, 상담원, 연구원, 법무사 등

출처: 워크넷(www.work.go.kr).

3 강점

"인생의 진정한 비극은 우리가 충분한 강점을 갖고 있지 않다는 데 있지 않고,
오히려 갖고 있는 강점을 충분히 활용하지 못하는 데 있다."
-벤자민 프랭클린-

1) 강점의 개념

강점은 남보다 우세하거나 더 뛰어난 점으로서 개인의 사고, 정서, 행동에 반영되어 있는 긍정적이면서 도덕적인 특성이며, 후천적으로 강화될 수 있고, 그 자체로

긍정적 가치를 지니는 도덕적 특성이라는 점에서 재능(talent) 및 장점과 구분된다.

강점은 긍정적 관점과 기능적 관점에 따라 구분되어 이해될 수 있다. 긍정적 관점에서 강점은 그 자체로 도덕적 가치를 지닌 특성으로서 개인의 사고, 정서 및 행동에 반영되어 있는 긍정적 특질(Peterson, 2006; Peterson & Seligman, 2004)이다. 기능적 관점에서 강점은 한 사람의 재능 및 그와 관련된 지식, 기술, 노력을 결합한 것으로서 특정 과제에서 일관되게 완벽에 가깝게 수행할 수 있는 능력(Clifton & Anderson, 2002; Clifton & Nelson, 1992), 가치 있는 성과를 위하여 최적의 기능을 하도록 느끼고 생각하고 행동하는 역량(capacity; Rettew & Lopez, 2009)이다.

반면에 재능은 선천적으로 타고나는 것이며, 환경에 의해 변화되기 어렵고, 의도적으로 나타내기 어려운 특성이 강하며, 강점에 비해 기계적으로 습득되는 것으로서 절대 음감, 우수한 지능, 빠른 달리기 능력 등이 재능에 해당된다. 장점은 '좋아하거나 잘하거나 긍정적인 점(표준국어대사전)'으로 정의되며, 강점보다 포괄적인 의미이다.

2) 강점검사

대표적인 강점검사는 다음의 〈표 6-7〉과 같다.

〈표 6-7〉 강점검사

기관	검사명	개요	문항 수	소요 시간	비고
Authentic Happiness	VIA (Value In Action)	• 인간의 잠재력과 행복을 최우선으로 두는 긍정심리학의 창시자인 셀리그먼(Martin Seligman)의 주도로 개발된 무료 온라인 강점검사 • www.authentichappiness.sas.upenn.edu에서 영어로 검사	240문항	40분	무료

인싸이트	CST (Character Strengths Test)	• 긍정심리학을 기반으로 자신의 성격 강점을 정확하게 인식하고 이를 활용함으로써 성공적인 삶을 살아갈 수 있도록 개인의 성격 강점 측정 검사 • VIA를 한국어로 번역 및 타당화한 검사 도구 • 인싸이트 홈페이지(http://inpsyt.co.kr)에서 검사	250문항	50분	유료
갤럽	CliftonStrengths	• 직장에서의 성공을 위해 자신의 강점을 개발하고 대표 테마(재능)를 찾을 수 있는 검사 • 갤럽 홈페이지(https://www.gallup.com/cliftonstrengths/en/home.aspx)에서 검사	117문항	30분	유료

이 중에서 감정 측정도구의 대표적인 Clifton의 Strengths Finder(2007)의 업무와 관련된 34개 강점은 다음의 〈표 6-8〉과 같다.

〈표 6-8〉 Clifton의 Strengths Finder의 업무 관련 34개 강점

구분	설명
실행(executing)	
성취(achiever)	체력이 좋아 일을 열심히 하며, 바쁘고 생산적인 삶에서 커다란 만족을 얻음.
조정(arranger)	조직화하는 능력과 이를 보완하는 유연성을 함께 갖추고 있으며, 일의 모든 부분과 자원이 최대한의 생산성을 위하여 어떻게 조율될 수 있는지 알아내는 것을 좋아함.
신념(belief)	잘 변하지 않는 핵심 가치를 가지고 있으며, 이러한 가치를 통해 삶에 대한 명확한 목표의식을 가짐.
신중성(deliberative)	결정이나 선택을 할 때 매우 진지하게 생각하고, 장애물을 예견함.
질서(discipine)	정해진 틀과 구조를 즐기며, 그들이 만든 질서가 그들의 세계를 잘 묘사해 줌.
초점(focus)	방향을 설정하여 따라가며, 그 경로를 따라가는 데 필요한 것을 수정함.
책임감(responsibility)	스스로 하겠다고 말한 것에 대하여 심리적 의무감을 가지고 있으며, 정직과 충실성과 같은 안정적인 가치를 추구함.
일관성(consistency)	사람들을 동일하게 대할 필요성을 강하게 느끼며, 분명한 규칙을 세우고, 그것을 충실하게 지킴으로써 모든 사람을 일관되게 대하려고 노력함.
복구(restorative)	문제를 다루는 데 뛰어나며, 무엇이 잘못되었는지 알아내어 잘 해결함.
영향력(influencing)	
활동성(activator)	생각을 행동으로 바꿈으로써 일이 일어나게 하며, 종종 조급할 수 있음.
명령(command)	존재감이 강하고, 상황에 대한 통제력을 가지고 결정할 수 있음.
의사소통(communication)	일반적인 생각을 말로 쉽게 옮길 수 있고, 대화에 능하며, 발표를 잘함.
경쟁(competition)	타인의 수행에 비해 자신이 얼마나 진전하였는지 평가하고, 1등을 하려고 노력하며 경쟁을 즐김.
극대화(maximize)	전문성과 팀의 우수성을 자극하는 방법의 일환으로 강점을 중요하게 생각하여 강점을 최고로 만드는 방법을 찾음.
자기확신(self-assurance)	자신의 삶을 꾸려 나가는 능력에 자신감을 가지며, 자신의 결정이 옳다는 자신감을 주는 내적인 나침반을 가지고 있음.
중요성(significance)	타인의 눈에 매우 중요한 사람으로 보이고 싶어 하며, 독립적이고 주목받기를 원함.
매력(woo)	타인을 자기편으로 끌어들이는 것을 좋아하며, 서먹한 분위기를 깨고 타인과 관계를 맺는 것에서 만족감을 얻음.

관계 형성(relationship building)	
적응력(adaptablity)	흐름에 잘 맞출 줄 알고, 일이 생겼을 때 처리하며, 장차 어떻게 될지 생각하지 않는 '현재의' 사람임.
개발(developer)	타인의 잠재력을 알아차리고 개발해 주며, 작은 향상의 징후도 알아차리고 만족을 얻음.
연결성(connectedness)	모든 일에 연결고리가 있다는 믿음을 가지고 있어서 우연의 일치는 거의 없으며, 모든 일에는 이유가 있다고 생각함.
공감(empathy)	자신이 타인의 상황과 삶에 있다고 상상함으로써 타인의 감정을 느낄 수 있음.
조화(harmony)	합의점을 찾으며, 갈등을 좋아하지 않고, 대신 동의할 수 있는 부분을 찾음.
포괄성(includer)	타인을 잘 받아들이며, 소외되었다고 느끼는 사람에게 관심을 보이고, 그들을 사람들 안으로 끌어들이려고 노력함.
개인화(individualization)	사람이 가진 다양한 개성에 관심을 가지며, 서로 다른 사람이 어떻게 함께 생산적으로 일할 수 있는지 알아내는 재능이 있음.
긍정성(positivity)	전염성 있는 열정을 가지고 있으며, 낙관적이고, 앞으로 할 일에 대하여 타인을 즐겁게 만들어 줌.
관계(relator)	타인과의 친밀한 관계를 즐기고, 목표 달성을 위해 동료와 함께 일하는 데에서 깊은 만족감을 느낌.
전략적 사고(strategic thinking)	
분석(analytical)	이유와 원인을 찾고, 상황에 영향을 줄 만한 모든 요소에 대하여 생각하는 능력이 있음.
맥락(context)	과거에 대해 생각하는 것을 즐기며, 역사를 찾아봄으로써 현재를 이해함.
미래지향성(futuristic)	미래와 미래에 일어날 수 있는 것에서 영감을 얻으며, 타인에게 미래에 대한 비전을 불어넣음.
착상(ideation)	아이디어를 내는 일에 매력을 느끼며, 별개인 것처럼 보이는 현상들 사이에서 연결고리를 찾아낼 수 있음.
탐구심(input)	더 알고 싶은 욕구가 강하며, 종종 모든 종류의 정보를 모아서 보관하는 것을 좋아함.
사고(intellection)	지적인 활동이 특징이며, 내성적이고, 지적인 토론을 잘 이해함.
학습(learner)	배우고자 하는 열망이 강하고, 끊임없이 진보하기를 원함.
전략(strategic)	일을 진행시키는 대안적인 방법을 만들어 내며, 어떤 시나리오에 맞닥뜨리든지 중요한 패턴과 논점을 재빠르게 포착할 수 있음.

출처: Tom (2007).

단원 요약

1. 성격이란 다른 사람이나 사물에 대하여 표출되는 개인의 비교적 일관성 있는 행동 양식이나 반응 양식이다.

2. 가치는 사람들로 하여금 어떤 방식으로 행동하게 하는 믿음과 신념으로서 한 인간이 무엇을 믿고 있고, 무엇을 지지하며, 무엇을 중요하게 생각하느냐에 있어서 그 무엇에 해당하는 것이다.

3. 강점은 남보다 우세하거나 더 뛰어난 점이다.

4. 직업가치관 표준화검사는 워크넷(www.work.go.kr)이나 커리어넷(www.career.go.kr)등을 통하여 검사하고 Big5 성격검사는 워크넷에서 검사할 수 있으며 MBTI나 강점검사는 민간 심리검사기관을 통해 검사할 수 있다.

참고문헌

고려대학교 행동과학연구소(2000). **심리척도 핸드북**. 서울: 학지사.

권석만(2015). **현대 성격 심리학: 이론적 이해와 실천적 활용**. 서울: 학지사.

권석만(2017). **인간 이해를 위한 성격심리학**. 서울: 학지사.

김봉환, 정철영, 김병석(2006). **학교 진로상담(2판)**. 서울: 학지사.

김성곤(2000). **심리검사 이론과 실제**. 서울: 한국가이던스.

서울대학교 교육연구소(1997). **한국교육 심리검사 총람: 교육 · 심리검사의 체계적 집대성**. 서울: 프레스빌.

서울대학교 교육연구소(2011). **교육학용어사전**. 서울: 하우.

신세인, 이준기, 하민수, 이태경, 정영희(2015). 중학교 과학영재학생과 일반학생들의 직업가치관 구조분석: 사회네트워크적 접근. **영재교육연구, 25**(2), 199-220.

엄마의 마음으로 상담하는 쏘쏘엄마(2021). 네이버 블로그. [MBTI와 상담공부]. https://blog.naver.com/jesuslovoo7

워크넷(n.d.). **직업심리검사**. http://www.work.go.kr/cnet/front/examen/examenMain.do

임언(2011). 진로관련 심리검사의 이해 및 활용. 한국진로교육학회 저, **선진패러다임을 위한 진로교육의 이론과 실제**(pp. 147-166). 경기: 교육과학사.

정철영, 이종범, 이성식(2002). 우리나라 주요 표준화 진로검사 도구의 실태 분석. **진로교육연구, 15**(2), 193-212.

정철영, 김영인, 노경주(2006). **청소년 진로 및 학업지도**(pp. 83-101). 서울: 한국방송통신대학교출판부.

조붕환(2017). 자기이해. 김봉환 외 저, **진로교육개론**(pp. 63-87). 서울: 사회평론.

커리어넷(n.d.). **진로심리검사**. http://www.career.go.kr/cnet/front/examen/examenMain.do

한국MBTI연구소(2022). **MBTI guide book**. 서울: 한국MBTI연구소.

Allport, G. W. (1961). *Pattern and growth in personality*. Reinhart & Winston.

Anastasi, A., & Urbina, S. (1997). *Psychological testing* (7th ed.). Upper Saddle River.

Clifton, D. O., & Anderson, E. (2002). *StrengthsQuest: Discover and develop your strengths in academics, career, and beyond. Washington*. Gallup.

Clifton, D. O., & Nelson, P. (1992). *Soar with your strengths*. Delacorte Press.

Fiske, D. W. (1949). Consistency of the factorial structures of personality ratings from different sources. *The Journal of Abnormal and Social Psychology, 44*(3), 329-344.

Hood. A., & Johnson. R. (2001). *Assessment in counseling : A guide to the use of psychological assessment procedures* (3rd ed.). ACA.

Kapes, J. (2002). *A counselor's guide to career assessment instruments* (4th ed.). National Career Development Association.

McCrae, R. R., & Costa, P. T. (1985). Updating Norman's "adequacy taxonomy": Intelligence and personality dimensions in natural language and in questionnaires. *Journal of personality and social psychology, 49*(3), 710.

McCrae, R. R., & Costa, P. T. (1987). Validation of the five-factor model of personality across instruments and observers. *Journal of personality and social psychology, 52*(1), 81.

Norman, W. T. (1963). Toward an adequate taxonomy of personality attributes: Replicated factor structure in peer nomination personality ratings. *The journal of abnormal and social psychology, 66*(6), 574.

Peterson, C. (2006). *A primer in positive psychology*. Oxford university press.

Peterson, C., & Seligman, M. E. P. (2004). *Character strengths and virtues: A hand book and classification*. Oxford University Press, American Psychological Association.

Rettew, J. G., & Lopez, S. J. (2009). Discovering your strengths. *Positive psychology: Exploring the best in people*. *Discovering human strengths*, 1-21.

Tom, R. (2007). *Strengths finder 2.0: A new and upgraded edition of the online test from Gallup's now, discover your strengths with other*. Gallup Press.

Zunker, O. & Osborn, D. S. (2002). *Using assessment results for career development* (9th ed.). *Pacific Grove,* Brooks/Cole.

읽을거리

어세스타(2016). 온라인심리검사. http://www.assesta.com/Servicc/OnlineExam.asp

와이즈멘토(n.d.). 온라인 검사 안내. http://www.wisementor.net/?page_id=74

MBTI. (2009). MBTI 검사. https://www.mbti.co.kr/

활동지 6-1

표준화 성격검사하기

■ 다음의 표준화 성격검사를 실시해 보자.

검사명	문항 수	소요 시간	비고
MBTI	93문항	15~25분	각 대학 진로지도기관에서 제공하고 있음.
직업선호도검사(L형) (성격검사)	163	20분	직업선호도검사(L형)에는 흥미검사, **성격검사**, 생활사 검사가 포함되어 있음.

■ 성격검사 결과를 출력하고 정리해 보자.

- MBTI:
- 직업선호도검사(성격검사):

활동지 6-2

표준화 가치관검사하기

워크넷(www.work.go.kr)에 접속하여 직업가치관검사를 실시하고 그 결과를 출력해 보자.

■ 다음의 표준화 직업가치관검사를 실시해 보자.

검사명	제공 기관	대상	문항 수	소요 시간	비고
직업가치관 검사	워크넷	대학생 및 일반 성인	78문항	20분	

■ 직업가치관검사 결과를 출력하고 정리해 보자.

활동지 6-3

강점검사하기

■ 다음의 강점검사 중 하나를 선택하여 표준화 진로검사를 실시해 보자.

검사명	제공 기관	대상	문항 수	소요 시간	비고
강점검사 (Value In Action)	Authentic Happiness	성인	240문항	40분	www.authentichappiness.org에서 무료 검사
강점검사 (Character Strengths Test)	인싸이트	성인	250문항	50분	유료 검사
강점검사 (Strengths Finder 2.0)	갤럽	성인	117문항	30분	유료 검사

■ 강점검사 결과를 출력하고 정리해 보자.

활동지 6-4

표준화 성격, 가치관 및 강점을 통한 나의 종합

MBTI	코드:	1. 나의 성격 특성은?	검사 일자: 202_년 __월 __일
E(외향) →	I의 원점수가 10점 이상이면 I, 아니면 E	내향(I) ←	
S(감각) →	N의 원점수가 13점 이상이면 N, 아니면 S	직관(N) ←	
T(사고) →	F의 원점수가 15점 이상이면 F, 아니면 T	감정(F) ←	2. 성격 측면에서 나에게 적합한 직업은?
J(판단) →	P의 원점수가 12점 이상이면 P, 아니면 J	인식(P) ←	

직업가치관검사	1순위:	2순위:	3순위:	검사 일자: 202_년 __월 __일

성취	봉사	개별 활동	직업 안정	변화 지향	여유	영향력	지식 추구	애국	자율성	금전적 보상	인정	실내 활동

1. 나의 가치관 특성은?	2. 가치관 측면에서 나에게 적합한 직업은?

강점검사	1순위:	2순위:	3순위:	검사 일자: 202_년 __월 __일

1. 나의 강점 특성은?	2. 강점 측면에서 나에게 적합한 직업은?

➡ 성격, 가치관 및 강점 표준화 검사를 종합하여 나의 진로 특성을 기술하고, 나에게 적합한 직업을 선정해 보자.

☑ 성격, 가치관 및 강점 표준화 검사를 통한 나의 진로 핵심 특성 종합 요약

☑ 성격, 가치관 및 강점 표준화 검사를 통한 나에게 적합한 직업들

➡ 성격, 가치관 및 강점 표준화 검사를 종합하여 나에게 가장 적합한 직업 10개 내외를 열거하고 그 근거나 이유를 기술해 보자.

적합한 직업	적합하다고 판단되는 근거 또는 이유 (구체적으로)

제3부

진로대안 선정, 탐색 및 결정

제7장 나의 잠정적 진로대안 선정

제8장 나의 잠정적 진로대안의 정보 탐색

제9장 나의 진로의사결정

제3부에서는 나 이해를 토대로 잠정적 진로대안을 선정하여 진로정보를 탐색하고, 최적의 진로대안을 결정하는 방법을 다룬다. 먼저, 나 이해 결과를 토대로 나의 특성에 적합한 잠정적 진로대안을 선정한다. 잠정적 진로대안이 선정되면 이 대안에 대한 정보를 다양한 방식으로 탐색한다. 마지막으로 진로대안들에 대한 진로정보 탐색 결과를 토대로 자신에게 적합한 최적의 진로대안을 선택하는 방법을 탐구한다.

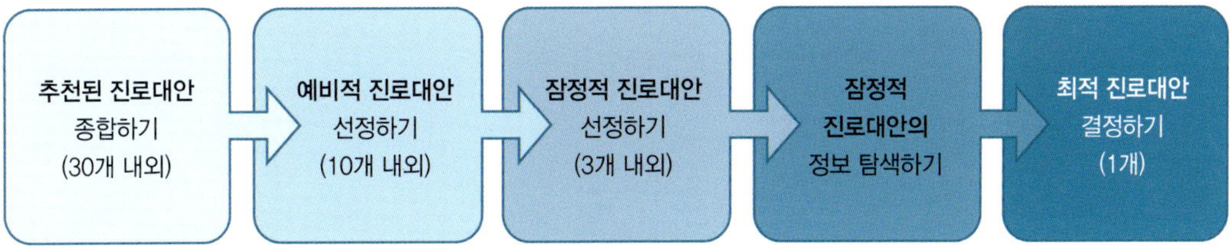

제7장 나의 잠정적 진로대안 선정

개 요

우리는 '스스로 나 이해' 활동과 '표준화 진로검사' 등을 통하여 자신의 특성에 적합한 진로대안들을 도출하였다. 이제 이렇게 도출된 진로대안들을 구체적으로 탐색하기 위해서는 이들 진로대안들을 종합한 다음에 각 진로대안들을 평가하여 우리에게 적합한 소수의 잠정적 진로대안을 선정할 필요가 있다.

따라서 이 장에서는 나의 이해 활동 결과를 바탕으로 자신의 특성에 적합한 잠정적 진로대안을 선정하는 방법을 알아보고자 한다. 이를 위하여 먼저 진로대안을 종합하고, 진로대안을 평가할 수 있는 평가준거를 선정하고, 각 준거별로 가중치를 부여하여 각 진로대안을 평가하여 자신에게 적합한 잠정적인 진로대안을 선정하는 방법에 대하여 알아보고 실제로 선정해 보기로 한다.

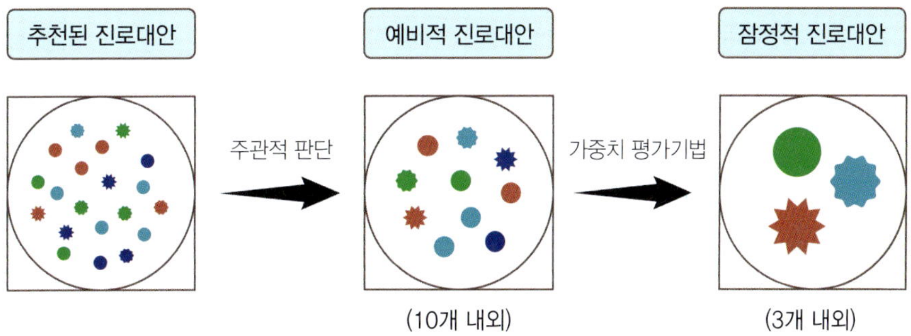

학습목표

- 잠정적 진로대안의 개념을 설명할 수 있다.
- 잠정적 진로대안을 선정하는 절차와 방법을 설명할 수 있다.
- 실제 활동을 통해 잠정적 진로대안을 결정하는 역량을 갖출 수 있다.

주요용어

■ 진로대안 ■ 평가준거 ■ 가중치 ■ 진로대안 평가 ■ 가중치 평가기법

1 잠정적 진로대안 선정

"사랑하는 사람을 찾듯
사랑하는 일을 찾으라."
-스티브 잡스-

앞 장에서 스스로 나 이해 활동과 표준화 진로검사를 통하여 자신의 특성에 대하여 알아보았다. 즉, 나 스스로 주관적인 관점에서 다양한 활동을 통하여 나에게 적합한 진로대안을 도출하였고, 표준화 진로검사를 통하여 적성, 흥미, 성격, 가치관, 강점 등을 분석하여 심리적 특성에 적합한 진로대안을 확인하였다.

자신의 특성에 적합하다고 추천된 진로대안을 모두 탐색해 보면 좋겠지만, 시간 등 여러 가지 여건을 고려할 때 모든 진로대안을 탐색하기는 쉽지 않다. 따라서 진로대안 탐색 대상이 될 몇 개의 잠정적 진로대안을 선정하여 탐색해 보는 것이 합리적이라고 할 수 있다. 여기서 '잠정적 진로대안'이란 자신의 이해 활동을 통해서 추천된 진로대안 중에서 가중치 평가기법을 통해 자신에게 적합하다고 판단되어 선정한 3개 내외의 진로대안을 말한다.

잠정적 진로대안을 선정하는 기법은 다양하다. 먼저, 1:1 비교법(paired comparison)은 각 대안을 짝을 지어 비교 평가하는 방법이다. 가령, 대안이 A, B, C, D 네 개가 있을 경우에 대안 A와 B, A와 C, A와 D, B와 C, B와 D, C와 D를 비교하여 더 좋다고 판단되는 대안에 일정한 점수(예, 1점)를 부여하여 총 점수가 많은 대안 순으로 정리하는 방법이다. 이 대안은 대안들 간의 상대적인 중요도를 평가할 수 있다는 데 장점이 있으나 평가기준에 따라 그 결과가 달라진다는 데 문제가 있다고 할 수 있다.

또 하나의 방법은 SWOT 분석 방법이다. 이 방법은 각 대안이 가지고 있는 강점(strength)과 약점(weakness) 그리고 기회(opportunity)와 위협(threat) 요인이 무엇이 있는지를 살펴보고, 강점과 기회 요인이 많은 대안을 중심으로 우선순위를 정하는 방법이다.

또 다른 대안 평가기법 중의 하나는 가중치 평가기법(grid analysis)이다. 이 기법은 각 직업대안을 평가지표에 따라 평가하여 점수를 산출한 후 만족스러운 진로대안을 선택하는 방법이다. 이를 위해서 먼저 평가준거 또는 기준을 마련하여야 한다. 개인의 특성인 적성, 흥미, 가치, 성격, 연봉, 근무시간, 통근 거리뿐만 아니라 이 진로를 선택할 경우에 닥칠 진로장벽(가령, 성 차별, 경제적 지원문제 등) 등이 평가준거가 될 수 있다. 다만 이 방법은 중요한 평가기준과 상대적으로 덜 중요한 평가준거가 무엇인지를 결정해야 하기 때문에 평가기준의 가중치에 따라 대안의 선택이 좌우되는 특징이 있다.

이러한 대안 평가 과정을 거쳐 선정된 잠정적 진로대안은 개인의 상황에 따라 개수가 달라질 수 있다. 시간적 여유가 충분하다면 자기이해 활동을 통해 추천된 모든 진로대안을 선정하여 진로정보를 탐색할 수 있지만, 시간적 여유가 적을 때는 3개 내외의 잠정적 진로대안을 선정하여 진로정보를 탐색해 볼 수 있다. 이렇게 선정된 잠정적 진로대안은 추후 제8장에서 진로정보 탐색의 대상이 된다.

2 잠정적 진로대안 선정 절차와 방법

앞서 살펴본 바와 같이 잠정적 진로대안을 선정하는 방법은 다양하지만, 여기서는 가중치 평가기법을 이용하여 잠정적 진로대안을 선정하는 방법을 알아보고자 한다.

일반적으로 가중치 평가기법은 다음의 절차와 방법에 따라 실시한다.

첫째, 나의 이해 활동(스스로 나 이해 활동과 표준화 진로검사)을 통해서 도출된 진로대안을 종합한다.

둘째, 이 대안들을 평가할 수 있는 평가준거를 선정한다.

셋째, 각 준거별로 가중치를 부여한다.

넷째, 각 준거에 따라 진로대안을 평가한다.

다섯째, 평가 점수가 높은 순으로 몇 개의 진로대안을 선택한다.

이러한 절차와 방법에 따라 잠정적 진로대안을 선정하는 과정을 상세하게 설명하면 다음과 같다.

1) 나의 이해 활동을 토대로 예비적 진로대안 선정하기

우리가 탐색할 잠정적 진로대안을 선정하기 위해서는 무엇보다도 나의 특성에 적합하다고 추천된 직업을 종합하는 활동이 필요하다.

진로대안을 종합하여 예비적 진로대안을 선정하기 위해서는 먼저, 스스로 나 이해를 통해 나의 특성에 적합하다고 추천된 진로대안을 종합하고, 그 다음에 표준화 진로검사를 통해 나의 특성에 적합하다고 추천된 진로대안을 종합한다. 그리고 이 추천된 진로대안 중에서 예비적 진로대안을 선정한다. 구체적으로 예비적 진로대안을 선정하는 절차는 다음과 같다.

(1) 스스로 나 이해 활동 결과 추천된 직업 종합하기
(2) 표준화 진로검사 결과 추천된 직업 종합하기
(3) 추천 직업 종합하기
(4) 추천된 직업을 토대로 10개 내외의 예비적 진로대안 선정하기

주관적인 나 이해 활동을 통해서 추천된 직업과 표준화 진로검사를 통해 추천된 직업을 모두 종합한 다음에 추천 직업 중 동일한 직업과 유사한 직업을 묶거나 통합하여 정리한다.

정리한 직업 중에서 본인이 잘 알지 못하는 직업이 있으면 직업사전, 워크넷이나 커리어넷 등을 이용하거나 관련 직업인이나 진로 전문가들에게 문의하여 정확하고 깊이 있게 알아보는 과정이 필요하다. 이러한 과정을 통해 10개 내외의 예비적 진로대안을 선정한다. 예비적 진로대안을 선정할 때는 자신의 주관적 판단으로 결정해도 되지만, 가능하면 동료나 선배, 가족이나 전문가의 도움을 받는 것이 좋다.

2) 예비적 진로대안을 평가할 준거 마련

진로대안을 평가하는 데 이용할 수 있는 준거가 다양하다. 일반적으로 많은 사람이 중요시하는 준거들을 예시하면 다음과 같다.

- 직업적성: 내가 잘할 수 있는 일인가?
- 직업흥미: 내가 좋아하는 일인가?
- 성격: 나의 성격에 적합한 일인가?
- 직업가치관: 나의 직업가치관에 부합하는 일인가?

- 강점: 나의 강점을 발휘할 수 있는 일인가?
- 신체적 조건: 나의 신체적 조건에 부합되는 일인가?
- 가정 여건: 나의 제반 가정 여건에 부합되는 일인가?
- 연봉: 자신이 고려하고 있는 연봉을 받을 수 있는가?
- 발전 가능성: 장래에 발전 가능성이 있는가?
- 사회 기여: 사회 발전에 기여할 수 있는가?
- 자아실현 가능성: 자아실현이 가능한가?
- 경제적 지원 가능성: 그 일을 준비하는 데 필요한 경제적 지원이 가능한가?
- 요구 학력 충족 가능성: 요구 학력 충족이 가능한가?
- 자격증 취득 가능성: 요구되는 자격증의 취득이 가능한가?
- 타인의 지지: 가족 등 중요한 타인이 지지하는가?

개인적으로 더 다양한 평가준거를 선정할 수 있다. 가령, 자신이 중요하다고 생각하는 직업가치들(예: 성취, 봉사, 직업 안정, 자율, 인정 등)이 평가준거로 활용될 수도 있다. 또한 부정적인 준거인 중요한 타인(부모, 친구 등)의 지지 부족, 성차별, 인종차별 등의 진로장벽도 중요한 준거로 선정할 수 있다.

3) 평가준거별 가중치 부여

평가준거를 마련한 후에는 각 평가준거의 가중치를 고려해야 한다. 즉, 개인마다 각 평가준거의 중요성에 대하여 다르게 생각할 수 있으므로 평가준거별로 가중치를 부여할 필요가 있다. 각 평가준거들의 상대적 중요도나 영향력 정도에 따라 가중치를 부여한다. 먼저 평가준거들의 상대적 중요도가 높은 순서로 순위를 결정한다. 단, 가중치의 합은 100이 되도록 한다. 가령, 5개(A, B, C, D, E)의 평가준거에 각각 30, 20, 20, 20, 10의 가중치를 주어 그 합이 100이 되도록 한다. 여기서 평가준거 A는 가중치가 30점 만점으로 각 대안을 평가할 때 최대 30점까지 줄 수 있다는 것을 의미한다.

예시 1: 성격, 적성, 흥미, 가치관, 사회적 기여도를 평가준거로 선정할 경우, 각 준거마다 20점씩 가중치를 부여할 수 있음. 이 경우에 5개 준거 × 20점 = 100

점임.

예시 2: 적성과 흥미를 30점씩 주고 가치관 20점, 성격과 사회적 기여도 20점(총 100점)을 부여할 수도 있음.

예시 3: 성차별 등 부정적인 준거의 경우 '마이너스(−)' 점수를 부여할 수 있음(예: −10점).

평가준거의 선정과 가중치를 부여하는 것은 객관적으로 정해진 답이 있지 않기 때문에 개인마다 나름대로의 판단을 바탕으로 정하면 된다.

4) 예비적 진로대안 평가 및 잠정적 진로대안 선정

진로대안을 평가할 준거를 마련한 후에는 실제로 진로대안을 평가하고 그 결과를 토대로 잠정적 진로대안을 선정해야 한다.

잠정적 진로대안을 평가하기 위한 절차는 다음과 같다.

먼저, 자기이해를 토대로 추천된 10개 내외의 예비적 진로대안을 확인한다.

두 번째, 예비적 진로대안을 평가할 평가준거를 선정하고 평가준거별로 가중치를 배정한다. 평가준거 10개 내외를 선정하고 각 준거별로 가중치를 배정한다.

세 번째, 각 진로대안을 평가준거에 따라 평가한다. 각 진로대안을 평가준거별로 가중치 범위 내에서 점수를 부여한다.

네 번째, 각 진로대안별로 평가 점수를 합산한다. 이 점수가 각 진로대안의 총 점수이다.

다섯 번째, 잠정적 진로대안을 선정한다. 총 점수가 높은 순서대로 나열하여 점수가 높은 대안이 잠정적 진로대안이 된다. 3개를 선정할 경우에는 점수가 높은 순으로 3개의 잠정적 신로대안을 선정한다.

여섯 번째, 3개의 잠정적 진로대안이 선정된 이유를 자신의 역량(경험, 지식, 기술, 태도 등)과 자질(성격, 적성, 흥미, 가치관 등) 그리고 진로대안의 속성(사회적 평판, 임금, 안정성 등)과 관련하여 적어 본다.

3 가중치 평가기법을 사용한 잠정적 진로대안 선정의 실제

진로대안을 종합하고 평가준거를 선정하여 가중치를 부여하고, 각 진로대안을 평가하여 높은 점수를 얻은 잠정적 진로대안 3개를 선택하는 절차와 방법을 예시적으로 제시하면 다음과 같다.

1) 1단계: 스스로 나 이해 활동 결과 추천된 진로대안 분석

스스로 나 이해 활동을 통하여 자신의 특성에 적합한 추천된 진로대안을 분석하여 종합한 결과를 예시하면 〈표 7-1〉과 같다.

〈표 7-1〉 스스로 나 이해 활동 결과 추천된 진로대안 분석 예시

영역	추천된 진로대안	종합
나의 개인적 특성	교사, 작가, 통번역가, 대학교수, 상담가, 공무원, 외교관, 의사, 법조계 종사자	※ 추천된 진로대안들을 종합한다. 교사, 대학교수, 상담가, 공무원, 외교관, 법무사, 아나운서, 작가, 통번역가, 의사
나의 환경적 특성	아나운서, 검사, 외교관, 교사, 대학교수, 상담가, 공무원, 법무사	

2) 2단계: 표준화 진로검사 결과 추천된 진로대안 분석

표준화 진로검사 활동을 통하여 자신의 특성에 적합한 추천된 진로대안을 분석하여 종합한 결과의 예시는 〈표 7-2〉와 같다.

〈표 7-2〉 표준화 진로검사 결과 추천된 진로대안 예시

영역	추천된 진로대안	종합
적성검사 결과	인문사회 연구자, 교사, 상담가, 약사, 한의사, 법률 전문가, 대학교수, 외교관	※ 추천된 진로대안들을 종합한다. 인문사회 연구자, 교사, 외교관, 상담가, 법무사, 대학교수, 약사, 언어치료사, 여행상품 개발자, 화가, 유치원 원장, 여행 안내원
흥미검사 결과	인문사회 연구자, 언어치료사, 상담가, 여행상품 개발자, 변호사, 약사	
성격검사 결과	교사, 의사, 배우, 상담가, 법무사, 외교관, 화가, 대학교수	
직업가치관검사 결과	인문사회 연구자, 교사, 상담가, 법무사, 여행 안내원, 유치원 원장, 약사, 외교관, 대학교수	
강점검사 결과	영어교사, 상담가, 외교관, 대학교수	

3) 3단계: 추천된 진로대안 목록 종합

스스로 나 이해 활동을 통해서 추천된 진로대안과 표준화 검사를 통해 추천된 진로대안을 모두 종합한 다음에 중복된 진로대안을 빼고 유사한 진로대안을 통합하여 종합한 결과를 예시하면 〈표 7-3〉과 같다.

〈표 7-3〉 추천된 진로대안 목록 종합 예시

① 추천된 진로대안 전체 목록 만들기
※ 스스로 나 이해 활동과 표준화 진로검사 결과 추천된 진로대안들을 열거한다. –인문사회 연구자, 교사, 외교관, 상담가, 작가, 대학교수, 공무원, 법무사, 검사, 약사, 아나운서, 작가, 통번역가, 의사, 언어치료사, 여행상품 개발자, 화가, 유치원 원장, 여행 안내원
② 추천된 진로대안 중 중복된 것을 빼고 유사한 것을 통합한 후 남은 진로대안 목록 만들기
※ 추천된 진로대안 중 중복된 것을 빼고 유사한 것을 통합한 후 남은 진로대안을 열거한다. –인문사회 연구자, 교사, 외교관, 상담가, 작가, 대학교수, 공무원, 법무사, 검사, 약사, 아나운서, 작가, 통번역가, 의사

4) 4단계: 10개 내외의 예비적 진로대안 선정

중복된 진로대안과 유사한 진로대안을 통합한 후 남은 진로대안 중에서 자신이 생각하는 진로대안의 중요도나 선호도 등에 따라 10개 내외의 예비적 진로대안을

선정한 결과 예시는 〈표 7-4〉와 같다.

〈표 7-4〉 예비적 진로대안 선정 예시

추천된 진로대안을 토대로 예비적 진로대안 10개 내외 선정하기
※ 전체 10개 내외의 예비적 진로대안을 제시한다. 인문사회 연구자, 교사, 외교관, 상담가, 작가, 대학교수, 공무원, 법무사, 검사, 약사

5) 5단계: 평가준거 선정 및 가중치 부여

10개 내외의 예비적 진로대안으로 선정한 후에 해야 할 일은 예비적 진로대안을 평가할 평가 기준과 가중치를 부여하는 일이다.

진로대안을 평가할 준거는 다양하다. 이 사례에서 중요하다고 판단되는 준거를 10개 내외로 선정해 본 결과는 다음 〈표 7-5〉와 같다.

〈표 7-5〉 평가준거 선정 및 가중치 부여 예시

평가준거	가중치
성격	10
적성	25
흥미	25
가치관	20
강점	5
신체적 조건	5
가정 여건	5
사회 기여	5
총점	100

6) 6단계: 예비적 진로대안 평가 및 잠정적 진로대안 선정

5단계에서 선정한 진로대안 평가준거와 가중치를 이용하여 각 예비적 진로대안을 평가하고 점수가 높은 순으로 잠정적 진로대안을 선정한 사례는 다음 〈표 7-6〉과 같다.

〈표 7-6〉 진로대안 평가 매트릭스를 통한 진로대안 선정 예시

평가준거	가중치	진로대안									
		인문사회 연구자	교사	외교관	상담가	작가	대학 교수	공무원	법무사	검사	약사
성격	10	8	8	7	7	6	7	7	6	7	6
적성	25	23	22	20	20	19	19	19	18	18	18
흥미	25	24	22	19	20	18	19	18	17	17	18
가치관	20	18	17	15	16	15	16	16	15	15	16
강점	5	5	4	4	4	4	4	4	4	3	4
신체적 조건	5	5	5	5	5	4	5	4	4	4	4
가정 여건	5	5	4	4	4	4	4	4	3	3	3
사회 기여	5	5	5	5	5	4	5	5	5	5	5
총점	100	**93**	**87**	79	**81**	74	79	77	72	72	74

7) 7단계: 나의 잠정적 진로대안의 선정 이유 기술

선정된 잠정적 진로대안 3개의 선정 이유에 대하여 종합적으로 기술한 사례는 다음 〈표 7-7〉과 같다.

〈표 7-7〉 나의 잠정적 진로대안 3개와 선정 이유 예시

잠정적 진로대안	선정 이유(역량과 자질 등)
1순위: 인문사회 연구자	• 점수가 가장 높게 나옴. • 모든 평가준거에서 고르게 높게 나옴. • 평소 하고 싶었던 일과 관련됨.
2순위: 교사	• 두 번째로 점수가 높게 나옴. • 전반적으로 대부분 평가준거에서 높게 나옴 . • 부모님이 오래 전부터 권하신 직업이고, 나의 전공과 맞음.
3순위: 상담가	• 세 번째로 점수가 높게 나옴. • 내가 재능이 있다고 생각한 직업임. • 평소 상담가 관련된 자료들을 관심 있게 보아 왔음.

단원 요약

1. 나 이해 활동을 통해서 추천된 진로대안 중에서 가중치 평가기법을 통해 자신에게 적합하다고 판단되어 선정된 진로대안으로, 추후 진로정보 탐색의 대상이 되는 진로대안을 '잠정적 진로대안'이라고 할 수 있다.

2. 잠정적 진로대안을 선정하기 위한 절차와 방법은 다음과 같다. (1) 먼저 자신의 이해 활동을 통해서 도출된 진로대안 중에서 10개 내외의 예비적 진로대안을 선정한다. (2) 이 대안들을 평가할 수 있는 평가준거를 선정한다. (3) 각 준거별로 가중치를 부여한다. (4) 각 진로대안별로 평가한다. (5) 3개의 잠정적 진로대안을 선정한다.

3. 나 이해 활동을 통해서 도출된 진로대안을 종합하기 위해서는 스스로 나 이해를 통해 나의 특성에 적합하다고 추천된 진로대안을 종합하고, 그 다음에 객관적인 표준화 검사를 통해 나의 특성에 적합하다고 추천된 진로대안을 종합한다. 그리고 이 두 가지를 종합하여 10개 내외의 예비적 진로대안을 선정한다.

4. 10개 내외의 예비적 진로대안들을 평가할 수 있는 평가준거를 선정한다. 진로대안을 평가할 준거는 성격, 직업적성, 직업흥미, 직업가치관, 강점, 신체적 조건, 가정 여건, 발전 가능성, 요구 학력과 자격 충족 가능성, 사회 기여, 타인의 지지, 자아실현 가능성 등이다.

5. 각 준거별로 중요도에 따라 가중치를 부여한다. 전체 가중치 합계는 100점으로 한다.

6. 각 진로대안별로 평가하여 총점이 높은 순으로 3개의 잠정적 진로대안을 선정한다. 그리고 이 대안이 어떤 이유(예: 성격, 적성, 흥미, 가치관검사 결과 등)에서 선정되었는지를 기술한다.

참고문헌

Harren, V. A. (1979). A model of career decision-making for college students. *Journal of Vocational Behavior, 14,* 119-133.

Jones, K. L. (1989). Measuring a three-dimensional construct of career indecision among college students. *Journal of Counseling Psychology, 36*, 477-486.

Kelly, K. R., & Lee, W. C. (2002). Mapping the domain of career decision problem. *Journal of Vocational Behavior, 61* , 302-326.

Krumboltz, J. D., & Hamel, D. A. (1997). *Guide to career decision-making skills*. Career Skills Assessment Program of the College Entrance Examination Board.

읽을거리

Harren, V. A. (1979). *A model of career decision-making.*

활동지 7-1

진로대안 목록을 종합하여 10개 내외의 예비적 진로대안 선정하기

여러분이 주관적인 나 이해 활동 및 표준화 진로검사를 통해 추천된 진로대안을 종합하고, 이 중에서 자신에게 적합하다고 판단되는 예비적 진로대안을 10개 내외로 선정해 보자.

■ 1단계: 나 이해 활동을 통해 추천된 진로대안을 종합하기

영역	추천 진로대안	종합
나의 개인적 특성에 적합한 진로대안		※ 추천된 진로대안을 모두 적는다.
나의 환경적 특성에 적합한 진로대안		

■ 2단계: 표준화 진로검사를 통해 추천된 진로대안 종합하기

영역	추천 진로대안	종합
적성과 흥미 검사 결과 추천된 진로대안		※ 추천된 진로대안을 모두 적는다.
성격 · 가치관 · 강점 검사 결과 추천된 진로대안		

■ 3단계: 추천된 진로대안 종합하기

1단계, 2단계에서 추천된 진로대안 중 중복된 것을 빼고 유사한 것을 통합한 후 남은 진로대안 목록 만들기

■ 4단계: 예비적 진로대안 선정하기

10개 내외의 예비적 진로대안 선정하기
※ 전체 10개 내외의 예비적 진로대안을 제시한다.

활동지 7-2

예비적 진로대안을 평가할 준거 및 가중치 마련하기

예비적 진로대안을 평가할 평가준거를 선정하고, 각 준거마다 중요도에 따라 가중치를 부여해 보자. 단, 가중치의 합계는 100점이다.

■ 평가준거 선정 및 가중치 부여하기

평가준거	가중치
총점	100

활동지 7-3

예비적 진로대안 평가 및 잠정적 진로대안 선정하기

평가준거와 가중치를 이용하여 각 예비적 진로대안을 평가하고, 점수가 높은 순으로 3개의 잠정적 진로대안을 선정해 보자.

■ 예비적 진로대안 평가 매트릭스를 통한 잠정적 진로대안 선정하기

평가준거	가중치	예비적 진로대안										
총점	100											

활동지 7-4

나의 잠정적 진로대안 3개의 선정 근거나 이유 기술하기

선정된 최종 진로대안 3개를 적고, 선정 이유에 대하여 종합적으로 기술해 보자.

■ 나의 잠정적 진로대안 3개와 선정한 근거나 이유 기술하기

잠정적 진로대안	선정한 근거나 이유
1순위:	
2순위:	
3순위:	

제8장 나의 잠정적 진로대안의 정보 탐색

개 요

제7장에서 우리는 자신에 대한 이해를 토대로 잠정적인 진로대안 3개를 선정하였다. 이 잠정적 진로대안 중에서 자신에게 가장 적합한 대안을 선정하는 데 활용하기 위해서는 각 대안에 대한 정보를 면밀히 탐색하여 분석하고 가공할 필요가 있다.
따라서 이 장에서는 우리가 선정한 잠정적 진로대안에 대한 정보를 탐색하는 방법을 탐구한다.

학습목표

- 진로정보의 개념을 설명할 수 있다.
- 진로정보 탐색의 목적을 설명할 수 있다.
- 진로정보의 유형을 설명할 수 있다.
- 진로정보의 탐색 방법을 설명할 수 있다.

주요용어

▪ 진로정보 ▪ 직업정보 ▪ 취업정보 ▪ 창업정보 ▪ 진학정보

1 진로정보의 개념

"움직인 만큼 귀중한 정보가 들어오고
성공 확률도 높아진다."
-빌 게이츠-

제7장에서 우리는 주관적 및 객관적 관점에서 자신을 분석한 결과를 토대로 자신의 특성에 적합한 잠정적 진로대안을 3개 선택하였다. 이 잠정적 진로대안 중에서 하나의 최적 진로대안을 선정하기 위해서는 각 대안에 대한 정보 탐색이 필요하다.

진로대안에는 직업, 창업, 창직, 교육 · 훈련 등이 있는데 여기서는 주로 직업에 초점을 맞추어 논의하고자 한다.

이와 같이 진로대안에 대한 구체적인 정보를 진로정보라고 한다. 진로정보는 개인 차원에서 국가 차원에 이르기까지 다양한 영역과 범위에서 활용된다. 그리고 유용한 진로정보는 노동생산성과 노동시장의 효율성을 높일 수 있다. 진로정보는 개인적 측면에서 노동시장 진출에 대비할 수 있게 하며, 기업 측면에서는 정확한 직업별 수행 직무를 파악하여 인력을 합리적으로 배치할 수 있다.

이 장에서는 앞서 논의한 바와 같이 진로대안을 주로 직업으로 보고, 진로정보 탐색도 주로 직업정보 탐색을 중심으로 논의하고자 한다.

2 진로정보 탐색의 목적

정치, 사회, 경제, 환경, 기술 등의 급격한 변화로 인하여 정보가 폭증하고, 이로 인해 진로정보도 폭증하고 있으며, 다양한 매체를 통해 정보에 접하고 있지만 우리가 선택한 진로대안을 탐색하기 위해 필요한 정보를 신속하고 정확하게 판단하는 것이 쉽지 않은 상황이다. 따라서 잠정적 진로대안을 평가하여 자신에게 적합한 진로를 결정하기 위해서는 구체적으로 진로정보를 탐색할 필요가 있다.

구체적으로 잠정적 진로대안에 대한 정보를 탐색하는 목적은 다음과 같다.

첫째, 잠정적 진로대안에 대한 기본적인 정보를 얻을 수 있다.

둘째, 잠정적 진로대안과 관련되는 다양한 일터를 확인할 수 있다.

셋째, 일터별로 개인에게 요구하는 조건을 확인하거나 개인이 일터에 기대하는 조건을 충족시킬 수 있는 가능성을 확인할 수 있다.

넷째, 잠정적 진로대안에 대한 정보를 수집하여 최적 대안을 결정하는 데 활용할 수 있다.

다섯째, 진로계획을 수립하거나 진로를 준비하는 데 필요한 정보를 수집하여 활용할 수 있다.

3 진로정보의 유형

진로정보의 유형은 수집 방법과 정보 내용에 따라 분류할 수 있는데, 이를 구체적으로 살펴보면 다음과 같다.

1) 수집 방법에 의한 분류

수집 방법에 따라 진로정보는 1차 정보와 2차 정보로 구분할 수 있다.

1차 정보는 이미 존재하는 공표된 정보가 아니라, 새롭게 만들어 내는 정보를 의미한다. 가령 직업인의 직무 활동을 관찰하여 수집하는 자료, 직업인을 대상으로 설문조사나 인터뷰를 통해 수집하는 자료, 그리고 직접 직업 체험을 통해 새롭게 수집하는 자료를 의미한다.

2차 정보는 이미 공표된 정보를 의미한다. 가령 책, 잡지, 정부 간행물, 연구보고서, 신문, 인터넷 등과 같이 이미 존재하고 있는 진로정보를 의미한다.

2) 정보 내용에 의한 분류

잠정적 진로대안에 대하여 탐색해야 할 정보는 그 내용에 따라 직업 일반에 대한 정보, 직업이 개인에게 요구하는 특성(적합도), 개인이 직업에 요구하는 속성(매력도)으로 나누어 볼 수 있다.

(1) 직업 일반에 대한 정보

잠정적 진로대안 3개와 관련되는 직업에 대하여 구체적으로 탐색해 보아야 할 정보는 다음과 같다.

① 하는 일
② 자격 조건
③ 근무 조건
④ 취업 경로
⑤ 충원 경로
⑥ 보수
⑦ 승진체계
⑧ 충원계획
⑨ 장래 전망
⑩ 기타

(2) 직업에서 요구하는 개인적 특성에 대한 정보

직업에서 요구하는 개인적 특성에 대한 정보란 직업 입장에서 구직자에게 요구하는 개인적 특성(적합도)에 대한 정보로 구체적으로 제시하면 다음과 같다.

① 적성
② 흥미
③ 성격
④ 가치관
⑤ 강점
⑥ 신체적 조건
⑦ 기타

(3) 개인이 직업에 기대하는 직업의 속성 정보

개인이 직업에 기대하는 직업의 속성 정보란 구직자 입장에서 직업에 기대하는 속성(매력도) 정보로 구체적으로 살펴보면 다음과 같다.

① 기대 임금 충족도
② 직업의 안정성
③ 사회적 평판
④ 워라벨 가능성
⑤ 발전 가능성
⑥ 승진 가능성
⑦ 사회적 기여 가능성
⑧ 자아실현 가능성
⑨ 기타

4 진로정보 탐색 방법

우리가 진로를 탐색하거나 결정하고 계획하거나 준비하기 위하여 필요한 정보가 진로정보이다. 이러한 정보를 확보하여 활용하기 위해서는 진로정보 수집, 분석, 가공, 축적, 활용 및 평가를 해야 한다.

이 중에서도 우선적으로 중요한 것은 진로정보의 수집이다. 진로정보를 수집할 때는 다음과 같은 사항에 유의해야 한다.

첫째, 명확한 목표를 세운다. 어떤 목적으로, 어떤 정보를, 어디서, 어떻게 수집할 것인가를 명확히 해야 한다.

둘째, 진로정보는 계획적으로 수집해야 한다. 이를 위해 먼저 진로정보 제공원을 파악하고 조직적, 계획적, 주기적으로 정보를 수집해야 한다.

셋째, 항상 최신의 자료인가를 확인하여야 한다. 정보는 변화한다. 수집한 정보는 항상 유효한 것이 아니기 때문에 불필요한 자료는 폐기하고 새로운 정보를 수집하는 작업을 지속적으로 수행해야 한다.

넷째, 진로정보 수집에 필요한 도구를 사용한다. 녹음, 녹화뿐만 아니라 인터넷 정보 수집 기능을 적극적으로 활용할 필요가 있다.

다섯째, 진로정보의 정확성, 신뢰성을 평가할 수 있는 안목을 가져야 한다.

진로정보의 탐색 방법은 다양한데 여기서는 인쇄매체, 인터넷, 면담, 진로체험을 중심으로 살펴보도록 한다.

1) 인쇄매체를 통한 탐색

인쇄물은 가장 일반적이며 전통적인 형태의 자료이다. 보관이 용이하고, 빠르게 회복될 수 있다는 장점을 가지고 있는 반면에 개인의 동기를 부여하기 힘들고, 읽는 데 소요되는 노력이 너무 많고, 무미건조하며, 내담자에게 어떠한 영감도 주지 못한다는 단점을 지니고 있다.

(1) 한국직업사전

우리나라의 경우, 진로정보를 전달하는 가장 대표적인 인쇄매체는 고용노동부와 한국고용정보원에서 발행하는 '한국직업사전'이다.

다음의 [그림 8-1]에 제시된 바와 같이, 직업사전이 최초로 발간되었던 1969년에는 직업명 수가 3,260개였고, 한국직업사전 통합본 제1판이 발간된 1986년에는 직업 수가 8,900여 개(직업명 수 10,600여 개)였는데, 한국직업사전 통합본 제5판이 발간된 2019년에는 직업 수가 12,823개(직업명 수 16,891개)로 늘어났다. 한국직업사전에서는 직업을 10개의 영역(관리자, 전문가 및 관련 종사자, 사무 종사자, 서비스 종사자, 판매 종사자, 농림·어업 숙련 종사자, 기능원 및 관련 기능 종사자, 장치·기계 조작 및 조립 종사자, 단순노무 종사자, 군인)으로 분류하였다. 이 사전에서는 직업별 직업 코드, 직업 명칭, 직무 개요, 수행 직무, 부가 직업정보(정규교육, 숙련 기간, 작업강도, 작업장소, 작업환경, 관련 직업, 자격 및 면허, 직업분류 코드, 산업분류 코드, 조사연도 등)를 제공한다.

(2) 한국직업전망

'한국직업전망'에는 우리나라 대표 직업의 향후 10년간 직업 대분류별 취업자 전망과 일자리 전망을 담고 있다. 여기에서는 대표적인 직업에 대한 직업정보, 즉 수행하는 일, 근무 환경, 평균 임금, 되는 길(교육 및 훈련, 관련 학과, 관련 자격), 적성과 흥미, 경력 개발, 관련 정보(관련 직업, 분류 코드, 관련 정보처) 등과 향후 10년 간의 일자리 전망에 관한 종합적인 정보를 제시하고 있다.

'2021 한국직업전망'에 제시되어 있는 향후 10년간 직업 대분류별 취업자 전망은 〈표 8-1〉과 같다. 〈표 8-1〉에 제시된 바와 같이 '중장기 인력수급 수정전망 2019-2029'(한국고용정보원, 2020)에 따르면, 향후 10년간(2019~2029년) '전문가 및 관련 종사자'(연평균 1.0%), '서비스 종사자'(연평균 1.0%), '단순노무 종사자'(연평균 0.4%), '사무 종사자'(연평균 0.3%) 순으로 증가율이 높을 것으로 나타났다. 반면에 생산직인 '장치 · 기계 조작 및 조립 종사자'와 '기능원 및 관련 기능 종사자' 직군의 향후 10년간 연평균 취업자 증가율은 각각 −0.3%, −0.1%가 될 것으로 전망된다. '농림 · 어업 숙련 종사자' 직군은 2014~2019년 동안 매년 −0.4%씩 일자리가 빠르게 감소하였는데, 향후 10년 동안에도 이러한 추세는 지속될 것으로 전망된다.

〈표 8-1〉 향후 10년간 직업 대분류별 취업자 전망 (단위: 천 명, %)

	취업자 수				기간 증감				증감률			
	2014	2019	2024	2029	14-19	19-24	24-29	19-29	14-19	19-24	24-29	19-29
계	25,897	27,123	27,708	27,946	1,225	585	238	823	0.9	0.4	0.2	0.3
관리자	404	408	409	409	4	0	1	1	0.2	0.0	0.0	0.0
전문가 및 관련 종사자	5,129	5,556	5,953	6,124	427	397	171	567	1.6	1.4	0.6	1.0
사무 종사자	4,374	4,749	4,865	4,909	375	116	44	160	1.7	0.5	0.2	0.3
서비스 종사자	2,779	3,116	3,304	3,443	337	189	139	328	2.3	1.2	0.8	1.0
판매 종사자	3,154	3,030	2,917	2,866	−123	−113	−52	−165	−0.8	−0.8	−0.4	−0.6
농림 · 어업 숙련 종사자	1,357	1,332	1,306	1,258	−25	−26	−47	−74	−0.4	−0.4	−0.7	−0.6
기능원 및 관련 기능 종사자	2,290	2,372	2,368	2,345	82	−4	−23	−27	0.7	−0.0	−0.2	−0.1
장치, 기계 조작 및 조립 종사자	3,111	3,026	2,966	2,929	−85	−59	−38	−97	−0.6	−0.4	−0.3	−0.3
단순노무 종사자	3,299	3,533	3,619	3,663	234	85	44	130	1.4	0.5	0.2	0.4

출처: 한국고용정보원(2020).

(3) 한국직업정보

고용노동부와 한국고용정보원에서는 매년 실시하는 재직자 조사를 바탕으로 '한국직업정보'라는 자료를 발간하고 있다. 한국직업정보에서는 우리나라 대표 직업들의 수행 직무, 직무 특성, 일자리 전망 등을 확인할 수 있으며, 세부적으로 하는 일, 교육/자격/훈련, 임금/직업만족도/전망, 능력/지식/환경, 성격/흥미/가치관, 업무 활동, 일자리 현황, 관련 직업에 관한 정보를 제공한다.

2) 인터넷을 통한 탐색

최근 많은 기업체나 공공기관은 독자적인 인터넷 홈페이지를 만들어서 기업 홍보와 제품 판매 등에 적극적으로 활용하고 있다. 채용 공고도 역시 홈페이지를 통해 이용하고 있는 경우가 많으므로 인터넷을 통해 정보를 수집하여 활용하여야 할 것이다.

인터넷을 통해 자신이 원하는 취업처의 지원 기업 관련 자료와 채용 공고를 보는 것이 좋지만, 전체적으로 직업정보를 볼 경우에는 공공 직업정보를 제공하는 커리어넷과 워크넷을 중심으로 탐색해 볼 필요가 있다. 또한 그 이외의 공공기관이나 민간기관을 통해서 원하는 정보를 검색하여 수집하여야 한다.

(1) 커리어넷

커리어넷은 대표적인 직업정보 제공 사이트로, 한국직업능력개발원(현 한국직업능력연구원) 산하의 진로정보센터로 설립되어 운영되다가 현재는 국가진로정보센터로 승격되어 다양한 직업정보를 제공하고 있다.

커리어넷에서는 진로심리검사, 진로상담, 직업정보, 학과정보, 진로지도 양상, 진로교육사료를 제공하고 있다. 직업정보 난에서는 500여 개의 직업에 대한 정보, 미래 직업, 해외직업, 주제별 직업정보, 직업인 인터뷰, 직업분류별 진로동영상, 직업카드뉴스 등을 제공하고 있다.

[그림 8-1] 커리어넷의 직업정보(https://bit.ly/3eHRCFB)

(2) 워크넷

워크넷은 1999년 4월 1일부터 한국고용정보원에서 운영하는 사이트로서 채용정보, 직업진로, 고용복지정책, 훈련정보 및 인재정보를 청년, 여성, 장년에게 제공하고 있는 사이트이다.

채용정보에서는 직종별, 지역별, 테마별로 채용정보를 제공하고 있으며, 직업진로에서는 직업심리검사, 직업정보, 학과정보, 진로상담, 취업가이드, 뉴스, 취업 동영상 등을 제공하고 있다. 고용복지정책에서는 고용정책, 복지정책, 구직자 취업 역

[그림 8-2] 워크넷(https://www.work.go.kr) 홈페이지

량 강화 프로그램, 일자리 지원 기관에 대한 정보를 제공하고 있다. 또한 훈련정보에서는 구직자훈련과정, 근로자훈련과정, 기업훈련과정을 제공하고 있으며, 공지사항, 채용행사, 채용 박람회 정보도 제공하고 있다. 마지막으로 인재정보에서는 기업이나 공공기관에서 구직자를 확인하여 채용할 수 있도록 안내하고 있다.

(3) 한국산업인력관리공단

한국산업인력관리공단(HRDK)에서는 대학생을 비롯한 청년들에게 해외취업, 국가직무능력표준(NCS), 한국직업방송, 국가자격시험(Q-Net) 등을 제공하고 있다.

해외취업의 경우에는 'WORDJOB+'라는 별도의 채널(https://www.worldjob.or.kr)을 구축하여 해외취업 채용 · 모집, 해외취업 상담, 해외취업 교육, 해외취업 설명회 · 박람회, 사후지원센터 등의 서비스를 제공하고 있다. 국가직무능력표준(NCS) 사업에서는 산업현장의 기술 변화, 신규 인력 수요 등에 따라 국가직무능력표준을 신규 개발 및 개선하여 일-교육훈련-자격 연계 강화 및 능력 중심 사회 기반을 마련하고, 중견 · 중소 기업 대상으로 NCS 활용 및 확산을 위한 컨설팅을 지원하고 있다. 특히 NCS 기반 능력 중심 채용 도입으로 공정한 채용문화 정착을 지원하고, 직무 능력 중심의 채용문화를 확산하는 노력을 하고 있다. 실제로 최근에는 기업이 학벌이나 스펙이 아닌 직무능력과 역량을 중심으로 직원을 채용하는 'NCS 기반 능력 중심 채용'이 확산되고 있다.

한국직업방송에서는 청년 고용을 위한 일자리 '정보 · 교육 채널'뿐만 아니라 은

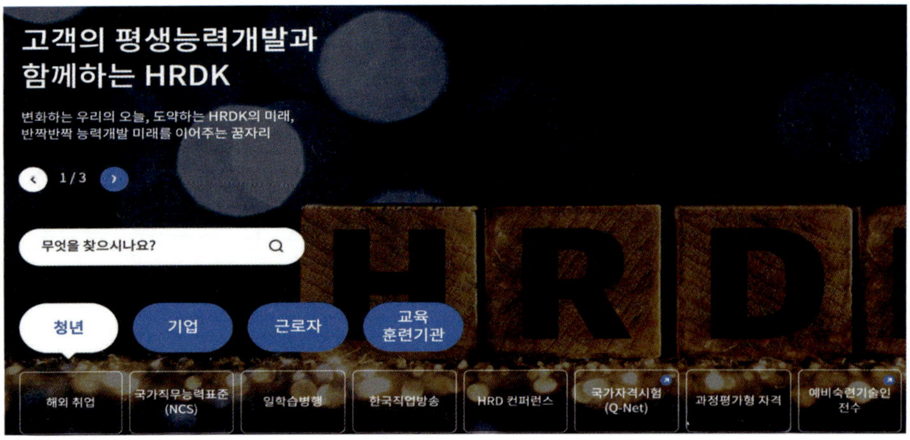

[그림 8-3] 한국산업인력공단(www.hrdkorea.or.kr)

퇴자, 취약계층(경력단절여성, 장애인 등), 제4차 산업혁명 및 신직업 가이드를 제공하고 있다. 국가자격시험(Q-Net) 사업에서는 국가자격시험, 전문자격시험, 자격증 발급 신청 등의 서비스를 제공하고 있다. 특히 자신의 진로대안이 국가 자격이나 전문 자격(예: 세무사, 변리사)이 필요한 경우에는 여기서 제공하고 있는 국가 자격 및 민간 자격 안내를 잘 보고, 이 사이트를 통해서 시험 원서를 제출하여 시험을 보고 자격증을 발급받을 수 있다.

(4) 잡케어

한국고용정보원의 '잡케어(JobCare)'는 개인별 특성이 포함된 빅데이터를 기반으로 직무 역량 중심의 맞춤형 훈련과 직업선택, 진로 설계 및 취업준비 지원을 위한 맞춤형 직업상담 등을 제공하는 서비스이다. 잡케어는 개인들의 직업선택 및 취업준비를 지원해 주는 AI, 데이터 분석 기반의 맞춤형 진로직업상담과 고용 · 노동 데이터를 활용한 직업선택, 취업준비 지원을 위한 맞춤형 직업상담 등을 제공하는 서비스이다.

잡케어는 개인의 진로심리검사, 직업정보 시스템, 직업훈련, 이력, 희망 직종 등을 빅데이터를 활용해 분석한다. 분석을 마치면 구직자는 자신에게 맞는 일자리부터 일자리를 얻기 위해 갖춰야 할 자격과 받아야 할 훈련도 확인할 수 있다. 나아가 자신에게 적합한 직업선택과 진로설계까지 가능하도록 서비스를 구축하고 있다.

2022년 현재 시범 운영 중이지만 2023년부터는 대학일자리플러스센터가 이 서비스를 이용하여 다양한 취업 및 창업 지원을 할 수 있을 것으로 기대된다.

(5) 기타 공공기관 및 민간기관의 취업 사이트

기타 공공기관 및 민간기관의 취업 사이트별 주소와 주요 사업 내용은 다음의 〈표 8-2〉와 같다. 시간이 될 때 각 기관을 방문하여 진로대안에 대한 다양한 정보를 수집하여 사용하면 좋을 것이다.

이 외에도 각종 방송이나 유튜브, 페이스북 등을 통해서도 자신의 진로대안에 적합한 다양한 진로정보를 탐색해 볼 수도 있다. 또한 구글 알리미(Google Alerts) 등 알림 서비스를 이용하여 자신의 진로대안과 관련된 뉴스, 블로그, 비디오 등 원하는 자료를 원하는 시간과 원하는 일자에 구글 메일을 통해서 받아 볼 수 있다.

〈표 8-2〉 기타 공공기관 및 민간기관의 취업 사이트

서비스 기관	주소	비고
잡코리아	www.jobkorea.co.kr	구인, 구직, 채용정보
인크루트	www.incruit.com	실시간 채용정보, 온라인 구직사이트
사람인	www.saramin.co.kr	구인, 구직, 채용정보
고용복지플러스센터	www.workplus.go.kr/index.do	원스톱 고용복지 서비스
여성새로일하기센터	saeil.mogef.go.kr	여성 구직 정보 제공
에듀스	www.educe.co.kr	대기업 취업정보, AI 취업플랫폼
잡플래닛	www.jobplanet.co.kr	기업 랭킹, 채용정보 등
다트	dart.fuss.or.kr	기업 정보
알리오	Alio.go.kr	공공기관 일자리 정보

3) 면담을 통한 탐색

면담을 통한 방법은 크게 네 가지로 구분할 수 있다.

첫째, 특정 직업에 종사하고 있는 직업인과 면담을 통해 진로정보를 수집하는 방법이다. 이 방법은 나의 진로대안과 관련 있는 직업인을 만나서 그 직업에서 하는 일이나 작업 환경, 요구하는 교육이나 자격, 함께 일하는 사람, 업무 수행 과정에서 발생하는 위험이나 어려운 점, 보람 있는 일 등 문서나 인터넷을 통해서 알기 어려운 사항들에 대하여 알아보는 것이다. 가능하면 미리 연락을 해서 일정을 잡고, 미리 질문할 사항을 정리하여 주어진 시간 내에 질문하여 정보를 수집해야 한다. 가능하다면 여러 사람을 만나서 면담을 하면 개인적인 편견이나 개인의 특수한 상황에서 나타날 수 있는 정보의 오류문제를 해결할 수 있을 것이다.

둘째, 기업이나 기관에서 직원 선발을 비롯하여 승진 등 인사를 담당하는 인사 담당자와 면담하는 방법이다. 인사 담당자는 인사와 관련된 경험이 많기 때문에 신규 직원이 갖추어야 할 자격과 역량, 입사 서류 작성 방법과 필기시험 및 면담 시 갖추어야 할 사항 등에 대하여 자세한 안내를 받을 수 있다. 개인적으로 인사 담당자를 접촉하기가 어려우므로 교수님이나 대학의 경력개발센터나 대학일자리플러스센터 등을 통해 소개를 받으면 좋을 것이다.

셋째, 각 지역의 고용복지플러스센터나 대학의 경력개발센터나 대학일자리플러

스센터 등에서 상담 담당 선생님들과 상담을 통해서 진로정보를 얻을 수 있다. 지역이나 대학의 진로 관련 센터에는 직업상담 전문가들이 있기 때문에 개인상담이나 집단상담을 받을 수 있다. 또한 다양한 진로 교육프로그램이 있어서 진로정보 탐색뿐만 아니라 진로준비(예: 이력서 작성법, 자기소개서 작성법, 모의 면접)에 대한 교육도 받을 수 있다.

넷째, 자신의 진로대안이 전공 분야인 경우에는 학과 교수님이나 학과 재학 중인 선배님이나 졸업한 선배님들이 좋은 면담 대상이 될 수 있다. 학과 또는 전공 분야의 교수님은 전공 분야의 학문뿐만 아니라 다양한 인적 교류를 통해서 전공 분야의 직업세계에 대하여 잘 알고 있어 많은 정보를 줄 수 있다. 또한 전공 분야의 선배님들은 유사한 진로를 준비하면서 공부를 하거나 공부를 마치고 직업생활을 하고 있기 때문에 보다 생생한 정보를 얻을 수가 있다.

그 외에도 친인척이나 이웃 중에서 나의 진로대안과 동일하거나 유사한 분야에 종사하고 있는 분들에게도 면담을 통해 좋은 진로정보를 얻을 수 있다.

4) 진로체험을 통한 탐색

(1) 견학

자신의 진로대안과 관련되는 기업이나 기관을 방문하여 필요한 직업정보나 교육정보를 얻는 방법이다. 실제 작업 상황에서 수행되는 일을 직접 관찰하고, 그러한 일에 종사하는 사람들과 이야기를 나누며, 그 직장의 분위기에 젖어 볼 수 있는 기회를 갖는다.

견학은 학과, 대학의 경력개발센터와 대학일자리플러스센터 등을 통해서 기회를 가질 수 있다.

(2) 아르바이트

아르바이트의 사전적 의미는 '학생이나 직장인 등이 돈을 벌기 위하여 학업이나 본업 이외에 하는 일'로, 학업을 본업으로 하는 대학생에게 재학 중의 노동은 '아르바이트'로 간주될 수 있다(박창남, 도종수, 2007).

대학 재학 중에 하는 아르바이트는 수입을 얻는 수단이기는 하지만 진로정보를 탐색하는 데 매우 중요한 수단이기도 하다. 내가 진로대안으로 생각하고 있는 업체나 기관에서 아르바이트를 하게 되면 그 직업에서 주로 수행하는 직무를 이해하게 되고, 함께 일하는 사람들의 유형을 알 수 있으며, 노동의 강도, 필요한 역량과 자격, 요구하는 신체적 조건, 여가 시간 등을 알 수 있다.

아르바이트를 통해 나의 진로대안이 나에게 적합한지 등에 대하여 알 수 있는 계기를 마련할 수 있다.

(3) 현장실습

현장실습은 이론 중심의 대학교육과 실무능력을 중시하는 산업체 수요와의 미스매치 해소를 통해 취업률을 제고할 수 있는 중요한 수단이다. 현장실습을 통해 직업정보를 습득할 뿐만 아니라 실무능력을 배양할 수 있다. 기업은 우수한 인재를 조기에 확보할 수 있고, 중소기업의 경우에는 고용 비용이나 재교육 비용을 절감할 수 있다.

최근 들어 직무능력을 중시하는 산업체의 채용 방식이 변화하고 있고, 각종 대학재정지원 사업을 통한 정부지원 사업(예: LINC사업, IPP(Industry Professional Practice)형 일학습병행제)이 강화되고 있어 현장실습에 참여하는 대학 및 학생, 실습기관이 양적으로 크게 늘어나고 있다.

진로대안과 관련된 기업이나 기관에서 현장실습을 통해 몸소 경험함으로써 진로대안에 대한 다양한 정보를 수집할 수 있고 더 나아가 취업에 필요한 역량을 제고할 수 있을 것이다.

(4) 인턴사원제도

인턴사원제도는 대학 재학생들을 대상으로 졸업 전에 현장 · 실무 경험을 통해 이론과 현실을 접목시키기 위한 교육적 목적으로 시행되는 제도이다(Tovey, 2001). 인턴사원제도는 개인과 기관 모두에게 도움이 되는 전략이 될 수 있다. 인턴사원제도에 참여한 개인에게 있어서는 자신이 가지고 있던 지식과 실무를 접목시킬 수 있다는 장점이 있고, 조직의 입장에서는 상대적으로 낮은 비용으로 기관을 운영할 수 있으며, 잘 훈련된 직원을 채용할 수 있다는 장점이 있다

우리나라의 인턴사원제도는 1997년 금융 위기로 인한 실업문제를 해소하기 위하

여 정부가 주도하여 시작되었지만, 현재 대학생에게는 진로의 탐색과 취업의 일환으로 생각하고, 기업들은 채용의 방편으로 인식하고 있다(노경란, 허선주, 2011; 윤민재, 2014; 이종구, 김병기, 2008).

인턴사원제도를 이용하면 진로대안으로 생각하고 있는 기업이나 기관의 업무를 경험하면서 나에게 적합한 직업인지 확인할 수 있을 뿐만 아니라, 향후 해당 기관에 정규직으로 지원할 때 서류전형에서 가산점을 받을 수 있다는 점도 강점이라고 할 수 있다.

단원 요약

1. 진로정보란 직업을 중심으로 대학원 진학이나 훈련, 그리고 창업이나 창직 등에 대한 정보를 의미한다. 그러나 무엇보다 진로정보의 핵심은 직업과 관련된 정보를 의미하는 직업정보라고 볼 수 있다.

2. 진로정보 탐색의 목적은 자신의 진로대안을 평가하여 자신에게 적합한 진로를 결정하는 데 필요한 정보를 수집하는 것에 목적이 있다.

3. 진로정보의 유형은 수집 방법에 따라 진로정보는 1차 정보와 2차 정보로 구분할 수 있다. 1차 정보는 직업을 관찰하거나, 직업인 설문조사나 인터뷰를 통해 조사하거나, 직접 직업 체험 경험을 통해 새롭게 만들어 내는 정보를 말하며, 2차 정보는 책, 잡지, 정부 간행물, 연구보고서, 신문 등과 같이 이미 공표된 정보를 의미한다. 진로정보는 정보 내용에 따라 개인 특성에 대한 정보, 직업에 대한 정보, 직업 배경에 대한 정보, 교육에 대한 정보 등으로 나누어 볼 수 있다.

4. 진로정보 탐색 방법에는 인쇄매체를 통한 탐색, 인터넷을 통한 탐색, 면담을 통한 탐색, 그리고 진로체험을 통한 탐색 등이 있다.

참고문헌

김수현(2021). 중장기 인력수급 전망 2019-2029. 한국고용정보원.

노경란, 허선주(2011). 대졸 청년층의 직업훈련과 인턴 경험이 경제적 효과 및 일자리 만족에 미치는 영향. 직업교육연구, 30(3), 93-109.

박창남, 도종수(2007). 청소년의 재학 중 아르바이트경험이 학교부적응에 미치는 영향. 청소년학연구, 14(5), 345-374.

워크넷(n.d.). 한국직업사전. https://www.work.go.kr/consltJobCarpa/srch/jobDic/jobDicIntro.do

워크넷(n.d.). 한국직업전망. https://www.work.go.kr/consltJobCarpa/srch/korJobProspect/korJobProspectSrchByJobClList.do

워크넷(n.d.). 한국직업정보. https://www.work.go.kr/consltJobCarpa/srch/jobInfoSrch/srchJobInfo.do

윤민재(2014). 청년층 인턴문화에 관한 연구. 민주주의와 인권, 14(1), 271-305.

이경미, 홍아정(2011). 인턴십을 통한 대학생의 경력탐색과정과 경력인식의 분석과 함의. 직업교육연구, 30(3), 241-266.

이종구, 김병기(2008). 한국기업의 인턴사원제도의 사적 전개과정과 시대별 특성 비교분석에 관한 탐색적 연구. 경영사연구, 23(3), 261-298.

한국고용정보원(2020). 중장기 인력수급 수정전망 2019-2029.

Tovey, J. (2001). Building connections between industry and university: Implementing an internship program at a regional university. *Technical communication quarterly, 10*(2), 225-239.

읽을거리

고용복지플러스센터(n.d.). workplus.go.kr/index.do

사람인(n.d.). www.saramin.co.kr

에듀스(n.d.). www.educe.co.kr

여성새로일하기센터(n.d.). saeil.mogef.go.kr

온라인청년센터(n.d.). 전국 대학일자리(플러스)센터. https://www.youthcenter.go.kr/univJbCetr/univJbCetrList.do

온라인청년센터(n.d.). 청년정책. https://www.youthcenter.go.kr/youngPlcyUnif/popup/youngPlcyUnifCmprList.do

워크넷(n.d.). https://www.work.go.kr/seekWantedMain.do

인쿠르트(n.d.). www.incruit.com

인턴제도 운영 시 주의해야 할 노동법적 이슈-사람인. https://bit.ly/3B7LCgD

인턴제도의 이해와 성공 전략 1편-브런치. https://bit.ly/3eG8dcH

잡코리아(n.d.). www.jobkorea.co.kr

잡플래닛(n.d.). www.jobplanet.co.kr

중소기업 청년취업인턴제-한국산업단지공단. https://bit.ly/3U5piwK

커리어넷(n.d.). https://www.career.go.kr/cnet/front/main/main.do

한국산업인력공단(n.d.). https://www.hrdkorea.or.kr/

한국직업방송(n.d.). https://www.jobplustv.or.kr/index.do

WORLDJOB. (n.d.). https://www.worldjob.or.kr/new_index.do

활동지 8-1

나의 잠정적 진로대안에 대한 정보 탐색하기

■ 나의 1순위 잠정적 진로대안(직업)에 대한 정보 탐색하기

1순위 직업명: ________________		
사전 탐색 참고자료 및 면담자	사전 탐색 참고자료	인쇄매체: 인터넷 사이트: 면담/체험:
	면담자	성명: 직장명: 경력:
직업의 일반적인 사항	하는 일	
	필요한 요건	
	근무 조건	
	취업 경로	
	충원 경로	
	보수체계	
	승진체계	
	장래 전망	
	기타	
직업이 요구하는 개인의 특성 (적합도)	적성	
	흥미	
	성격	
	가치관	
	강점	
	신체적 특성	
	기타	

개인이 기대하는 직업의 특성 (매력도)	기대 임금 충족도	
	직업적 안정성	
	사회적 평판	
	워라밸 가능성	
	발전 가능성	
	승진 가능성	
	사회적 기여 가능성	
	자아실현 가능성	
	기타	

활동지 8-2

나의 잠정적 진로 대안에 대한 정보 탐색하기

■ 나의 2순위 잠정적 진로대안(직업)에 대한 정보 탐색하기

2순위 직업명: ____________		
사전 탐색 참고자료 및 면담자	사전 탐색 참고자료	인쇄매체: 인터넷 사이트: 면담/체험:
	면담자	성명: 직장명: 경력:
직업의 일반적인 사항	하는 일	
	필요한 요건	
	근무 조건	
	취업 경로	
	충원 경로	
	보수체계	
	승진체계	
	장래 전망	
	기타	
직업이 요구하는 개인의 특성 (적합도)	적성	
	흥미	
	성격	
	가치관	
	강점	
	신체적 특성	
	기타	

<table>
<tr><td rowspan="9">개인이
기대하는
직업의
특성
(매력도)</td><td>기대 임금
충족도</td><td></td></tr>
<tr><td>직업적
안정성</td><td></td></tr>
<tr><td>사회적
평판</td><td></td></tr>
<tr><td>워라밸
가능성</td><td></td></tr>
<tr><td>발전
가능성</td><td></td></tr>
<tr><td>승진
가능성</td><td></td></tr>
<tr><td>사회적 기여
가능성</td><td></td></tr>
<tr><td>자아실현
가능성</td><td></td></tr>
<tr><td>기타</td><td></td></tr>
</table>

활동지 8-3

나의 잠정적 진로대안에 대한 정보 탐색하기

■ 나의 3순위 잠정적 진로대안(직업)에 대한 정보 탐색하기

<table>
<tr><th colspan="3">3순위 직업명: ____________________</th></tr>
<tr><td rowspan="2">사전 탐색 참고자료 및 면담자</td><td>사전 탐색 참고자료</td><td>인쇄매체:
인터넷 사이트:
면담/체험:</td></tr>
<tr><td>면담자</td><td>성명:
직장명: 경력:</td></tr>
<tr><td rowspan="9">직업의 일반적인 사항</td><td>하는 일</td><td></td></tr>
<tr><td>필요한 요건</td><td></td></tr>
<tr><td>근무 조건</td><td></td></tr>
<tr><td>취업 경로</td><td></td></tr>
<tr><td>충원 경로</td><td></td></tr>
<tr><td>보수체계</td><td></td></tr>
<tr><td>승진체계</td><td></td></tr>
<tr><td>장래 전망</td><td></td></tr>
<tr><td>기타</td><td></td></tr>
<tr><td rowspan="7">직업이 요구하는 개인의 특성 (적합도)</td><td>적성</td><td></td></tr>
<tr><td>흥미</td><td></td></tr>
<tr><td>성격</td><td></td></tr>
<tr><td>가치관</td><td></td></tr>
<tr><td>강점</td><td></td></tr>
<tr><td>신체적 특성</td><td></td></tr>
<tr><td>기타</td><td></td></tr>
</table>

개인이 기대하는 직업의 특성 (매력도)	기대 임금 충족도	
	직업적 안정성	
	사회적 평판	
	워라밸 가능성	
	발전 가능성	
	승진 가능성	
	사회적 기여 가능성	
	자아실현 가능성	
	기타	

제9장 나의 진로의사결정

개 요

우리는 지금까지 나 이해 활동을 통하여 잠정적 진로대안 3개를 선정하고, 이를 대상으로 정보탐색 활동을 수행하였다. 이러한 활동의 목적은 궁극적으로 나에게 적합한 최적의 진로대안을 결정하기 위한 준비과정이었다고 볼 수 있다.

따라서 이 장에서는 우리가 탐색한 진로대안들을 대상으로 이를 평가할 준거 또는 기준을 선정하고, 이를 토대로 진로대안을 평가한 후에 최적 진로대안을 선택하는 방법에 대하여 알아보기로 한다. 이를 위하여 구체적으로 진로의사결정의 개념과 진로의사결정 유형을 살펴본 후에 진로의사결정 절차와 방법에 대하여 알아보고자 한다.

학습목표

- 진로의사결정의 개념을 이해한다.
- 진로의사결정 유형을 이해한다.
- 진로의사결정의 절차와 방법을 이해한다.
- 진로의사결정 절차와 방법에 따라 자신의 진로의사결정을 수행한다.

주요용어

- 진로의사결정 개념 ■ 진로의사결정 유형 ■ 진로의사결정 수준
- 합리적 진로의사결정 방법

1 진로의사결정의 의의 및 관점

"자신이 해야 할 일을 결정하는 사람은

세상에서 단 한 사람,

오직 나 자신 뿐이다."

-오슨 웰스-

1) 진로의사결정의 의의

프로스트(Robert Frost)는 「가지 않은 길」이라는 시에서 숲속에 두 갈래의 길이 있어서 사람이 덜 다닌 듯한 길을 택했는데, 그로 인해 자신의 운명이 달라졌다고 말하고 있다. 두 길 중에서 하나의 길을 택하고 다른 길은 다음에 걸을 수 있을 거라고 생각했지만 선택한 길은 다른 길로 끝없이 이어져 다시 돌아와 선택하지 않은 길을 걷는 것은 어려울 것이라는 것이다. 우리도 마찬가지로 우리가 선택하는 길은 그 길과 관련되는 또 다른 길들과 연결되어 있어서 우리의 독특한 삶의 궤적을 만들고, 그로 인해 우리는 모두 자신만의 독특한 삶을 만들어 가게 되는 것이다.

우리는 살아가면서 여러 선택의 기로에 서게 된다. 그 선택은 '학교에 갈 때 어떤 옷을 입을까?' 또는 '점심 때 어떤 음식을 먹을까?'와 같은 일상적인 선택에서부터 '어떤 직업을 선택할 것인가' '어떤 회사를 선택할 것인가' '누구와 결혼할 것인가'와 같이 삶에 큰 영향을 주는 선택도 있다. 이러한 선택 중에서 특히 우리의 삶에 큰 영향을 주는 선택을 할 때, 어떤 대안을 선택하느냐에 따라 우리의 삶의 모습이 크게 달라지게 된다.

실제로 우리가 대학의 어떤 전공을 택하느냐에 따라 우리가 공부하게 되는 교과가 결정되고, 만나는 친구들이 결정되고, 또 접하게 되는 교수님들도 결정된다. 또 대학 재학 중에 획득하게 되는 자격과 졸업 후의 학위가 결정되며, 이어 선택할 수 있는 직업과 직장도 결정될 수 있다. 또 그로 인해 만나게 되는 직장인과 직업생활이 결정되며, 아마도 만나서 결혼하게 될 대상 선택에도 영향을 미치게 되고, 우리의 생활 수준과 계층에도 영향을 줄 수도 있다. 결국 전공 선택과 직업 선택에 의해 우리의 삶이 결정되는 것이다. 물론 전공이 마음에 들지 않는 경우에는 전공을 바꾸

든가 복수전공을 하고, 직업이 자신에게 맞지 않는다고 생각이 될 때는 직업을 바꾸는 등의 진로변경을 하는 방법도 있기는 하다. 그러나 그만큼의 시간, 노력과 비용이 더 소요되고, 현실적으로는 여건이 허용되지 않아 시도하지 못하는 경우가 많다. 따라서 우리는 시행착오를 줄이고 기회 비용을 줄이기 위해서는 보다 합리적으로 의사결정을 해야 할 필요가 있다.

진로의사결정이란 우리가 선택할 수 있는 진로대안 중에서 우리의 특성에 가장 적합한 진로대안을 선택하는 과정이라고 할 수 있다. 진로의사결정을 하기 위해서는 나를 이해하는 활동과 진로와 직업 탐색 활동이 필요하다. 우리는 제4, 5, 6장에서 자신의 특성을 이해하기 위한 다양한 활동을 수행하였다. 제7장에서는 자신의 특성에 적합하다고 판단되는 잠정적 진로대안을 3개 선택하였고, 제8장에서는 이 잠정적 진로대안을 중심으로 진로정보를 탐색하였다. 이 장에서는 이러한 활동을 바탕으로 3개의 진로대안 중에서 하나의 최적 진로대안을 선정하는 절차와 방법을 익히고, 더 나아가 실제로 진로의사결정 활동을 수행하고자 한다.

2) 진로의사결정을 보는 관점

진로의사결정은 크게 넓은 의미(광의)로 보는 관점과 좁은 의미(협의)로 보는 관점으로 나눠볼 수 있다. 넓은 의미로 보는 관점은 나 이해 활동과 직업탐색 활동을 토대로 합리적으로 진로를 결정하는 과정으로 보는 관점이라고 할 수 있고, 좁은 의미로 보는 관점은 잠정적 진로대안 중에서 최적의 대안을 선택하는 것으로 국한시켜서 보는 관점이다.

(1) 넓은 의미로 보는 관점

대부분의 의사결정이론에서 논의되는 의사결정 관점은 광의의 관점이다. 즉, 문제의 확인에서부터 시작하여 대안 탐색, 대안 평가, 대안 선택 및 대안 실행에 이르기까지 전 과정을 의사결정으로 보는 관점이다.

가령 Krumboltz와 Hamel(1977)은 다음의 〈표 9-1〉에 제시한 바와 같이 의사결정모형으로 DECIDES 모형을 제시하였다. 이 모형에서 보면 의사결정은 문제가 무엇인지 확인하고, 행동 계획을 수립하여 자신의 가치관을 확인하고, 이에 적합한 대

〈표 9-1〉 Krumboltz와 Hamel의 의사결정모형

D	E	C	I	D	E	S
Define the problem	Establish an action plan	Clarify values	Identify alternatives	Discover probable outcomes	Eliminate alternatives systematically	Start action
문제 정의	행동 계획 수립	가치 명료화	대안의 확인	결과 예측	체계적인 대안 선별	행동 시작

출처: Krumboltz & Hamel (1977).

안을 확인한 다음에 그 대안의 결과를 예측하여 대안을 선택하고, 그에 적합한 행동을 개시하는 일련의 과정으로 설명하였다.

또한 Simon(1966)은 의사결정의 목적에 따라 탐색단계, 설계단계, 선택단계로 나누어 제시하였다. 의사결정은 탐색단계, 설계단계, 선택단계로 보고, 문제해결은 의사결정의 세 단계에 실행단계를 추가한 4단계로 구성하는 것이 일반적이라고 하였다. 이 관점에서도 의사결정은 대안 선택 이외에도 탐색, 설계와 실행까지로 보는 광의의 의사결정 관점이라고 볼 수 있다(김상수, 김영천, 2011).

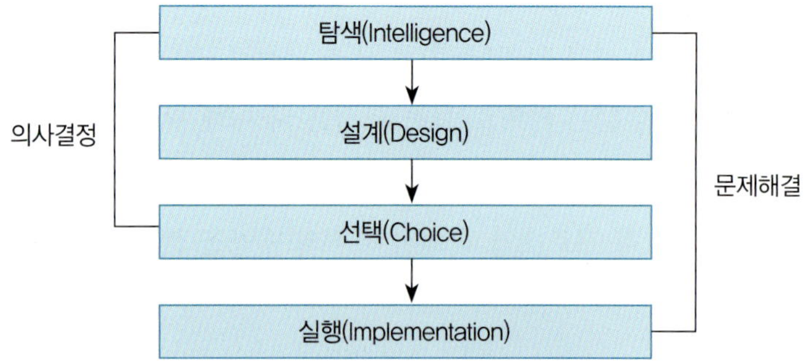

[그림 9-1] Simon의 의사결정 틀

출처: Simon (1966).

한편, 대표적인 진로의사결정 과정 모형 중의 하나로 알려진 Hirschi와 Läge(2007)가 제시한 모형에서 의사결정은 크게 6단계로 나뉜다(〈표 9-2〉 참조). 1단계는 실제적인 의사결정 이전에 이루어지는 단계로서 진로의사결정에 대한 고민이 시작되는 단계이다. 2단계에서는 개인의 흥미, 기술, 가치에 근거하여 가능성 있는 대안을 설정한다. 3단계에서는 심도 있는 탐색이 가능하도록 대안의 수를 축소한다. 4단계에

서는 몇 가지로 축소된 대안들 중에서 결정을 하는 단계이다. 5단계에서는 자신의 선택을 확인하고 선택에 전념하기 시작하는 단계이다. 마지막으로 6단계는 실제적인 의사결정 이후의 단계로서 결정을 확고히 하고 선택에 몰입하는 단계이다.

〈표 9-2〉 Hirschi와 Läge의 진로의사결정 과정 모형

구분	내용
1단계	진로의사결정에 대한 고민을 시작함
2단계	개인의 흥미, 기술, 가치에 근거하여 가능성 있는 대안을 설정함
3단계	심도 있는 탐색이 가능하도록 대안의 수를 축소함
4단계	몇 가지 대안들 중에서 결정함
5단계	자신의 선택을 확인하고, 선택에 대해 전념하기 시작함
6단계	결정을 확고히 하고 선택에 몰입함

출처: Hirschi & Läge (2007).

이와 같이 광의의 진로의사결정은 실제적인 의사결정이 이루어지기 전인 ① 진로의사결정 문제를 확인하는 과정, ② 실제적인 진로의사결정이 이루어지는 상황, 그리고 ③ 실제 진로의사결정 이후의 단계까지 다룬다는 특징이 있다. 대부분의 진로의사결정 모형이나 이론은 이러한 광의의 진로의사결정의 기본 가정을 따른다.

이렇게 진로의사결정을 개념화할 경우에는 진로의사결정이 단순히 최적 대안 또는 만족 대안을 선택하는 것을 넘어 진로의사결정에 이르는 과정과 진로의사결정 이후의 과정까지 포괄한다는 점에서 진로의사결정은 한 순간에 이루어지는 사건이 아니라 합리적인 절차와 방법을 통해 매우 체계적으로 이루어지는 일련의 과정이고, 그 결과라는 것을 시사한다. 다만 진로의사결정 이전의 단계와 진로의사결정 이후의 단계를 포괄한다는 점에서 진로의사결정의 개념을 다소 모호하게 정의하게 되는 문제가 발생하기도 한다.

특히 이 책처럼 진로 디자인의 주요 구성 요소를 삶, 진로 및 직업인식, 나 이해, 진로탐색, 진로의사결정, 진로계획, 진로준비 등으로 나누어 보는 관점에서 보면 진로의사결정은 그 이전과 그 이후와는 구별되는 독립적인 과정 또는 단계로 보는 것이 더 합리적인 관점이라고 볼 수 있다. 이와 같은 관점에서 진로의사결정을 보는 것이 다름 아닌 협의의 진로의사결정이다.

(2) 좁은 의미로 보는 관점

넓은 의미로 진로의사결정을 보는 관점은 진로의사결정 과정을 본격적인 진로의사결정 이전부터 시작하여 진로의사결정 과정 및 진로의사결정 이후의 과정까지 보는 관점이라면, 좁은 의미에서 진로의사결정을 보는 관점은 잠정적 진로대안을 평가하여 잠정적 진로대안 중에서 최적 대안을 선택하는 과정만을 진로의사결정으로 보는 관점이다.

우리는 진로 디자인의 과정을 삶, 진로, 직업의 이해, 나 이해, 잠정적 진로대안 선정, 진로정보 탐색, 진로의사결정, 진로계획, 진로준비, 평가 및 피드백으로 보고 있기 때문에 진로의사결정은 잠정적 진로대안 중에서 최적 대안 하나를 선택하는 관점에서 보고자 한다.

이러한 관점에서 진로의사결정은 최적 대안을 선정하기 위한 과정으로 보고, 구체적으로 진로의사결정 과정을 (1) 진로대안 확인, (2) 진로대안 평가준거 개발, (3) 평가준거별 가중치 부여, (4) 진로대안 평가, (5) 최적 진로대안 선정의 과정으로 개념화하였다.

따라서 후술하는 바와 같이 대안평가 매트릭스 등의 방법을 통하여 최적 진로대안을 선정하게 된다.

여기서 최종적으로 선정하게 되는 진로대안을 최적 대안(optimum option)이라고 보아야 할지, 아니면 만족 대안(satisfying option)으로 보아야 할지 검토해 볼 필요가 있다. 김양렬(2012)과 김상수(2005)가 지적한 바와 같이, 우리가 의사결정을 할 때는 실행 가능한 모든 대안을 파악하고, 그 성과를 평가하여 최적의 대안을 선택하는 것이 가능한 것이냐는 문제에 봉착한다. 이러한 선택의 한계는 인간의 인지능력의 한계나 의사결정 상황의 복잡성, 그리고 정보 탐색 비용 등의 문제로 합리적 선택에 한계가 있게 마련이다. 그러므로 불완전 정보 상태에서 의사결정자는 자신의 인지 한계 내에서 결정을 내릴 수밖에 없다. 최적의 대안을 찾는 것이 불가능하거나 비용이 많이 든다면 최적보다는 만족할 정도의 대안을 선택할 수밖에 없다. 따라서 현실적으로 최적 대안이라는 용어보다는 만족 대안이 적합하다고 볼 수 있다. 다만 이 책에서는 주어진 여건 속에서 선정한 기준이나 목표를 달성할 수 있는 진로대안 중에서 가장 적합한 진로대안을 선택한다는 점에서 만족 대안이라는 용어 대신에 최적 대안이라는 용어를 사용하고자 한다.

2 진로의사결정에서 빠지기 쉬운 심리적 함정

우리의 진로를 합리적으로 결정하기 위해서는 극복해야 할 심리적 함정(trap)이 있다(Tversky & Kahneman, 1974). 다음의 〈표 9-3〉에 제시된 바와 같이, 우리는 첫인상이 좋거나 자신의 스타일에 맞는 대안을 무조건 선호하는 닻 함정(anchoring trap)에 빠지기 쉽다. 또한 변화를 싫어해서 가능한 한 현재 상황을 그대로 유지하려는 현상유지 함정(status-quo trap)에 빠지기 쉽다. 이미 투입한 비용 때문에 특정 진로대안에 집착하는 매몰비용 함정(sunk cost trap)에 빠지기도 한다. 평소에 자기가 한 발언이나 소신을 입증하기 위하여 암암리에 선호하는 대안을 밀거나 선호하지 않는 대안을 배척하는 확신 함정(conforming trap)에 빠진다. 잘못된 시각이나 관점(예: 사농공상)에서 진로대안을 바라보는 프레이밍 함정(framing trap)에 빠지기도 한다. 특정 대안에 대하여 지나친 확신을 가져서 빠지게 되는 과신 함정(over confidence trap)이 있고, 반면에 너무 지나치게 신중하거나 소극적이어서 빠지게 되는 소심 함정(prudence trap)도 있다. 또한 최근에 발생하였거나 기억에 생생하게 남아 있는 좋지 않은 사건 때문에 빠지게 되는 회상능력 함정(recall ability trap)이 있기도 하다.

우리는 일상생활뿐만 아니라 진로의사결정을 할 때에도 이러한 의사결정 함정에 빠져서 불합리한 의사결정을 할 때가 많다. 따라서 우리는 일상생활을 통해 빠졌던 함정에는 무엇이 있는지 분석해 보고, 특히 우리가 선정한 잠정적 진로대안을 선택할 때 어떠한 함정에 빠져 있는지도 검토해 보아야 한다. 우리가 선정한 진로대안이 왠지 좋아 보여서, 내가 선택한 전공이기 때문에, 내가 취득한 자격증 때문에, 내가 중고등학교 때 받았던 상장 때문에, 내가 경험했던 일이기 때문에, 부모님으로부터 은연중에 배운 특정 직업에 대한 부정적 인식의 영향을 받아서인지 검토해 보아야 한다.

그러한 심리적 함정에 빠지는 경우, 우리는 왜곡된 진로의사결정을 할 수밖에 없다. 특히 우리가 어떠한 방식으로 진로의사결정을 하든지 대부분의 경우에 평가준거가 정성적 지표여서 주관이 관여될 여지가 많아 심리적 함정에 빠지기 쉽다. 따라서 늘 8개의 함정에 빠지지 않도록 주의를 기울여야 할 것이다.

〈표 9-3〉 진로의사결정에서 빠지기 쉬운 심리적 함정

심리적 함정	내용
닻 함정 (anchoring trap)	자신의 스타일에 맞는 것이나 첫인상이 좋은 것을 편애한다. 초기에 설정한 가설이나 1차 대안에 후한 점수를 준다.
현상유지 함정 (status-quo trap)	가능한 한 현재 상황을 유지하려는 방향으로 마음이 움직인다. 다른 조건이 동일하다면 큰 변화를 원하지 않는다.
매몰비용 함정 (sunk cost trap)	과거에 이미 투입한 비용에 집착하거나 실수를 만회하고자 한다.
확신 함정 (conforming trap)	자신의 발언이나 소신을 입증하기 위하여 암암리에 선호하는 대안을 밀거나 선호하지 않는 대안을 배척한다.
프레이밍 함정 (framing trap)	문제를 바라보는 시각이나 관점 자체가 적합하지 않다.
과신 함정 (over confidence trap)	특정 대안에 대하여 지나친 확신을 가지고 있으며, 따라서 다른 대안에 별 관심을 주지 않는다.
소심 함정 (prudence trap)	매사에 지나치게 신중하거나, 비관적이거나, 소극적이다. 모든 대안이 전혀 마음에 들지 않는다.
회상능력 함정 (recall ability trap)	최근에 발생하였거나 기억에 생생하게 남는 사건에 영향을 받는다.

출처: Tversky & Kahneman (1974).

3 진로의사결정의 유형

Ackoff 등(1978)은 진로의사결정자의 유형을 문제를 무시하고 피하는 의사결정자(inactive problem solver), 과거의 해결 방식을 이용하는 수동적(reactive) 의사결정자, 도전하며 새로운 변화를 추구하는 매우 활동적인(hyperactive) 의사결정자, 미래의 문제를 예측하고 대응 방안을 미리 대비하는(proactive) 의사결정자, 문제를 일상적인 업무 과정의 일환으로 받아들이는 상호작용하는(interactive) 의사결정자로 구분하였다.

한편 Harren(1979)은 의사결정 유형에 대한 가장 포괄적이고 영향력 있는 모델을 제시하였다. 그녀는 대학생을 대상으로 진로의사결정 유형과 관련된 다양한 연구를 하였는데, 합리적 유형(rational style), 직관적 유형(intuitive style), 의존적 유형(dependent style)의 3가지 유형으로 의사결정 유형을 구분하였다. 이 3가지 유형은

의사결정 과업에서 사용되는 태도와 행동의 체계에 따라 구분된다. 즉, 의사결정에 대해 개인이 책임을 지는 정도와 감정보다 논리적 접근을 사용하는 정도에 의해 구분된다. 각 유형에 대한 보다 자세한 설명은 다음과 같다.

첫째, 합리적 의사결정 유형은 의사결정을 할 때 자신과 상황에 대하여 현실적으로 평가하는 유형이다. 합리적 의사결정자는 활용할 수 있는 정보에 기초하여 사려 깊고 합리적인 방식으로 의사를 결정한다. 합리적 의사결정 유형의 특징은 의사결정 시 보다 장기적인 전망을 가지고 결정의 결과를 예견하며, 논리적으로 인식하고 결정하는 데 있다. 또한 자신의 결정에 책임을 지려고 한다.

둘째, 직관적 의사결정 유형은 의사결정 시 자신과 상황에 대하여 개인의 느낌, 감정, 정서를 중요시하여 평가하는 유형이다. 직관적 의사결정 유형은 현재의 느낌, 감정, 정서를 중시하고, 결정의 결과를 예견하지 않고 상상을 이용한다. 즉, 직관적인 의사결정자는 의사결정 시 활용할 수 있는 정보를 합리적으로 평가하기보다는 환상(fantasy)이나 느낌(feeling) 및 상상력을 이용한다. 하지만 직관적인 의사결정자도 합리적인 의사결정자와 마찬가지로 자기가 내린 결정에 대하여 책임을 진다.

셋째, 의존적 의사결정 유형은 의사결정 시 자신이 내린 결정에 대하여 책임을 지지 않고 외부에 책임을 전가하는 유형이다. 의존적 의사결정자는 자신의 진로에 대한 의사를 결정하기 위하여 다른 사람들, 가령 부모나 진로 상담가의 조언을 적극 수용한다. 의존적 의사결정자는 수동적이고, 동조적이며, 사회적 승인을 받으려고 노력하고, 자기가 처한 환경을 제한적이고 한정적인 것으로 지각한다. 또한 다른 사람의 도움을 적극 수용함으로써 의사결정과 관련된 불안을 감소시키는데, 이에 따라 개인적인 만족감을 충족시키지 못하는 경우가 종종 있다.

Harren(1979)의 의사결정 유형에 따라 합리적 유형, 직관적 유형, 의존적 유형의 내용과 특징, 의사결정 형태, 장점, 단점을 살펴보면 다음 〈표 9-4〉와 같다.

이러한 의사결정 유형은 개인의 고유한 특성이기도 하지만 상황에 따라 달라지기도 한다. 개인이 자신과 환경에 대한 정보를 어느 정도 숙지하고 있을 때 합리적 의사결정이 가능하다. 반면, 자신에 대해서는 어느 정도 알고 있지만 환경에 대한 정보는 알고 있지 못하다면 직관적 의사결정을 하게 될 것이고, 자신에 대해서는 잘 알지 못하고 환경에 대한 정보만 가지고 있다면 의존적 의사결정을 하게 될 것이다.

〈표 9-4〉 Harren의 진로의사결정 유형

구분	합리적 유형	직관적 유형	의존적 유형
내용	• 자신의 욕구와 환경을 고려하여 다양한 대안을 검토 후 결정	• 자신의 의식세계 밑에 있는 직관(옳다고 느껴지는 것)에 의해 결정	• 타인이나 환경의 기대와 요구 등에 따라 결정
특징	• 자신과 환경에 대한 현실적 · 합리적 평가 • 예견되는 상황에 관한 정보를 수집하여 미리 준비	• 자신과 환경에 대한 감정적(fantasy, 감정, 상상력) · 편견적 평가(정보 수집, 대안 검토, 결과에 대한 예견 등이 거의 수반되지 않음)	• 타인의 조언을 적극적으로 수용하고, 자신의 결정에 대한 책임과 의무는 부정 • 불안감이 해소되나 만족감도 감소
의사결정 형태	• 계획적인 의사결정	• 올바른 의사결정이 될 가능성이 낮음	• 수동적인 의사결정
장점	• 신중하고 합리적이다. • 실패할 확률이 낮다. • 자신의 결정에 책임진다. • 심리적 독립과 성장에 도움이 된다.	• 시간이 적게 든다. • 자신의 결정에 책임진다. • 돌발 상황에 대처하는 데 유리하다.	• 사소한 일을 결정할 때 적합하다. • 잘 모르는 문제를 결정할 때 적합하다. • 주변의 저항을 덜 받는다.
단점	• 시간이 많이 든다. • 지나치게 신중을 기하는 경우에는 기회를 놓칠 수도 있다. • 돌발 상황에서는 적용하기 힘들다.	• 실패할 확률이 높다. • 일관성을 요구하거나 장기적인 일에는 적합하지 않다. • 자신의 인생에 중요한 영향을 미치는 일에는 적합하지 않다.	• 실패를 했을 때 남의 탓을 하기 쉽다. • 자신의 인생에 중요한 영향을 미치는 일에는 적합하지 않다. • 소신 있게 자신이 원하는 결정을 하지 못한다.

이처럼 합리적 의사결정을 위해서는 정보 획득이 전제되어야 하고, 정보 획득을 위해서는 많은 시간과 에너지가 소요되기도 한다. 그러므로 상황에 따라서, 혹은 결정해야 될 사안의 성격과 중요성에 따라서 적절한 의사결정 유형이 달라지기도 한다. 예를 들면, 시간적인 여유가 전혀 없이 결정을 내려야 하는 경우, 시간과 노력을 많이 투입해 결정할 만큼 중요하지 않은 경우, 정보의 획득이 불가능하여 정보가 전혀 없이 결정해야 하는 경우에는 합리적 의사결정을 내리기가 어렵다.

그러나 우리가 진로의사결정을 하는 경우에는 가능한 합리적인 의사결정을 할 수 있도록 노력해야 할 것이다.

4 합리적인 진로의사결정의 방법

1) 합리적 진로의사결정의 접근 방법

의사결정을 하는 사람은 완벽하게 합리적으로 의사결정을 할 수도 있고, 제한된 범위 내에서 의사결정을 하기도 한다. 전자를 합리적 의사결정이라고 하고, 후자를 제한적인 합리적 의사결정이라고 한다. 경제학이나 통계학 등의 분야에서는 완벽한 합리적 의사결정을 추구한다. 그러나 심리학이나 진로 분야에서는 제한적인 합리적 의사결정을 추구한다.

인간이 완벽하게 합리적으로 의사결정을 할 수 있는 경우는 많지 않다. 완벽하게 의사결정을 하기 위해서는 우리가 문제를 완벽하게 알아내거나 문제를 해결할 수 있는 모든 대안을 찾아낼 수 있는 경우, 의사결정에 필요한 평가기준과 가중치를 명확히 찾아내어 대안의 결과를 정확하게 평가하고, 매우 객관적인 관점에서 대안을 선정할 수 있어야 한다. 이와 같이 의사결정에 필요한 조건을 완벽하게 갖추었을 때 우리는 최적 대안(optimal solution)을 구할 수 있다. 실제로 경영 분야에서 선택 가능한 모든 은행 상품의 조건을 모두 비교 평가해서 수익률이 가장 높은 은행 상품을 찾아내는 것이 대표적인 최적해라고 볼 수 있다.

그러나 실제로 의사결정자가 합리적으로 의사결정을 할 수 있는 상황은 매우 제한적이다. 대부분의 경우, 의사결정을 할 시간과 비용이 제한되어 있고, 정보가 부족하며, 대안의 결과를 정확하게 추정하기 어렵다. 따라서 현실적으로 의사결정자의 합리성이 제한될 수밖에 없기 때문에 최적해를 구하기보다는 만족 대안(satisfying solution)을 구하는 수밖에 없다. 최적 대안을 찾는 것이 불가능하거나 비용이 많이 든다면 최선보다는 만족 대안을 찾을 수밖에 없다. 여기서 만족해란 의사결정자가 설정한 기준이나 목표를 달성할 수 있는 만족할 만한 대안 중에서 가장 좋은 대안을 선택하는 경우를 말한다고 볼 수 있다(김상수, 2005; 김양렬, 2012).

진로대안을 결정할 때에도 마찬가지이다. 진로의 최적 대안을 구하기는 쉽지 않다. 진로정보나 비용, 그리고 시간이 제한된 상황에서 최적의 진로대안보다는 수용가능한 만족할 만한 진로대안을 찾는 것이 현실적이다. 따라서 최적 대안이라는 용어보다는 만족 대안이 적합하다고 볼 수 있지만 앞서 언급한 바와 같이 진로대안 중에서 가장 적합한 진로대안을 선택한다는 점에서 만족 대안이라는 용어 대신에 최적 대안이라는 용어를 사용하고자 한다.

2) 진로대안 평가 매트릭스 기법을 사용한 진로의사결정

우리는 제7장에서 잠정적 진로대안을 선정하는 방법에 대하여 공부한 적이 있다. 1:1 비교법과 SWOT 분석 방법을 간략히 알아보고, 가중치 평가기법을 이용하여 진로대안을 평가하고, 3개의 잠정적 진로대안을 선정한 바가 있다. 이 기법들을 모두 최적 진로대안을 선정할 때도 활용할 수 있다. 그러나 여기서는 새로운 '진로대안 평가 매트릭스 기법'을 이용하여 최종 진로대안을 선택해 보고자 한다.

이 기법은 대안의 매력도 측면과 적합성 측면에서 대안을 평가하고 선택하는 기법이다(김상수, 김영천, 2011). 이 방법은 매트릭스를 활용해서 시각화하기 때문에 대안을 평가하고 선택하는 데 효과적이다. 이 기법은 주로 경영 분야에서 사용되고 있지만, 이 기법을 잠정적인 진로대안 결정에 적용해 볼 수 있다.

〈표 9-5〉 제7장과 제9장의 진로의사결정 방법 비교

구분	제7장의 잠정적 진로대안들의 선정 방법	제9장의 최적 진로대안의 선정 방법
의사결정 기법	가중치 평가기법	평가 매트릭스 기법
기본 관점	One-way	Two-way
	선	면
	한 가지 관점의 축	두 가지 관점의 축
주안점	나의 특성에 중점	나의 특성과 진로대안의 속성 모두에 중점

진로대안 평가 매트릭스 기법은 진로대안을 평가할 준거를 크게 다음과 같이 적합도와 매력도로 나누어 생각해 볼 수 있다.

'적합도'는 자신의 특성이 진로대안에서 요구하는 조건에 얼마나 적합한지를 의미한다. 따라서 적합도의 준거는 자신의 적성, 흥미, 성격, 가치관, 강점, 전공, 학업성적, 이수과목 및 경험, 신체적 조건 등의 제반 특성이 해당된다. 자신의 특성에 대한 이해는 우리가 제4, 5, 6장에서 주로 살펴본 내용과 관련되는데, 자신의 진로대

안을 선택하기 위해서는 자신의 특성을 정확히 이해하여 자신에게 어떠한 진로대안이 적합한지를 파악해야 한다.

'매력도'는 **진로대안의 속성**이 자신에게 얼마나 매력적인지를 의미한다. 따라서 매력도의 준거는 입직 가능성, 임금, 안정성, 사회적 평판, 워라밸, 발전 가능성, 승진체계, 사회 기여, 자아실현 정도 등을 들 수 있다. 자신의 진로대안을 최종적으로 선택하기 위해서는 진로대안의 어떠한 속성들이 진로를 선택할 때 일반적으로 고려되고, 그중에서 나 자신은 어떠한 진로대안 속성에 주안점을 두는지 파악해야 한다.

적합도는 취업지원 전에는 자신의 특성에 적합한 진로대안이 무엇인지를 파악하여 진로대안을 선택하므로 지원자의 주된 관심이 되고, 면접 등 취업 과정 중에는 면접관들이 지원자가 진로대안에 적합한지를 파악하게 되므로 면접관이나 고용주의 주된 바람(관심 또는 평가사항)이 된다. 반면에 매력도는 취업지원 전이나 후나 지원자의 주된 바람(관심 또는 평가사항)이 된다.

적합도와 매력도 모두를 충족할 수 있는 진로대안을 선택해야만 개인의 직업만족도가 높고, 또한 높은 성과를 낼 수 있으므로 그 진로대안에 계속 종사하게 된다. 하지만 적합도가 높고 매력도가 낮으면 개인은 더욱 매력 있는 진로대안으로 이직을 하게 된다. 반면에 매력도가 높고 적합도가 낮으면 개인은 그 직업에 종사하기 원하지만 성과를 내기 어려워 해고를 당하기 쉽다. 따라서 최종적인 진로의사결정 시에는 적합도와 만족도가 동시에 고려되어야 한다. 참고로 진로발달이론 중의 하나인 직업적응이론(theory of work adjustment)에서의 개인의 만족(satisfaction)은 매력도와 관계가 있고, 고용주의 충족(satisfactoriness)은 적합도와 관련이 있다. 즉, 적합도는 개인의 성과를 위한 **고용주의 주된 바람**이고, 매력도는 대우나 복지후생 등에 관한 사항으로 고용주에 대한 **개인의 주된 바람**이라고 할 수 있다.

〈표 9-6〉 적합도와 매력도의 비교

구분	적합도	매력도
개념	나의 특성에 적합한 직업인지(직업에 대한 나의 적합 정도)와 동시에 직업 특성에 내가 적합한지(나에 대한 직업의 적합 정도)를 나타내는 지표	직업의 속성이 내가 바라는 대우 및 복지후생 등을 제공하는지를 나타내는 지표
시점과 내용	진로설계 시 내가 파악해야 할 나의 특성	진로정보 탐색 시 내가 파악해야 할 직업의 속성
가장 알고 싶은 사람	취업 시 고용주가 알고 싶은 나의 특성	취업 시 내가 알고 싶은 직업의 속성
높은 경우	적합도가 높으면 본인뿐만 아니라 고용주가 선호하고, 높은 성과가 예측됨	매력도가 높으면 개인이 그 직업에 계속 종사하고 싶은 의도와 관련이 높음
낮은 경우	적합도가 낮으면 개인이 그 진로대안을 선택하지 않을 뿐만 아니라, 취업 및 고용되기도 어려움	매력도가 낮으면 지원자를 구하기 어려움
준거(예시)	적성, 흥미, 성격, 가치관, 강점, 전공, 학업성적, 이수과목 및 경험, 신체적 조건 등	입직 가능성, 임금, 안정성, 사회적 평판, 워라밸, 발전 가능성, 승진체계, 사회 기여, 자아실현 정도 등

5 진로대안 평가 매트릭스를 이용한 진로의사결정의 실제

이 모형을 이용하여 최적 진로대안을 결정한 사례를 살펴보면 다음과 같다.

첫째, 직업대안에 자신이 선정한 진로대안을 적는다.

둘째, 적합도와 매력도 각각의 총점을 적는다. 이때 두 총점의 합계는 100이 된다.

셋째, 적합도와 매력도 각각의 평가기준을 적는다. 이때 일반적인 평가기준이 아니라 자신이 중요하게 고려하는 기준들을 적는다.

넷째, 적합도와 매력도 각각의 세부 평가기준별 가중치를 적는다. 이때 적합도의 세부 평가기준별 가중치 합계는 적합도 총점과 같아야 하고, 매력도의 세부 평가기준별 가중치 합계는 매력도 총점과 같아야 한다.

다섯째, 각 세부 평가기준별 가중치를 만점으로 했을 때 각 진로대안별 점수를 적는다.

여섯째, 각 진로대안별 적합도 총점, 매력도 총점, 전체 총점을 계산하여 적는다.

매력도와 적합도의 합산 점수를 합한 것이 각 진로대안의 총 합계 점수이다. 여기에서 가장 점수가 높은 진로대안이 가장 만족스러운 진로대안이다.

〈표 9-7〉은 이러한 과정을 통해서 최종 진로대안(회계사)을 결정한 결과를 보여주고 있다.

〈표 9-7〉 **진로대안 평가 매트릭스를 통한 진로대안 비교(예시 자료)**

평가기준		가중치	진로대안		
			공무원	회계사	기자
적합도	적성	15	11	12	12
	흥미	15	11	13	12
	성격	10	7	9	8
	가치관	10	9	9	8
	계	**50**	**38**	**43**	**40**
매력도	입직 절차	15	8	13	11
	임금	10	7	9	8
	안정성	10	7	9	8
	워라밸	15	11	13	12
	계	**50**	**33**	**44**	**39**
총점		**100**	**71**	**87**	**79**

일곱째, 적합도와 매력도 점수를 기준으로 진로대안 평가 매트릭스에 표현한 결과는 [그림 9-2]와 같다. [그림 9-2]에 제시된 바와 같이, 진로대안 평가 매트릭스는 시각적으로 진로대안 간의 상대적 위치를 비교하기가 쉽고, 이 결과를 부모님이나 교수님, 친구 등 나의 진로에 관심을 갖고 있는 사람들과 논의하거나 검토하는데 활용하기가 좋다.

높음			회계사
매력도			기자
낮음		공무원	
	낮음	**적합도**	높음

[그림 9-2] 진로대안 평가 매트릭스(예시 자료)

단원 요약

1. 나 이해 활동을 통하여 선정된 잠정적 진로대안 탐색 결과를 토대로 최적 진로 대안을 찾는 과정을 진로의사결정이라고 할 수 있다.

2. 진로의사결정을 넓은 의미로 정의하면, 진로문제의 확인에서부터 시작하여 진로대안 탐색, 진로대안 평가, 진로대안 선택 및 진로대안 실행에 이르는 전 과정을 의미한다. 대부분의 진로의사결정 이론과 모형에서 채택하고 있는 관점이다. 진로의사결정을 좁은 의미로 정의하면, 진로대안을 평가할 수 있는 기준 또는 준거를 마련하여 진로대안을 평가하고 만족할 만한 진로대안을 선택하는 것을 의미한다. 이 책에서는 진로의사결정은 잠정적 진로대안 중에서 최적 대안 하나를 선택하는 과정에 국한하여 개념을 정의하였다.

3. 우리의 진로를 합리적으로 결정하기 위해서는 극복해야 할 심리적 함정(trap)이 있다. 극복해야 할 함정에는 닻 함정(anchoring trap), 현상유지 함정(status-quo trap), 매몰비용 함정(sunk cost trap), 확신 함정(conforming trap), 프레이밍 함정(framing trap), 과신 함정(over confidence trap), 소심 함정(prudence trap), 회상능력 함정(recall ability trap) 등이 있는데, 진로의사결정을 할 때에도 이러한 함정에 빠지지 않도록 해야 한다.

4. 진로의사결정 유형은 관점에 따라 다양하게 분류되는데, 대표적인 분류는 Harren (1979)의 분류이다. 그녀는 자신과 상황에 대한 정확한 정보를 활용하여 신중하게 의사결정을 하며, 그 결과에 책임을 지는 유형인 합리적 의사결정자(rational style), 환상과 감정에 기초하여 신속하게 결정을 하지만 그 결과에 책임을 지는 유형인 직관적 의사결정자(intuitive style), 그리고 타인의 기대에 따라 수동적으로 결정하고 결과에 책임을 지지 않는 유형인 의존적 의사결정자(dependent style)로 유형을 구분하였다. 여기서는 합리적 의사결정 유형을 바람직한 의사결정자라는 기본적인 가정을 가지고 있다.

5. 진로의사결정 방법 중 진로대안 평가 매트릭스 기법은 각 진로대안의 적합도 측면과 매력도 측면에서 진로대안을 비교 평가하여 선정하는 기법을 말한다.

참고문헌

김양렬(2012). 의사결정론. 서울: 명경사.

김상수(2005). 창의적 문제해결과 의사결정. 서울: 명경사.

김상수, 김영천(2011). 창의적 문제해결과 의사결정. 서울: 도서출판청람.

이국희(2011). 비즈니스 컨설팅. 경기: 법문사.

Ackoff, R. L., Green, T. B., Lee, S. M., & Newsom, W. B. (1978). *Beyond problem solving.* Londond and New York.

Harren, V. A. (1979). A model of career decision-making for college students. *Journal of Vocational Behavior, 14,* 119-133.

Hirschi, A., & Läge, D. (2007). The relation of secondary students' career-choice readiness to a six-phase model of career decision making. *Journal of Career Development, 34*(2), 164-191.

Jones, K. L. (1989). Measuring a three-dimensional construct of career indecision among college students. *Journal of Counseling Psychology, 36*, 477-486.

Kelly, K. R., & Lee, W. C. (2002). Mapping the domain of career decision problem. *Journal of Vocational Behavior, 61*, 302-326.

Krumboltz, J. D., & Hamel, D. A. (1977). *Guide to career decision-making skills*. Career Skills Assessment Program of the College Entrance Examination Board.

Simon, H. A. (1966). Theories of decision-making in economics and behavioural science. *Surveys of economic theory* (pp. 1-28). Palgrave Macmillan, London.

Tversky, A., & Kahneman, D. (1974). Judgment under uncertainty: Heuristics and biases. Biases in judgments reveal some heuristics of thinking under uncertainty. *science, 185*(4157), 1124-1131.

활동지 9-1

진로대안 평가 매트릭스 기법을 활용하여 최적 진로대안 결정하기

■ 진로대안 평가 매트릭스 기법을 이용하여 최적 진로대안을 결정해 보자.

■ 진로대안 평가 매트릭스를 이용하여 최적 진로대안 결정하기

평가기준		가중치	잠정적 진로대안		
적합도	적성				
	흥미				
	성격				
	가치관				
	계(A)				
매력도	입직 절차				
	임금				
	안정성				
	워라밸				
	계(B)				
총점 = A+B					

활동지 9-2

진로대안 평가 매트릭스 작성

■ 적합도와 매력도 점수를 기준으로 진로대안 평가 매트릭스에 표시해 보자.

높음			
매력도			
낮음			
	낮음	**적합도**	높음

활동지 9-3

최적 진로대안의 결정 및 결정 근거 생각해 보기

■ 적합도와 매력도 측면에서 가장 높은 점수를 획득한 최적 진로대안 1개를 적고, 그 대안을 결정한 근거나 이유에 대하여 기술해 보자.

최적 진로대안	결정한 근거나 이유
	1.
	2.
	3.
	4.
	5.

제4부

진로계획 및 준비

제10장 나의 진로계획 Ⅰ: 진로비전체계 개발하기

제11장 나의 진로계획 Ⅱ: 진로실행계획 세우기

제12장 나의 진로준비 Ⅰ: 직업능력 준비하기

제13장 나의 진로준비 Ⅱ: 구직능력 준비하기

제4부에서는 진로의사결정을 통해 선정된 최종 진로대안을 중심으로 진로계획을 수립하고 진로준비를 하는 방법을 다룬다. 먼저, 진로계획 단계에서는 진로비전체계를 개발하고 이를 구현할 수 있는 구체적인 진로실행계획을 수립한다. 이어 진로준비를 위하여 먼저 자신의 기초직업능력과 직무수행능력 등의 직업능력을 확인하고 강화하기 위한 방안을 탐색하며 또한 이력서, 자기소개서, 면접 등 실질적인 구직능력을 함양하기 위한 방법을 탐구한다.

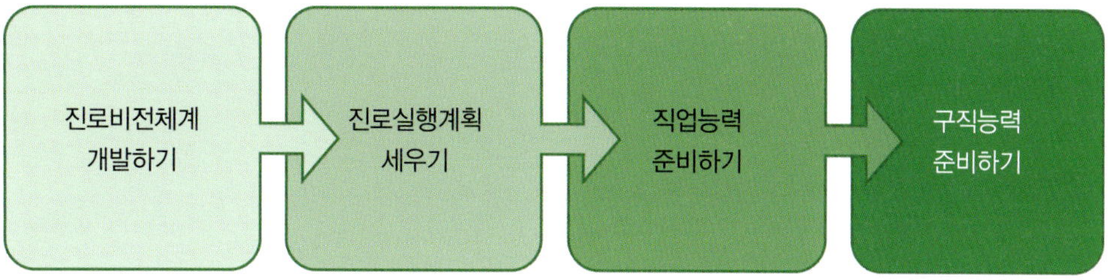

제10장 나의 진로계획 I: 진로비전체계 개발하기

개 요

앞 장에서 우리는 3개의 잠정적 진로대안 중에서 하나의 최적 진로대안을 선정하였다. 이제 우리가 선택한 최적 진로대안을 구현하기 위해서는 이 진로대안을 중심으로 비전체계를 세워 보고, 그 다음에는 이 비전체계를 구현할 수 있는 실행계획을 수립해야 한다.
따라서 이 장에서는 우리가 선택한 진로대안을 중심으로 비전체계를 세워 보는 데 중점을 두고 논의를 하고자 한다. 이 최적 진로대안과 관련하여 나의 미션과 비전을 설정하고, 가치와 목표를 설정하고, 이를 실천할 수 있는 전략을 수립하고 이에 필요한 세부 과제를 도출해 보는 활동을 수행해 보고자 한다.

학습목표

- 진로비전체계를 이해한다.
- 진로비전체계 사례를 분석한다.
- 나의 진로비전체계를 개발한다.
- 나의 진로비전체계를 평가한다.

주요용어

▪ 진로비전 ▪ 진로미션 ▪ 진로핵심가치 ▪ 진로목표 ▪ 진로전략 ▪ 진로과제
▪ SWOT ▪ 만다라트

1 진로비전체계의 개념

"만일 당신이 배를 만들고 싶다면 사람들을 모아 목재를 가져오게 하되, 구체적으로 일을 지시하지 마라. 그 대신 그들에게 저 넓고 끝없는 바다에 대한 동경심을 키워 주라."

- 생텍쥐페리-

우리는 지금까지 나의 이해를 바탕으로 진로대안의 정보 탐색, 그리고 진로의사결정 단계를 거치면서 나에게 가장 적합하다고 판단되는 최적 진로대안을 선정하였다. 그러면 다음 단계에서는 무엇을 해야 할까?

우리는 그 진로대안을 성공적으로 구현하기 위하여 계획을 수립하는 단계에 와 있다. 마치 건축가가 건물을 짓기 위하여 설계도를 만들고, 광고 기획자가 광고 카피를 만들기 위하여 시나리오를 작성하듯이 우리가 선택한 진로대안을 위한 설계도나 시나리오를 작성해야 우리의 진로대안을 성취할 확률을 높일 수 있다.

우리의 진로를 계획하기 위해서는 두 단계의 노력이 필요하다. 첫 번째 단계는 우리가 선택한 진로대안의 비전체계를 세워 보는 일이다. 이 단계는 내가 선택한 진로대안과 관련하여 전체 큰 그림을 그려 보는 단계이다. 비전과 미션을 생각해 보고, 이 비전과 미션을 달성하는 데 필요한 간이역들인 목표를 살펴보고, 이러한 목표를 달성하기 위한 전략을 구체화하고, 또한 실행할 세부 과제를 확인하는 활동이 요구된다. 두 번째 단계는 첫 번째 단계에서 수립한 비전체계를 구체적으로 실행하기 위한 계획을 수립하는 단계이다. 즉, 비전체계를 통해 도출된 비전과 미션과 목표와 세부 과제들을 언제, 어떠한 전략을 통해 구현할 것인지에 대하여 세부 실행계획을 수립하는 단계이다.

이 장에서는 진로계획 수립의 첫 번째 단계인 비전체계 수립 방법을 중심으로 논의하고자 한다. 비전체계를 수립하기 위해서는 다음과 같은 질문에 답을 할 필요가 있다.

- 내가 선택한 진로대안을 통해 어떤 미션(mission) 또는 사명을 이룰 것인가?
- 나는 이 진로대안을 통해 궁극적으로 어떤 이상적인 상태(vision)에 도달하고자 하는가?

• 내가 중시하는 핵심가치(core value)는 무엇인가?
• 이러한 미션과 비전을 이루기 위하여 어떤 진로목표(career goal)를 선정할 것인가?
• 진로비전과 진로목표를 어떠한 전략(strategy)을 통하여 도달할 것인가?
• 그리고 어떤 구체적인 과제(task)와 활동을 통하여 이루어 나갈 것인가?

이러한 비전체계가 선정이 되어야 우리는 왜, 어디로 가야 하고, 어떤 정거장을 거쳐 가야 하며, 어떤 방법을 통해서 어떤 활동을 통해 그 목적지에 도달할지를 알 수 있으며, 이러한 것이 확정이 되어야 이를 구체적으로 실행할 수 있는 계획을 수립할 수 있다.

[그림 10-1]은 진로비전체계의 얼개를 보여 준다. [그림 10-1]에서 보는 바와 같이 진로비전체계는 계층 구조를 가진다. 즉, 일차적으로 미션과 비전을 정의한다. 그리고 미션과 비전을 달성하기 위한 중간단계의 목표인 중장기 목적과 단기 목표를 설정한다. 그리고 각 목표를 달성할 전략과 실행과제를 도출한다.

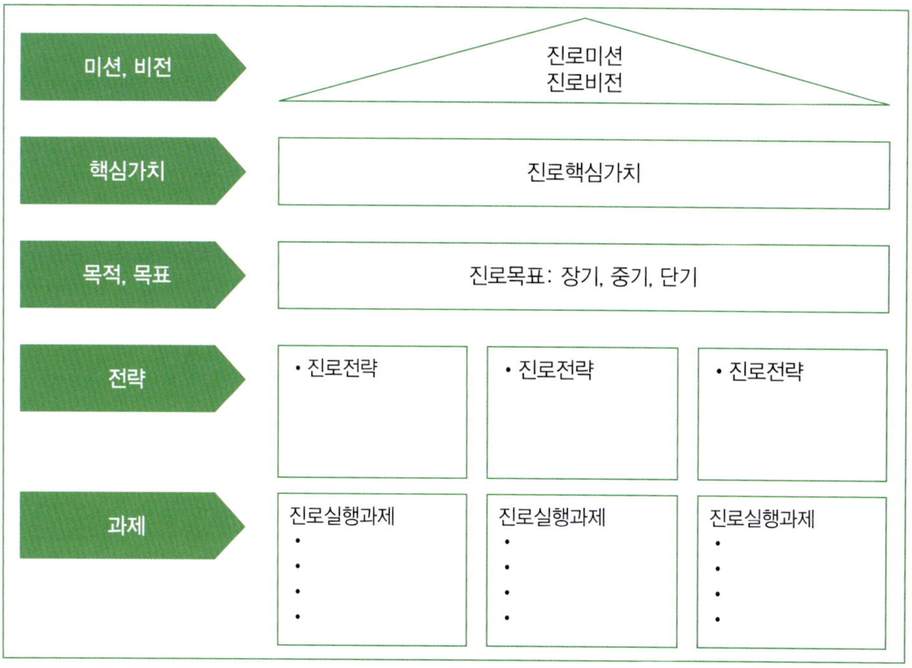

[그림 10-1] 진로비전체계

2 진로비전체계의 구축 방법

진로비전체계의 내용은 관점에 따라 차이가 있지만 일반적으로 진로미션, 진로비전, 진로핵심가치, 진로목표, 진로전략, 진로과제 등으로 구성된다.

1) 진로미션

미션(mission)이란 존재하는 근본 목적을 의미한다. 다시 말하면 태생적 소명(what it should be)이나 지켜야 할 책임을 강조한다. 미션은 비전체계에서 가장 상위의 개념이다. 모든 조직이나 개인에게는 항상 미션이 존재한다.

미션은 개인이나 조직이 왜 존재하는가를 정의한다. 3M의 미션은 "풀리지 않는 문제들을 혁신적으로 해결하자"이다. 3M은 존재의 이유를 이렇게 간단하고 강력하게 미션으로 설정함으로써 수많은 문제를 해결할 수 있는 제품을 만들 수가 있었다. 또한 월마트는 그들의 미션을 "부자들이 구매하는 것과 똑같은 것을 일반 사람들도 구매할 수 있는 기회를 제공하자"라고 정의했다. 이러한 월마트의 미션으로 일반인들이 부자처럼 다양한 물건을 월마트에서 구입할 수 있는 기회를 갖게 되었다.

개인도 마찬가지이다. 어떤 사람의 미션은 타인의 안녕과 복지를 위하여 일하는 데 두기도 하고, 어떤 사람은 지구 생물종들의 안녕과 복지를 자신의 미션으로 두고 있기도 하다. 예컨대, 슈바이처나 이태석 신부의 미션은 어려운 아프리카 사람들이 건강하고 행복한 삶을 사는 데 기여하는 것이었으리라.

Niven(2002)은 미션은 변화를 불러일으킬 수 있는 것이어야 하고, 본질적으로 장기적이어야 하며, 쉽게 이해하고 의사소통을 할 수 있는 것이어야 한다고 하였다. 이러한 미션 기술서의 주요 예는 다음과 같다.

- Merk: 인류 생활을 보호하고 향상시키자.
- Walt Disney: 사람들을 행복하게 만들자.
- Sony: 대중에게 혜택을 주기 위한 기술의 진로와 적용의 기쁨을 경험해 보자.
- Hewlett-Packard: 인류 복지와 향상을 위해 기술 측면에서 기여하자.

2) 진로비전

미션에 따라 구체적으로 달성해야 할 미래의 목표가 바로 비전(vision)이다. 비전은 확고한 미션과 핵심가치로부터 생기 있고 역동적인 전략의 세계로 이행하기 위한 전 단계이다.

가령, 사람들의 복지에 기여하는 것을 미션으로 가지고 있을 때 이러한 미션을 가지고 20년 후의 나의 모습은 어떤 모습일까 하는 것을 그려 보는 것을 비전이라고 할 수 있다. 예를 들어, '세계 제일의 복지 전문가'가 비전이 될 수 있다. 두 개념은 장기적으로 개인의 진로의 범위와 방향을 제시하고, 자신에게 심리적 동기를 부여한다는 점에서 공통점을 갖는다.

미션은 보통 한 가지로 정해지고 변화하지 않는 반면, 비전이란 상황과 시기에 따라서 변할 수도 있다. 비전의 원래 뜻은 본다는 의미이지만, 진로비전은 눈에 보이는 것은 아니다. 진로비전은 내가 잠정적으로 선정한 진로의 바람직한 방향이며, 성취하고자 하는 이상적인 모습을 의미한다.

카터스콧(Chérie Carter-Scott)은 성공의 법칙에서 '비전은 당신이 마음속에서 품는 야망의 청사진이며, 당신을 원하는 방향으로 인도해 주는 나침반이다'라고 했다. 비전은 우리가 어떤 방향을 향해 나아가야 하는지, 우리가 도달할 이상적인 모습으로 인도해 주는 나침반이며 북극성이라고 할 수 있다. 따라서 우리가 선택한 진로와 관련하여 어떠한 비전을 갖는가는 우리의 꿈을 키워 나가는 데 큰 역할을 한다.

비전을 가진 사람은 그렇지 못한 사람보다 더 자신의 일에 집중하고, 열정적이며, 더 노력해서 결국 성공에 이를 가능성이 높다. 따라서 우리는 우리의 진로와 관련된 비전을 설정하고 이를 달성하기 위하여 노력하는 것이 필요하다.

비전이 갖추어야 할 조건은, 첫째, 미래를 멀리 본다. 둘째, 실현 가능성이 있어야 한다. 셋째, 개인 고유의 정체성을 나타낸다. 넷째, 공감대를 확보할 수 있어야 한다.

또한 Niven(2002)은 비전을 기술할 때 간결하게 기술하고, 미션이나 가치와 일관성 있게 기술하며, 증명 가능하고 실행 가능하게 기술할 것을 요구하였다.

주요 비전의 사례는 다음과 같다.

- Mcdonald: 세계에서 가장 뛰어난 퀵 서비스 레스토랑이 되는 것

- 보잉: 항공기 운항의 표준이 되는 것
- 포드: 자동차의 대중화

진로비전은 진로와 관련하여 자신의 미래의 이상적인 모습을 표현하는 것이 된다. 여러분이 선택한 진로대안과 관련하여 미래의 어느 시점이 여러분이 꿈을 꾸는 모습인지 글로 표현해 보라. '우리나라 최고의 인공지능 전문가'나 '최고의 전문성을 가진 교육행정가' '최고의 수학자'도 진로비전을 보여 주는 사례라고 할 수 있다. 여러분이 여러분의 진로대안과 관련하여 이상적인 모습을 그리고, 또 노력한다면 그 꿈을 완전히 이룰 수도 있고, 또 이루지 못하더라도 그 근방에는 도달할 가능성이 커진다. 아메리카 인디언의 금언에 '어떤 말을 만 번 이상 되풀이하면 반드시 미래에 그 일이 이루어진다'고 한다. 꿈을 꾸고 그 꿈을 이루기 위해 노력하면 반드시 이루어진다는 것을 의미한다.

〈표 10-1〉 미션과 비전의 차이

미션(mission)	비전(vision)
• 개인이 수행해야만 할 책임과 의무 • 자신의 가치관과 자세 • 되어야 하는 것(What we should be) • 미션에 나타나는 용어 예시 – 윤리 – 정도 – 정직 – 사회 공헌 – 사회적 책임 • 사례: 구글의 미션 – 인간 존중과 사생활 보호	• 미래 시점에서 바라는 상태 • 개인의 원대한 꿈 • 내가 희망하는 것(What I want to be) • 비전에 나타나는 용어 예시 – 세계 수준 – 최대 – 최고(the Best, the most) – 일류 – 최적 • 사례: 구글의 비전 – 전 세계의 정보를 체계화하고, 모든 사람이 유용하게 사용할 수 있도록 한다.

출처: 이국희(2011).

3) 진로핵심가치

핵심가치(core value)는 개인이나 조직을 인도하는 원칙이다. 핵심가치는 개인이나 조직 내에 깊게 내재된 믿음을 표현하며, 개인과 조직 구성원의 일상 행동에서 나타난다. 간략히 말하면 핵심가치란 개인이나 조직 구성원이 반드시 해야 하는 것, 신념을 의미한다.

어떤 일을 할 때, 전략이나 프로세스나 실제 행동은 상황의 변화나 도전 과제에 따라 달라질 수 있다. 그러나 핵심가치는 지속적인 힘과 지혜의 원천을 제공하면서 변하지 않는다.

다음은 월트 디즈니(Walter Disney)의 핵심가치이다.

- 냉소적이지 마라.
- '건전한 미국의 가치'를 널리 선전하고 교육하라.
- 창조성, 꿈, 그리고 상상을 가져라.
- 조화와 세부적인 일에 열망하라.
- 디즈니 마술을 보존하고 통제하라.

개인으로서 우리는 어떤 핵심가치를 가지고 있는지 살펴볼 필요가 있다. 예수는 '사랑'을, 공자는 '인(仁)'을, 붓다는 '자비'를 핵심가치로 한다고 볼 수 있다. 또한 어떤 사람은 '도전정신'을, 어떤 사람은 '열정'을, 또 어떤 사람은 '성과'를 핵심가치로 내세운다. 어떤 가치를 존중하든, 그 가치는 우리의 생각과 행동과 말을 좌우하고, 직업을 선택하거나 직업생활을 영위하는 방식에도 영향을 미친다.

따라서 우리가 의미를 두고 있는 핵심가치가 무엇인지 생각해 보고, 표현해 보고, 이를 진로대안을 통해 어떻게 구현될지를 상상해 보고, 실제로 구현할 수 있는 방안을 계획하고 실천하는 노력이 요구된다고 할 수 있다.

4) 진로목표

진로목표(career goal)는 진로비전을 달성하는 과정에서 거쳐 가야 할 징검다리라고 할 수 있다. 부산역에서 서울역으로 가기 위해서는 대구와 대전과 오송과 수원을 거쳐 가야 한다. 마찬가지로 교육전문가가 되기 위해서는 교대나 사대를 졸업하고 대학원에서 석사와 박사 학위를 받고 연구 실적을 쌓고 학회 활동을 하여야 한다. 교대나 사대, 석사, 박사 등의 과정은 교육전문가가 되기 위하여 거쳐 가야 할 징검다리인 것이다.

진로목표는 일종의 행동 지향적 선언문이다. "어디서 무엇을 달성하겠다"라는 의지를 표현하고, 행동 범위와 영역을 명확히 설정해야 한다.

일반적으로 진로목표는 짧은 문장으로 작성한다. 너무 길어서 장황하지 않도록 표현하는 것이 중요하다. 진로목적에 비하여 진로목표는 단기적이고, 구체적이며, 정량적이다. 즉, 달성 목표를 구체적인 숫자로 표현한다. 진로목적과 진로목표를 구분하지 않고 사용하기도 한다. 그러나 장기 목적을 먼저 수립하고, 그 기간 동안에 연도별 목표를 단계적으로 설정하는 것이 일반적이다.

진로목적 및 진로목표 수립의 원리는 다음과 같다.

첫째, 자기 자신이 직접 수립해야 한다. 자신의 상황과 능력에 맞게 수립해야 한다. 목적과 목표는 달성하기가 조금 어렵더라도 도전적으로 수립해야 한다. 쉬운 목표를 설정하면 노력을 많이 하지 않고도 쉽게 목표를 달성할 수 있으므로 의욕과 열정을 다하지 않는 경우가 많다. 따라서 사람들은 목표가 좀 어렵고 힘이 들더라도 도전적으로 수립하여야 온 열정을 다하여 그 목적을 달성하기 위하여 노력한다.

둘째, 목표는 미션과 비전을 실현할 수 있게 수립되어야 한다. 목표는 미션과 비전을 달성하기 위해 들러야 하는 간이 정거장이기 때문이다. 목표가 다 달성되면 비전도 달성하게 된다.

셋째, 목표는 변화하는 환경을 반영하여야 한다. 자신의 내적 및 외적 환경이 달라지면 그에 따라 유기적으로 진로목표 대안을 탐색하면서 진행하여야 한다.

넷째, 바람직한 목적과 목표는 비전보다 더 구체적이고 달성 정도를 쉽게 측정할 수 있어야 한다. 진로목표는 구체적이고 명확해야 하기 때문에 언제까지, 무엇을, 얼마나, 왜 달성해야 하는지가 명확해야 한다.

일반적으로 진로목표의 타당성을 검증하기 위하여 SMART 기법을 사용한다.

① Specific(S): 목표가 구체적이고 명확한가?

② Measurable(M): 목표 달성도를 측정할 수 있는가?

③ Achievable(A): 목표 달성이 현실적으로 가능한가?

④ Relevant(R): 목표 달성으로 문제가 해결되는가?

⑤ Time bound(T): 목표 달성 시점이 명시되었는가?

5) 진로전략

진로전략(career strategy)이란 개인의 진로목적과 진로목표를 달성하기 위한 방법이다. 즉, 달성하고자 하는 것(what to achieve)을 어떻게 달성할 것인지(how to achieve) 정의한 것이다. 전략에 의해 자신이 가지고 있는 자원이 배분되고, 주요 일들이 재편성되고, 일을 처리하는 프로세스가 정립된다. 그리고 자신의 노력이 결집될 방향이 제시된다.

이국희(2011)에 따르면, 일반적으로 전략은 크게 경쟁우위전략, 상황대응전략 및 성장전략으로 나뉜다. 경쟁우위전략에는 차별화 전략과 집중화 전략이 있고, 상황대응전략에는 SWOT 전략이 있으며, 성장전략에는 블루오션 전략과 레드오션 전략이 있다.

이 전략들 모두 진로전략에 활용될 수 있지만, 여기서는 진로전략에 자주 사용되는 상황대응전략에 초점을 맞춰 논의하고자 한다. 우리를 둘러싼 외적 환경은 끊임없이 변하고 있으며, 이러한 변화에 전략적으로 유연하고 신속하게 대응할 필요가 있다. 상황대응전략은 개인이 처한 상황에 유연하게 대응하는 전략이다. 널리 알려진 SWOT 전략은 대표적인 상황대응전략이다. 상황대응전략은 우리가 선정한 진로대안을 계획하고 추진할 때, 환경 변화에 능동적으로 대응하기 위한 방법이다.

SWOT 전략을 수립하기 위해서는 우선 SWOT 분석을 실시하고, SWOT 분석 결과를 토대로 SWOT 전략을 수립하여야 한다. SWOT 분석 방법과 이를 토대로 SWOT 전략을 수립하는 방법은 다음과 같다.

(1) SWOT 분석

SWOT 전략을 수립하기 위해서는 먼저 SWOT 분석을 실시하여야 한다. 개인이 처한 상황은 외부환경과 내부역량으로 구분된다.

먼저, 내부역량은 강점(strong) 요인과 약점(weakness) 요인으로 구분된다. 내부역량은 제6장에서 수행한 강점검사 결과를 토대로 정리할 수 있다. 강점검사에서 높은 점수를 얻은 항목은 강점 요인에 넣고, 낮은 점수를 받은 항목은 약점 요인에 넣으면 된다. 다만 다음의 [그림 10-2]에서 제시한 바와 같이 인간적인 측면, 물질적 측면, 경제력(돈), 정보, 시간, 이미지 등으로 나누어 강점과 약점을 제시할 수도

S Strong(강점)	W Weakness(약점)
• Man–체력장 특급, 감기 잘 안 걸림, 친구 많음, 컴퓨터 활용 능력 탁월, 선후배와 유대관계 좋음, 외국어 능력 뛰어남 • Material–부모님으로부터 집과 자동차를 선물받을 수 있음, 노트북, 오토바이 보유 • Money–부모님 재산이 많음 • Information–희망 직무의 정보를 전문가 수준으로 보유 • Time–전력투구할 수 있는 시간적 여유 풍부 • Image–좋은 인상, 좋은 매너, 신용도 높음	• Man–만성피곤, 외톨이, 비명문대 비인기학과, 컴맹 • Material–없음 • Money–부모님 축적 재산 없음, 진학과 유학 지원 기대 어려움 • Information–학교공부 이외에는 정보 없음, 전공 분야 깊이 없음 • Time–복수의 아르바이트로 시간 여유 없음 • Image–첫인상 나쁨, 매너, 신용도 낮음
O Opportunity(기회)	**T Threat(위협)**
• S(사회) IMF–구조조정–기업 발전–신규 충원 필요–신입 취업 유리 • C(경쟁) 무역 개방–장벽 없는 조직–능력 위주 인사–고연봉, 발탁 • E(경제) 구조조정 가속–외국 자본 국내 유입–외국 기업 취업 기회 많음 • P(정치) 국가적 위기–노사정 단합 촉발–경제 · 사회 안정–회사 안정 • T(기술) 의학발달–장수–실버산업, 생명공학, 우주 · 해양 분야 • I(정보) 인터넷시대–인터넷/IT 능숙–입사 선배보다 정보 우위 • C(고객) 부모, 교사가 취업과 진학 결정을 내게 일임, 상위 학교 진학–전문 분야 학습 기회	• S(사회) IMF–구조조정–신규채용 억제–취업 곤란 • C(경쟁) 무역 개방–장벽 없는 조직–능력 위주 인사–나의 무능–저연봉–명예퇴직 가능성 • E(경제) IMF–기업 이익 감소–국민소득 감소–나의 소득 감소 • P(정치) 이익집단 난립–국민 화합 저해–경제 · 사회 불안–회사 불안 • T(기술) 대형화, 초고속화–대형사고–단명 • I(정보) 인터넷/IT시대–초고속 변화–대응 못하면 낙오 • C(고객) 내 의사에 반한 무조건적인 대기업 취업 강요–백수, 기회 상실

[그림 10–2] SWOT 분석 사례

있다.

한편, 외부환경에는 기회(opportunity)요인과 위협(threat)요인이 제시되어 있다. 기회요인과 위협요인은 외부환경 진단기법을 통해 도출한다. 외부환경 분석의 대표적인 기법은 PEST(Political, Economic, Social and Technological analysis) 분석이다. PEST 분석은 개인의 진로와 관련된 시장의 성장과 축소, 진로포지셔닝, 진로방향 등을 파악하기 위하여 거시 환경 분석에 사용되는 기법이다. 환경(Environmental) 분야와 법적(Legal) 특성을 추가하여 PESTEL 혹은 PESTLE로 칭하기도 한다.

이 기법을 수행하는 절차와 방법은 다음과 같다. 먼저, 정치/법적 · 경제적 · 사회/문화적 · 기술적 요인에서 진로에 영향을 줄 수 있는 요인들을 분석한다. 두 번째, 변화의 동인을 분석한다. 즉, 요인들의 변화를 분석하고 변화를 가져다주는 동인(driving forces)을 분석한다. 마지막으로 문제와 기회를 탐색한다. 분석한 내용을 기반으로 문제와 기회를 찾아낸다(〈표 10-2〉 참조). 이 분석 결과는 SWOT 분석에서 외부환경(기회요인과 위협요인)을 기술하는 데 활용할 수 있다.

〈표 10-2〉 **교직에 대한 PEST 분석 예시**

환경요소	환경변화	변화의 동인	문제와 기회
정치/법적 환경(P)	교원 수요 감축	출산율 저하로 인한 학생 수 감소	교사 수요 감소
경제 환경(E)	경제 성장률 저하	러시아-우크라이나 전쟁으로 인한 에너지 및 식량 부족 에너지 위기 고금리 정책 및 환율 상승으로 인한 인플레이션	교육 분야 투자 위축
사회/문화적 환경(S)	출산율 저하	여성의 사회 활동 증가 및 양육비 증가	입학 자원 부족 양질의 교육 요구 증가
	교원 인기 하락	출산율 저하로 교원 수요가 감소하여 임용률 저하	교원양성기관 및 정원 감축 해외 교직 진출 기회 마련
기술 환경(T)	AI 교사로 인한 교사의 역할 축소	AI 기술 축적으로 다양한 AI 교사 중심의 맞춤형 교육 확대	학력부진아에 대한 AI 교사 활용 제고 AI 협력 교사 수요 증가

(2) SWOT 전략

외부환경의 위협과 기회가 주어진 상황을 내부역량의 강점과 약점으로 대응하는 4가지 전략적 선택이 존재한다([그림 10-3] 참조).

SWOT 전략 모델은 다양한 분야에서 다양한 대상에 적용할 수 있기 때문에 폭넓게 활용되고 있다. 다음의 [그림 10-4]는 개인 차원에서 SWOT 전략을 개발한 사례이다.

	강점 (Strength)	약점 (Weakness)
기회 (Opportunity)	SO 전략 • 강점으로 외부 기회를 적극 활용하는 전략	WO 전략 • 외부 기회에 편승하여 약점을 보완함 • 약점을 보완하여 기회를 활용함
위협 (Threat)	ST 전략 • 강점으로 외부 위협을 극복하거나 기회로 전환함	WT 전략 • 외부 위협과 내부 약점을 동시에 극복하거나 상쇄함

[그림 10-3] SWOT 전략

내부환경 / 외부환경	강점(Strength) • 탁월한 수준의 영어/인터넷 실력	약점(Weakness) • 비 명문대 출신 • 대학원 진학에 대한 부모의 경제적 후원이 어려움
기회(Opportunity) • 외국 기업 국내 진출의 활성화 • 능력 위주의 인사	SO 전략 • 외국계 회사에 입사 • 학교 추천의 외국계 강소기업 탐색	WO 전략 • 학벌보다 능력 중심으로 채용하는 기업에 입사
위협(Threat) • 국내 대기업의 신입사원 채용 기피 → 입사 확률 낮음 • 명문대 출신 우대 및 사내 파벌화	ST 전략 • 대기업 포기 • 영어와 인터넷을 필요로 하는 중소기업 입사 • 진학하여 MBA 취득	WT 전략 • 대학원은 우수 대학으로 진학 • 2년 장학생으로 지낸 후 국내 경기가 활성화되면 취업 • 선배가 경영 중인 기업, 선배가 많은 기업에 입사

[그림 10-4] SWOT 전략 개발 사례

여기서 각 전략의 내용은 다음과 같다.

- SO 전략: 잠정적으로 선정한 진로와 관련하여 외적으로는 많은 기회요인이 있고, 내적으로는 그 기회요인을 전략적으로 활용할 수 있는 자신의 강점이 많은 상황에서 외적 기회를 자신의 역량으로 활용하는 전략
- WO 전략: 외부의 진로와 관련하여 좋은 기회를 활용하여 자신의 부족한 핵심 역량을 보완하는 전략

- ST 전략: 잠정적 진로와 관련하여 외부에 존재하는 위협요인을 극복할 수 있도록 자신의 내부에 축적되어 있는 강점을 적극적으로 활용하고 경쟁력을 확보하여 다양한 위험을 사전에 방지하는 전략
- WT 전략: 개인의 내적 · 외적 조건이 매우 어려운 상황에 처해 있다고 판단되는 경우로 기존의 잠정적 진로를 포기하거나 변경하는 전략

6) 진로과제

목표 달성을 위한 전략을 도출한 다음에는 이를 실행에 옮기기 위하여 실제로 적용 가능한 과제(task)를 도출하는 작업이 필요하다. 진로과제(career task)는 진로 목적과 목표를 달성할 뿐만 아니라, 앞서 논의한 전략을 통해 구현할 수 있어야 한다. 따라서 각 전략 방향과 전략 과제와 부합되는 진로과제들을 도출해야 한다.

진로목적과 그 목적을 달성하는 데 필요한 세부 목표들을 도출하고, 각 세부 목표별로 수행하여야 할 진로과제들을 도출하는 데에는 만다라트 기법이 유용하다. 만다라트(Mandalart) 기법은 3×3이나 5×5 매트릭스를 만들어서 그 중앙에 해결하고자 하는 문제의 주제어를 적고, 주제어와 관련한 아이디어들을 자유롭게 연상하여 빈칸에 채워 가면서 새로운 활동과제들을 도출하는 방법이다. 만다라트는 일본의 디자이너 이마이즈미 히로아키가 1987년에 개발한 발상 기법으로, Manda + La + Art가 결합된 용어로서 Manda + La는 목적을 달성한다는 의미이고, Art는 기술을 의미하기 때문에 Manda + La + Art는 목적을 달성하는 기술이라고 할 수 있다.

이 기법은 사용하기가 쉽고, 여러 가지 목표를 도출하거나 각 목표별 과제를 도출하기가 쉬워서 많이 활용된다. 만다라트를 그리기 위한 절차는 다음과 같다.

- 1단계: 만다라트 정 중앙에 나의 진로비전이나 진로목표를 기술하기
- 2단계: 진로목표를 달성하기 위한 세부 목표 8가지를 진로목표 주변의 8개 칸에 시계 방향으로 적기
- 3단계: 세부 목표 8개를 왼쪽 위 9개 칸 중앙에 적고, 시계 방향으로 각 나머지 칸의 중심에 동일하게 옮겨 적기
- 4단계: 세부 목표들을 중심으로 이를 달성하기 위한 세부 과제들을 기술하기

이 기법은 일본의 야구선수 오타니 쇼헤이가 활용하여 유명해졌다. 그는 8구단 드래프트 1위를 하기 위하여 고등학교 1학년 때 [그림 10-5]와 같이 만다라트를 작성하여 노력한 결과 그가 원하는 드래프트 1위를 한 것으로 유명하다.

여기서 가운데 '8구단 드래프트 1순위'는 진로목표라고 볼 수 있다. 몸 만들기부터 멘탈까지 8개 칸에 적힌 내용들은 세부 진로목표라고 할 수 있다. 이 목표들은 추후에 진로비전체계를 제시하거나 진로실행계획을 수립할 때 8개의 목표를 모두 진로목표로 제시할 수도 있고, 이 목표들을 묶어서 2~3개의 목표군으로 제시할 수도 있다. 각 하위 목표별 세부 내용들을 그 목표를 달성하는 데 필요한 진로과제라고 할 수 있다.

이 과제가 도출되면 이들 내용을 중심으로 세부 실행계획을 수립할 때 계획의 주요 내용으로 들어갈 수가 있다.

몸 관리	영양제 먹기	FSQ 90kg	인스탭 개선	몸통 강화	축 흔들지 않기	각도를 만든다	위에서부터 공을 던진다	손목 강화
유연성	몸 만들기	RSQ 130kg	릴리즈 포인트 안정	제구	불안정 없애기	힘 모으기	구위	하반신 주도
스태미나	가동력	식사 (저녁7숟갈, 아침3숟갈)	하체 강화	몸을 열지 않기	멘탈 컨트롤 하기	볼을 앞에서 릴리즈	회전수 증가	가동력
뚜렷한 목표, 목적	일희일비 하지 않기	머리는 차갑게 심장은 뜨겁게	몸 만들기	제구	구위	축을 돌리기	하체 강화	체중 증가
핀치에 강하게	멘탈	분위기에 휩쓸리지 않기	멘탈	8구단 드래프트 1순위	스피드 160km/h	몸통 강화	스피드 160km/h	어깨 주변 강화
마음의 파도 안 만들기	승리에 대한 집념	동료를 배려하는 마음	인간성	운	변화구	가동력	라이너 캐치볼	피칭 늘리기
감성	사랑받는 사람	계획성	인사하기	쓰레기 줍기	부실 청소	카운트볼 늘리기	포크볼 완성	슬라이더 구위
배려	인간성	감사	물건을 소중히 쓰자	운	심판을 대하는 태도	늦게 낙차가 있는 커브볼	변화구	좌타자 결정구
예의	신뢰받는 사람	지속력	긍정적 사고	응원받는 사람이 되자	책 읽기	직구와 같은 폼으로 던지기	스트라이크 볼을 던질 때 제구	거리를 상상하기

[그림 10-5] 오타니 쇼헤이의 만다라트

독서	신문사설 읽기	인간관계 분석	수학 강의 수강	회계학 공부	데이터 분석 툴 익히기	공감하기	도와주기	사람 만나기
생각의 도식화	구조적, 논리적 사고	비판적 사고	일상적인 게스티메이션	숫자 분석 능력	데이터 시각화 연습	양보하기	대인관계 능력	사랑하기
논리학 공부	경영사례 분석	인문학 공부	빠른 연산 연습	차트 이해 능력	직관 키우기	배려하기	물어보기	존중하기
발음 연습	외국어 공부	설득력 있는 어조	구조적, 논리적 사고	숫자 분석 능력	대인관계 능력	영양제 먹기	충분한 수면	규칙적인 생활
적절한 어휘 사용	명료한 커뮤니케이션	확실한 자기 주장	명료한 커뮤니케이션	경영 컨설턴트	강한 체력	영양 균형 잡힌 식사	강한 체력	주 3회 운동
두괄식 말하기	경청	적극적인 제스처	직업기초 능력	인간성	문제해결 능력	부모님과 통화하기	꾸준한 스트레칭	자세 고쳐 않기
문서작성 능력	시간관리	정보수집 능력	신뢰받는 사람	책임감	높은 이해심	빠른 이해 능력	다양한 배경지식	상황판단
정보처리 능력	직업기초 능력	창의적 사고	칭찬 많이 하기	인간성	웃는 인상	효율적인 계획 수립	문제해결 능력	기업 환경 분석 툴
기술적용 능력	자기계발 능력	적극적인 태도	겸손한 태도	감사하기	친절한 태도	적합한 과업 배분	대안 제시	개방적 태도

[그림 10-6] 경영컨설턴트 만다라트 작성 사례(대학원생 작품)

7) 진로비전체계 사례

이상의 과정을 통해 개발된 비전체계 작성 사례는 [그림 10-7]과 같다.

이 비전체계도는 진로비전부터 진로과제에 이르기까지 활동한 자료들을 모으면 작성할 수 있다.

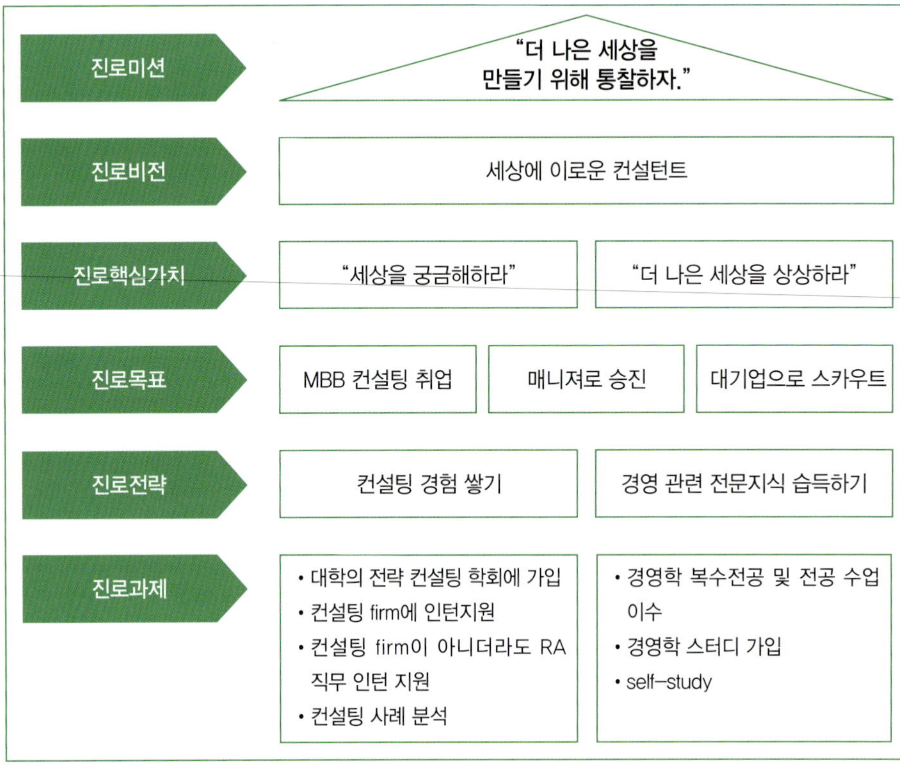

[그림 10-7] **진로비전체계도 작성 사례(학생 작품)**

단원 요약

1. 내가 선택한 진로미션(mission), 진로비전(vision), 진로핵심가치(core value), 진로목표(goal), 진로전략(strategy) 및 진로과제(task)를 도출하는 활동을 진로비전체계 개발이라고 한다. 진로비전체계의 내용은 관점에 따라 차이가 있지만 일반적으로 진로미션, 진로비전, 진로핵심가치, 진로목표, 진로전략, 진로과제 등으로 구성된다.

2. 진로미션(mission)이란 진로와 관련하여 존재하는 근본 목적을 의미하고, 진로비전(vision)은 구체적으로 달성해야 할 미래의 진로목표를 의미한다.

3. 핵심가치(core value)란 개인을 인도하는 원칙으로, 자신의 진로를 위하여 개인이 반드시 해야 하는 것을 의미하고, 진로목표(goal)는 진로미션이나 진로비전 그리고 진로핵심가치를 달성하는 과정에서 거쳐 가야 할 징검다리라고 할 수 있다.

4. 진로전략이란 개인의 진로비전과 진로목표를 달성하기 위한 방법으로, 달성하고자 하는 것(what to achieve)을 어떻게 달성할 것인지(how to achieve)를 정의한 것이다. 진로전략은 SWOT 분석에 기반한 SWOT 전략을 도출함으로써 가능하다.

5. 진로과제(task)란 진로미션과 진로비전과 진로목표를 달성하는 데 필요한 구체적인 일을 의미한다. 진로과제는 진로목표를 구현하기 위한 세부적인 추진 과제로 만다라트 분석 등을 통해 도출할 수 있다.

참고문헌

김상수, 김영천(2011). **창의적 문제해결과 의사결정**. 서울: 도서출판청람.

김양렬(2012). **의사결정론**. 서울: 명경사.

이국희(2011). **비즈니스 컨설팅**. 경기: 법문사.

Harren, V. A. (1979). A model of career decision-making for college students. *Journal of Vocational Behavior, 14*, 119-133.

Jones, K. L. (1989). Measuring a three-dimensional construct of career indecision among college students. *Journal of Counseling Psychology, 36*, 477-486.

Kelly, K. R., & Lee, W. C. (2002). Mapping the domain of career decision problem. *Journal of Vocational Behavior, 61*, 302-326.

Krumboltz, J. D., & Hamel, D. A. (1997). *Guide to career decision-making skills*. Career Skills Assessment Program of the College Entrance Examination Board.

Niven, P. R. (2002). *Balanced scorecard step-by-step: Maximizing performance and maintaining results*. John Wiley & Sons.

읽을거리

경제인문사회연구회(2022). 국제협력 비전, 전략, 추진체계: 국제개발협력을 중심으로. https://nrc.re.kr/board.es?mid=a10301000000&bid=0008&act=view&list_no=0&otp_id=OTP_0000000000002687

조직 진단과 중장기 계획 수립(2022). **서번트 리서십 학교**. https://sites.google.com/a/treeofvision.com/homepage/impawomeonteuwa-jojigse-ugi/jojigjindangwa-jungjang-gigyehoegsulib-beulisji

활동지 10-1

나의 진로미션, 진로비전, 핵심가치 및 진로목표 개발하기

■ 여러분은 진로의사결정을 통하여 진로대안을 선정하였다. 이제 여러분이 선택한 진로대안을 중심으로 진로비전체계를 개발하는 활동을 하고자 한다.

(1) 나의 진로미션 개발하기

여러분의 진로대안과 관련하여 여러분이 수행하여야 할 진로미션을 제시해 보자.

나의 진로미션은 ______________________________

____

(2) 나의 진로비전 개발하기

여러분의 진로대안과 관련하여 여러분이 미래의 어느 시점에 이루고자 하는 진로비전을 제시해 보자.

나의 진로비전은 ______________________________

____

(3) 나의 진로핵심가치 개발하기

여러분의 진로대안과 관련하여 여러분이 견지하고 싶은 핵심가치를 3개 내외로 제시해 보자.

나의 진로핵심가치는 ______________________________

____

(4) 나의 진로목표 개발하기

여러분이 설정한 진로비전을 달성하는 데 중간 정거장 역할을 할 진로목표를 제시해 보자.

나의 진로목표는

______________, ______________,

______________, ______________,

______________, ______________.

활동지 10-2

나의 진로전략 개발하기

여러분이 설정한 진로미션과 진로비전 및 진로목적을 달성하는 데 필요한 진로전략을 개발해 보자.

※ 이 활동을 위하여 SWOT 분석과 PEST 분석 결과를 이용하여 SWOT 전략을 수립해 보자.

활동 10-2-1. SWOT 분석하기

• 강점 (S)	• 약점 (W)
• 기회 (O)	• 위협 (T)

활동 10-2-2. PEST 분석

PEST 분석은 나의 진로에 영향을 줄 수 있는 외부환경요인(정치/법적 · 사회/문화 · 기술 · 경제 환경 등)을 선정하고 이들 환경요인들을 분석해 보자.

또한 각 환경요인별로 환경변화를 예측해 보고, 환경변화를 일으키는 원인인 변화의 동인을 찾아본 후에 이로 인하여 생겨날 수 있는 문제와 기회 요인을 찾아보자.

■ PEST 분석하기

환경요인	환경변화	변화의 동인	문제와 기회
정치/법적 환경(P)			
경제 환경(E)			
사회/문화적 환경(S)			
기술 환경(T)			

활동 10-2-3. SWOT 전략 개발

SWOT 분석 결과를 토대로 SWOT 전략을 도출해 보자.

내부환경 / 외부환경	강점(S) • • •	약점(W) • • •
기회(O) • • • •	(SO 전략)	(WO 전략)
위협(T) • • • •	(ST 전략)	(WT 전략)

나의 진로전략을 5개 내외로 요약해 보자.

전략 1:

전략 2:

전략 3:

전략 4:

전략 5:

활동지 10-3

나의 진로과제 도출하기

만다라트 작성을 토대로 자신의 세부 진로목표와 진로과제를 도출해 보자.

활동 10-3-1. 나의 만다라트 작성하기

여러분 자신의 궁극적인 진로목표를 중심으로 만다라트를 작성해 보자.

활동 10-3-2. 나의 세부 진로목표 및 진로과제 정리하기

만다라트 활동 결과를 토대로 세부 진로목표와 진로과제를 정리해 보자.

세부 진로목표 영역	진로과제

활동지 10-4

나의 진로비전체계 종합하기

지금까지 활동한 내용을 종합하여 자신의 진로비전체계를 정리해 보자.

구분	내용
진로미션	
진로비전	
진로핵심가치	
진로목표	
진로전략	
진로과제	

제11장

나의 진로계획 II: 진로실행계획 세우기

개 요

우리는 최종적으로 진로대안을 선정하였고, 이 진로대안을 중심으로 진로비전체계를 수립하는 활동을 수행하였다. 그다음에 해야 할 일은 보다 구체적으로 진로비전체계를 구현할 수 있는 세부 진로실행계획을 수립하는 일이다.

따라서 이 장에서는 이러한 진로실행계획의 개념과 내용을 알아보고, 진로실행계획 수립의 절차와 방법에 대해서 알아보고자 한다.

학습목표

- 진로실행계획의 개념을 이해할 수 있다.
- 진로실행계획 수립 내용을 이해할 수 있다.
- 진로실행계획을 수립할 수 있는 절차와 방법을 이해할 수 있다.

주요용어

■ 진로실행계획의 개념 ■ 진로실행계획 내용

■ 진로실행계획 수립 절차와 방법 ■ 진로 로드맵 ■ How-How 다이어그램

■ 간트 차트 ■ 시나리오 플래닝

1 진로실행계획의 의미

"꿈을 이루는 가장 좋은 방법은 목표를 세우고
그것에 집중하는 것이다.
그렇게 하면 단지 희망사항이었던 것이 '꿈의 목록'으로 바뀌고,
그것이 '해야만 하는 일의 목록'으로 바뀌며,
마침내 '이루어 낸 목록'으로 바뀐다."
-미국 탐험가 존 고더드-

어떤 일을 수행하려면 먼저 계획을 잘 수립해야 한다. 건물을 지을 때 설계도가 필요하듯이, 진로목표를 달성하기 위해서도 진로실행계획이 필요하다. 진로실행계획(career execution plan 또는 career action plan)이란 진로목표를 달성하기 위한 구체적인 일정표를 의미한다. 즉, 최적 진로대안을 언제, 어디서, 어떻게, 얼마만큼, 어느 기간에 어떤 방법으로 수행할 것인가를 계획하는 것을 말한다(길종구, 2020). 그러므로 실행계획을 수립할 때 '실행목표'를 명확히 하고 '실행범위'를 구체화하고 '가용자원'을 고려해야 한다.

진로실행계획은 진로목표를 달성하기 위한 설계도와 같은 기능을 한다. 진로실행계획을 수립할 때는 진로목표를 달성하기 위하여 수행해야 하는 진로과제, 진로과제 수행 절차, 일정, 소요 예산 등을 포함해야 한다. 진로실행계획서를 작성하면 세부 진로목표별 실행계획을 쉽게 파악할 수 있다는 장점이 있다.

진로실행계획은 진로전략계획과 대응되는 개념이다. 진로전략계획이 특정 진로목표를 달성하기 위해 어떤 전략을 사용해야 할지를 자세하게 설명하는 것이라면, 진로실행계획은 진로목표를 달성하는 방법을 단계별로 나타낸 안내서이다.

진로실행계획의 목적은 진로준비단계로 넘어가기 전에 무엇을, 언제, 어디서, 어떻게, 왜 계획을 수행해야 하는지를 명확하게 밝히는 데 있다. 간단히 말하면, 전략을 구체적인 작업으로 만드는 실행계획이라고 할 수 있다.

2 진로실행계획의 수립 방법

"계획 없는 목표는 한낱 꿈에 불과하다."
-생텍쥐페리-

진로실행계획을 수립하기 위해서는 일반적으로 프로젝트 실행계획 수립 과정에서 이용되고 있는 내용을 참고하면 좋다. 특히 길종구(2020)와 ASANA(2022)가 제시하고 있는 프로젝트 실행계획 수립 내용을 참고하여 진로실행계획에 적합하도록 재구성하여 제시하면 다음과 같다.

1) 진로목표 결정하기

진로실행계획에서 가장 중요한 것은 목표를 결정하는 것이다. 교육대학이나 사범대학의 경우, 단기적인 진로목표는 대학 재학 중에 각종 임용 관련 자격증을 취득하고, 임용고사에 합격하여 교사 발령을 받는 것을 들 수 있다. 중기적인 목표는 학교 발령을 받은 후에 학급담임으로서 생활지도 역량, 교과 담당교사로서 교육내용 및 교수학습 전문성 제고, 대학원 석사과정 입학 및 학위 취득 등을 들 수 있다. 장기적으로는 해외 파견 교사 선발 시험 합격, 연구사나 장학사, 연구관이나 장학관 승진, 교감, 교장 승진 등이 주요 진로목표로 설정할 수 있다.

진로목표는 앞 장의 만다라트 작성 사례를 토대로 작성한 진로비전체계의 진로목표를 참고하거나 이 절에서 다룰 How-How 다이어그램기법을 통해 진로목표를 명확히 하는 것이 필요하다.

2) 수행해야 할 진로과제 확인하기

진로목표가 결정되면 진로목표를 달성하는 데 필요한 진로과제를 도출해야 한다. 진로과제는 만다라트나 How-How 다이어기법을 통해서 도출한다.

이 과정에서도 각 진로목표별 진로과제를 확인하여 각 과제별 수행 절차 및 수행 일정 등을 계획할 때 고려해야 한다.

3) 자원 배정하기

진로실행계획을 추진하는 데 자금이나 시간 등의 자원이 요구된다. 가령, IT 관련 자격증을 취득하기 위해서는 교재를 구입하고, 학원에 등록을 해야 하고 또 학원에 갈 시간도 확보해야 한다. 한정된 자금과 시간을 많은 진로목표별 진로과제에 합리적으로 배정하여야 추구하는 진로목표를 달성할 수 있다.

4) 마일스톤 일정 계획하기

마일스톤(milestone)은 진로실행계획의 진척 상황을 보여 주는 강력한 이정표이다. 즉, 진로실행계획의 주요 체크 포인트(check point)로서 가령 영어 자격시험의 경우에 시험 준비 착수일, 자격시험일, 자격시험 결과 발표일, 종료일 등의 일정을 말한다. 마일스톤은 진로실행계획을 추진하는 동안에 진행 상태를 확인하는 데 도움이 된다. 즉, 마일스톤은 진로목표를 얼마나 진행했으며, 얼마나 더 남았는지 측정하는 수단으로서 지표와 같은 역할을 한다.

간트 차트를 이용할 경우에는 차트에 마일스톤을 표시하면 주요 핵심 일정을 시각적으로 확인하여 각 진로과제들을 완결하는 데 얼마나 걸릴지를 알 수 있다.

5) 리스크 파악하기

진로목표를 추진하는 과정에서 마주하게 될 잠재적인 리스크 시나리오를 파악한다. 저출산으로 인한 학령인구의 감소로 교사 수요가 감소할 경우에 교사가 되려는 계획에 차질이 생길 수 있다. 이외에도 진로목표를 달성하는 데 부딪히게 될 리스크들을 빠짐없이 확인해야 한다. 이를 위해서는 앞 장에서 공부했던 SWOT 분석 결과를 토대로 외부환경의 위협요인을 확인하거나 후술할 시나리오 플래닝에서 최악의 시나리오를 통해 진로실행계획에 영향을 줄 만한 리스크를 확인해야 한다. 미리 리스크를 확인한다면 리스크에 유연하게 대처하고 선제적으로 대응할 수 있는 여유를 가질 수가 있다.

3 진로실행계획 수립의 실제

"생생하게 상상하라. 간절하게 소망하라.
진정으로 믿으라. 그리고 열정적으로 실천하라.
그리하면 무엇이든지 반드시 이루어질 것이다."
-폴 마이어-

1) 진로 로드맵 그리기

진로 로드맵(career roadmap)은 자신의 진로비전과 이 비전을 달성하기 위하여 거쳐 가야 할 중간단계의 진로목표들을 한 눈에 볼 수 있도록 그림으로 나타낸 것이라고 할 수 있다([그림 11-1] 참조).

간략한 그림으로 진로비전과 그 진로비전을 달성하기 위한 진로목표들을 제시할 수도 있다. 그러나 조금 더 상세하게 각 진로목표의 도달 시점이나 기간, 각 진로목표별 세부 진로과제들을 제시할 수도 있고, 또 달성 여부를 측정할 수 있는 지표도 제시할 수 있다.

진로 로드맵을 그리기 위해서는 내가 선택한 진로대안을 통해 도달하고자 하는 궁극적인 비전을 다시 한 번 생각해 보고, 그 비전을 이루어 나가는 중간 과정에서 도달해야 할 중간 목표들을 점검해 보아야 한다. 가령, 내가 교직을 진로대안으로 선정하였을 경우에 교사가 되기 위한 준비 과정부터 교사가 된 이후에 일반 교사로 교직을 마무리하고자 하는 계획도 있을 수 있고, 교장이 되거나 교육연구원이 되고자 하는 비전을 가질 수도 있다. 교장 선생님이 되기 위해서는 리더가 되는 데 필요한 지식, 인성, 리더십, 대인관계 역량들도 필요하고, 연구역량, 학교운영역량 등이 필요하다. 또한 주임 경력도 필요하고, 연구대회 입상 성적도 필요하고, 대학원 졸업증도 필요하며, 연구사나 장학사 경력과 교감 경력도 필요하다. 따라서 교장 선생님이 되기 위해서는 교사자격증 취득, 임용시험 합격, 담임, 주임, 연구사, 장학사, 대학원 과정 수료, 교감 등의 경력이 필요하다. 이들 각 단계가 모두 진로 로드맵에 담겨야 하는 주요 내용들이다.

한편, 진로 로드맵은 각 진로단계별로 2~3년, 5년, 10년 단위로도 짜 볼 수 있다.

가령, 대학생활을 중심으로 짜는 경우에 진로대안별로 대학 동안에 달성해야 할 주요 목표와 과제들을 시간의 흐름에 따라 작성해 볼 수 있다. 학년별로 달성해야 할 주요 진로목표나 자격증이나 입사시험처럼 주요 진로목표를 설정한 후에 진로 로드맵을 작성해 볼 수 있다. 그리고 입사 이후 직급단계별로 작성해 볼 수도 있다.

	중간목표			최종목표
단계	1	2	3	최종
단계별 목표	MBB 컨설팅 취업	매니저로 승진	대기업으로 스카우트	대기업 소속 전략 전문가
진로과제	• 컴퓨터활용능력, Excel 자격증 취득을 통한 정보능력 기르기 • 서울대학교 전략 컨설팅 학회 가입 및 컨설팅 경험 쌓기 • 컨설팅 firm에서 인턴 경험 쌓기 • 경영학 복수 전공을 통해 경영 관련 전문지식 습득하기	• 직무에 대한 이해와 업무구조 파악을 바탕으로 빠르게 현업에 적응하기 • 팀원들과 유대감을 형성하고 열린 마음으로 대화하며 빠르게 조직에 적응하기 • 연차가 쌓일수록 프로젝트 수주 능력과 리더십을 발휘하여 성과 창출하기	• 수많은 프로젝트에서 고객 기업이 만족할 만한 성과를 창출하며 이름 각인 • 동종 업계의 다양한 사람들과 접점을 만들며 인맥 확장 • 타 기업으로부터 스카우트 제의가 들어왔을 때 기업의 명성, 근무 환경, 연봉 등을 고려하여 괜찮은 조건의 기업으로 이직	• 이직 후 빠른 적응 • MBB에서 일하며 쌓은 경험, 스킬, 식견, 인맥 등을 활용하여 성과 창출 및 승진하기 • 안정적으로 근무하며 노후에 필요한 자금 확보하기

[그림 11-1] 진로 로드맵 작성 사례(학생 작품)

2) 진로목표 확인하고 진로실행과제 도출하기

우리는 앞 장에서 만다라트를 통해서 진로목표 및 진로과제를 도출한 바가 있다. 그 결과를 토대로 도출된 진로실행과제를 진로실행계획을 수립할 때 활용해도 되지만, 추가적으로 진로목표별 진로과제들을 수행단계별로 추출하는 기법인 How-How 다이어그램 기법을 소개하고자 한다.

How-How 다이어그램은 진로목표를 '어떻게(how) 추진할 것인가'라는 질문을 통해 1단계 실행과제를 찾아내고, 1단계 실행계획을 '어떻게(how) 추진할 것인가'라는 연속적인 질문을 통해 진로대안의 추진 과제를 구체적으로 도출하는 기법이다. 이 기법은 진로대안을 실행하는 데 필요한 단계별 과제를 찾아내는 데 유용한 기법이다. 이 기법은 각 진로목표를 추진하는 실행과제를 쉽게 찾아낼 수 있고, 적용하기 쉽다는 장점을 가지고 있다.

김상수와 김영천(2011)이 제시한 기법을 토대로 How-How 다이어그램을 작성하기 위해서는 다음과 같은 절차를 따른다.

첫째, 진로목표를 정의한다. 구체적으로 실행하고자 하는 진로목표를 정의한다.

둘째, 1단계 실행과제를 도출한다. 진로목표를 '어떻게 추진할 것인가'에 대한 질문을 하고 그에 대한 1단계 실행과제를 도출한다.

셋째, 2단계 실행과제를 도출한다. 1단계 실행계획을 '어떻게 추진할 것인가?'라는 질문을 하고 2단계 실행과제를 도출한다.

넷째, 3단계 실행과제를 도출한다. 2단계 '실행계획을 어떻게 추진할 것인가?'라는 질문을 하고 3단계 실행과제를 도출한다.

다섯째, 실행과제를 확대한다. 구체적인 실행계획이 나올 때까지 '어떻게'라는 질문을 통해 확대한다.

How-How 다이어그램 작성 사례를 살펴보면 [그림 10-2]와 같다.

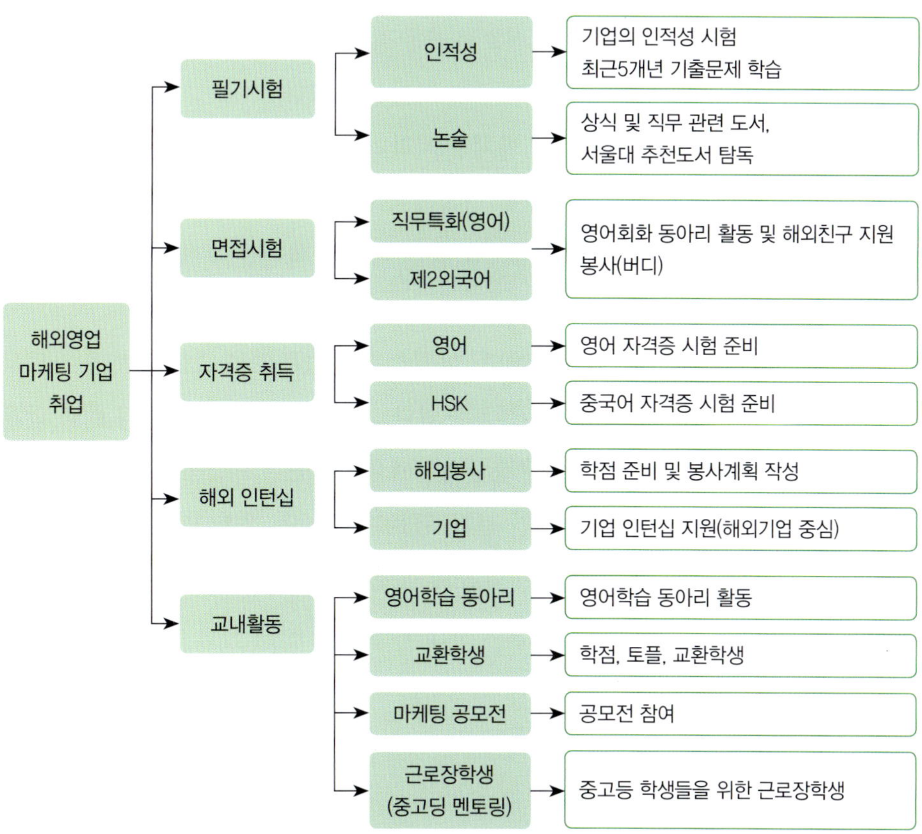

[그림 10-2] How-How 다이어그램 작성 사례(학생 작품)

3) 간트 차트 기법을 이용하여 진로계획 수립하기

간트 차트(Gantt chart)는 프로젝트의 일정을 관리하기 위해서 개발된 도구로, 이 도구를 이용하여 진로실행계획을 수립할 수 있다. 이 도구는 각 진로목표 및 과제별로 일정의 시작과 끝을 그래픽으로 표시하여 전체 일정을 한눈에 볼 수 있고, 각 과제 간의 관계를 확인할 수 있다.

간트 차트를 이용하여 진로실행계획을 수립하면 작 진로목표 및 과제 목록을 확인할 수 있고, 각 진로과제의 일정을 확인할 수 있으며, 진로과제의 시작과 종료 날짜를 볼 수 있고, 각 과제 수행에 예상되는 소요 시간을 알 수 있다. 또한 각 과제들 간의 연계성을 확인할 수 있고, 현재 과제의 진행 상태를 확인할 수 있으며, 과제 일정 중의 중요한 이벤트(예: 자격증 취득)인 마일스톤을 확인할 수 있고, 진로실행계획 일정의 처음부터 끝까지 전체 개요를 확인해 볼 수 있다.

간트 차트를 만드는 절차와 방법은 다음과 같다.

첫째, 진로목표별로 도출된 세부 진로과제를 적는다.

둘째, 각 진로목표별 및 세부 진로과제별 기간을 정한다.

셋째, 각 진로목표별 및 세부 진로과제별 시작일과 종료일을 적는다.

넷째, 각 진로과제 간의 종속관계를 명확하게 한다. 가령, 필기시험을 합격한 다음에 면접을 볼 수 있기 때문에 필기시험 합격 여부를 확인한 후에 면접 준비 과제를 계획하도록 한다.

다섯째, 정확한 마일스톤을 설정한다. 마일스톤은 업무의 중요한 부분이 완료되었음을 알리는 체크 포인트라고 생각할 수 있다. 마일스톤은 프로젝트의 여러 단계에서 마지막에 설정하는 경우가 많지만, 경우에 따라서는 미팅, 합격(자격증, 서류전형 합격 등), 진로과제 시작 지점, 중간 점검, 완료 지점 등을 말한다.

여섯째, 필요한 자원(예, 예산 등)이 있을 경우 진로과제별로 배정할 수 있다.

일곱째, 계획이 변경될 경우에 진로과제를 조정한다.

추진계획		2023년				2024년				2025년			
		1분기	2분기	3분기	4분기	1분기	2분기	3분기	4분기	1분기	2분기	3분기	4분기
교내 활동	학점관리	준비 시작							목표 달성				
	영어학습 동아리	준비 시작							목표 달성				
	교환학생	준비 시작					목표 달성						
	교환학생 버디	준비 시작			목표 달성								
	교내 마케팅 공모전			준비 시작	목표 달성								
	근로 장학생 (중고등 멘토링)			준비 시작			목표 달성						
	해외봉사				준비 시작		목표 달성						
교외 활동	SIPT	준비 시작			목표 달성								
	사회조사 분석사	준비 시작			목표 달성								
	러닝 크루	준비 시작											목표 달성
	TOEFL			준비 시작							목표 달성		
	OPIC					준비 시작			목표 달성				
	면접 스터디							준비 시작			목표 달성		
	인턴십								준비 시작				목표 달성
	HSK									준비 시작			목표 달성
총 소요 시간: 3년													

[그림 11-3] 간트 차트 작성 사례(대학원생 작품)

4) 시나리오 플래닝하기

시나리오란 미래에 발생할 수 있는 어떤 사건 또는 상황이다. 미래는 불확실하므로 하나의 시나리오만 존재하는 것이 아니라 발생 가능성이 있는 여러 시나리오를 가정할 수 있다. 시나리오 플래닝(scenario planning)이란 발생 가능성이 높거나 심각성이 높은 몇 가지 시나리오를 체계적으로 도출하고, 각 시나리오별로 적절한 대응 방안을 사전에 미리 준비하는 전략 수립 기법이다.

간단한 예를 들면, 미래 상황의 바람직한 정도에 따라 다음 3개의 시나리오별로 적합한 대응 방안을 미리 준비하는 것이다(이국희, 2011).

첫째, 최선(best case)의 시나리오를 준비한다. (예) 날씨가 화창할 것이다. 그렇다면 야외로 소풍을 갈 것이다.

둘째, 정상(normal case)의 시나리오를 준비한다. (예) 구름이 잔뜩 낄 것이다. 그렇다면 인근 운동장에서 조깅을 할 것이다.

셋째, 최악(worst case)의 시나리오를 준비한다. (예) 비가 올 것이다. 그렇다면 집에서 TV를 볼 것이다.

시나리오 플래닝은 제2차 세계대전 이후 냉전체제에서 핵전쟁 발발 가능성을 체계적으로 연구하기 위하여 미국 RAND 연구소에서 개발한 군사전략 수립 방법론이다. 1960년대부터는 군사 이외에 기후 변화, 에너지 수급, 농업 생산성, 경제성장률, 기업 전략 수립 등에서 전통적 통계 예측 기법의 한계를 극복하기 위한 방법으로 사용되었다. 또한 이 방법은 진로계획에서도 활용될 수 있다.

5단계 절차를 통해 시나리오 플래닝을 수행한 사례를 살펴보면 다음과 같다.

(1) 1단계: 시나리오 주제 정의하기-나의 희망 진로인 교직 분야의 수요는 어떻게 될 것인가?
(2) 2단계: 관련 동인 도출하기-학령인구(감소, 일정, 증가), 학급당 학생 수 정책(증가, 일정, 감소) 등
(3) 3단계: 핵심 동인 선택하기-1개의 핵심 동인 선택
(4) 4단계: 시나리오 설계하기
  ① 시나리오 1(최선의 시나리오): 학령인구 증가로 인한 교사 수요 증가
  ② 시나리오 2(정상의 시나리오): 학령인구 유지로 인한 교사 수요 유지
  ③ 시나리오 3(최악의 시나리오): 학령인구의 급격한 감소로 교사 수요 감소
(5) 5단계: 시나리오별 대응 전략 수립하기
  ① 시나리오 1(최선의 시나리오): 교직 추구
  ② 시나리오 2(최악의 시나리오): 교직 대신 일반기업 교육연수원 취업, 미국 등 해외 교사로 진출 등 고려

5) 생애 역할별 계획하기

진로실행계획을 수립한 후에는 이 계획이 우리가 수행해야 하는 삶의 역할과 어떻게 관련이 되는지를 살펴볼 필요가 있다.

우리는 일생을 살면서 중요한 역할(role)을 수행하게 된다. 수퍼는 이러한 역할을 진로발달단계 및 연령과 연계하여 무지개처럼 그리고 이것을 생애 진로 무지개(life career rainbow)라고 하였다. 즉, [그림 11-4]에서 보는 바와 같이 자신이 생각하는 예상 수명에 맞게 반원을 그리고, 가장 바깥에는 성장기, 탐색기, 확립기, 유지기, 퇴직기 등의 생애단계를 표시하고, 그 다음에 나이를 표시하고, 가장 안쪽에는 자녀, 학생, 취미인, 시민, 직업인, 가정주부 등 6개의 주요 역할을 표시한다. 생애 주요 역할은 각 역할별 시작과 끝을 표시하여 색칠을 하되, 역할이 많은 경우에는 두껍게 색칠을 하도록 한다.

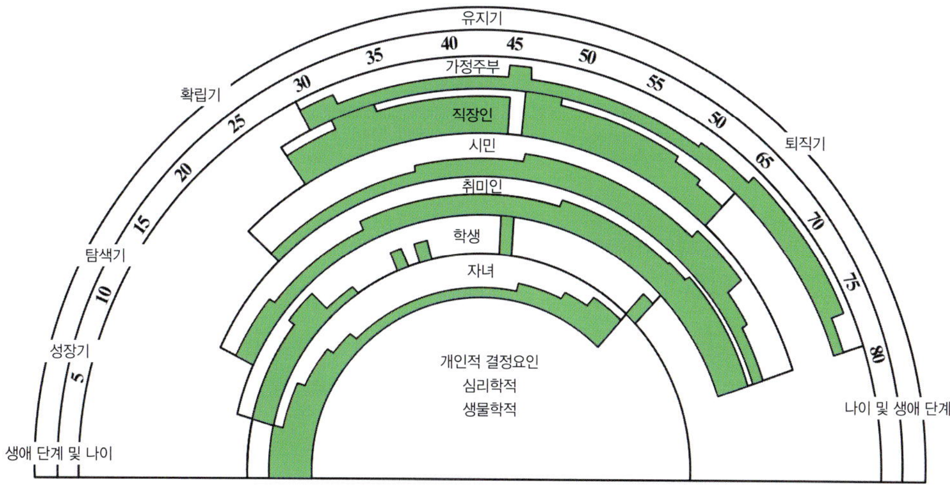

[그림 11-4] 수퍼의 생애 진로 무지개(Super's life career rainbow)

수퍼의 생애 진로 무지개에서 제안한 역할을 보다 현대에 맞도록 삶의 장소와 연계하여 제시하면 [그림 11-5]와 같다.

[그림 11-5] 삶의 장과 주요 역할

[그림 11-5]에서 보는 바와 같이, 우리는 전 생애에 걸쳐서 가정, 학교, 직장, 지역사회 등 4곳의 삶의 장(field)에서 살게 된다. 이러한 4곳의 삶의 장에서 우리는 삶의 주요 역할들을 수행하게 된다. 우선 가정에서는 '자녀'로서의 역할을 수행하고, 결혼 후에는 '배우자'와 '부모'의 역할을 수행하고, 자녀를 결혼시킨 이후에 손주를 보게 되면 '할아버지/할머니'의 역할을 수행하게 된다. 학교에서는 '학생'의 역할을 수행하게 되며, 직장에서는 '직업인'으로서의 역할을 수행하게 되는데, 학교와 직장에서는 이러한 역할과 함께 '친구/선후배'의 역할을 수행하게 된다. 지역사회에서는 '지역 주민(또는 국민)' '취미인' '은퇴자'의 역할을 수행하게 된다. 이러한 역할들 중에서 주요 역할을 선정하여 횡으로 배열하고, 연도 및 연령을 종으로 배열하여 이원화 표로 만들면 [그림 11-6]에서 보는 바와 같이 연도별, 생애 주요 역할별 계획이 된다.

이 표는 본인의 인생 설계도와 같고, 미래의 연도나 본인의 연령만 알아도 그 해, 그 연령에 본인이 가정적 · 직업적 · 교육적 · 사회적으로 어떤 역할을 수행하고 어떤 일을 하는지를 알게 된다.

연도	연령 \ 주요 역할	자 녀	학 생 (교육)	군 인 (병역)	직업인 (직업)	배우자 (결혼)	사위, 며느리 (결혼)	부 모 (출산)	시가, 친정 부모 (자녀 결혼)	조부, 조모 (자녀 출산)	은퇴자
	1세 2세 3세 4세 5세										
	6세 7세 8세 9세 10세										
	11세 12세 13세 14세 15세										
	16세 17세 18세 19세 20세										
	21세 22세 23세 24세 25세										
	26세 27세 28세 29세 30세										
	31세 32세 33세 34세 35세										
	96세 97세 98세 99세 100세										

[그림 11-6] **연도별, 생애 주요 역할별 계획**

주) 음영은 주요역할을 나타냄.

단원 요약

1. 진로계획은 개인이 장차 공부하고자 하는 전공 분야나 종사하고자 하는 직업 분야를 선택하여 그 분야에서 요구하는 일을 효율적으로 수행하기 위한 수단과 방법을 합리적으로 연결시키는 준비 과정이다.

2. 진로실행계획을 수립하기 위해서는 먼저 진로 로드맵(career roadmap)을 작성하여야 한다. 진로 로드맵은 자신의 진로비전과 그 진로비전을 달성하기 위하여 거쳐가야 할 중간단계의 진로목표들을 한 눈에 볼 수 있도록 그림으로 나타낸 것이다.

3. 진로실행계획을 수립하는 방법에는 How-How 다이어그램 기법, 간트 차트 기법, 시나리오 플래닝(scenario planning) 기법 등이 있다.

4. How-How 다이어그램은 진로대안을 '어떻게(how) 추진할 것인가'의 질문을 통해 1단계 진로실행과제를 찾아내고, 1단계 진로실행계획을 '어떻게(how) 추진할 것인가'의 질문을 통해 진로대안의 추진 과제를 구체적으로 도출하는 기법이다.

5. 간트 차트(Gantt chart)는 각 진로목표 및 진로과제별로 일정의 시작과 끝을 그래픽으로 표시하여 전체 일정과 각 과제 간의 관계를 관리하기 위한 도구이다.

6. 시나리오 플래닝(scenario planning)이란 발생 가능성이 높거나 심각성이 높은 몇 가지 시나리오를 체계적으로 도출하고, 각 시나리오별로 적절한 대응 방안을 사전에 미리 준비하는 진로전략 수립 기법이다.

7. 진로실행계획은 우리가 일생 동안 수행하게 되는 중요한 역할(role)에 어떠한 영향을 미칠 수 있을까. 생애 진로 무지개를 그리거나 생애 주요 역할별 계획을 수립할 때, 진로실행계획이 어떤 의미를 가지며 또 어떻게 반영되어야 하는지를 숙고해 볼 필요가 있다.

참고문헌

길종구(2020). 경영의사결정론. 서울: 탑북스.

김상수, 김영천(2011). 창의적 문제해결과 의사결정. 서울:도서출판청람.

김양렬(2012). 의사결정론. 서울: 명경사.

박동준(2013). 전략적 목표관리: 무계획은 실태를 계획하는 것이다. 소프트전략경영연구원.

이국희(2011). 비즈니스 컨설팅. 경기: 법문사.

이구치요수노리(2022). HOW TO 중기경영계획 수립 & 실행. (복창교 옮김). 경영아카이브.

ASANA. https://asana.com/ko/resources/implementation-plan

읽을거리

실행계획 세우기. https://asana.com/ko/resources/implementation-plan

조직비전 수립 과정. https://bit.ly/3DfwPTN

KT그룹 비전체계- kt 채용. https://bit.ly/3LbuGKP

활동지 11-1

진로 로드맵 작성하기

나의 궁극적인 진로목적을 달성하기 위하여 거쳐 가야 할 중간 진로목표를 표시한 진로 지도(career map)를 그려 보자.

예를 들어, 최종 진로목표를 CEO로 하는 경우에는 취업, 대리, 과장, 부장, MBA 취득, 이사 등을, 교장 선생님이 되는 것을 최종 진로목표로 하는 경우에는 임용고사 합격, 임용, 석사학위 취득, 부장교사, 연구사, 장학사, 교감 등을 중간단계의 목표로 할 수 있다.

	중간목표			최종목표
단계	1	2	3	최종
단계별 목표				
진로과제				

활동지 11-2

How-How 다이어그램을 이용하여 진로목표와 진로과제 도출하기

How-How 다이어그램을 이용하여 나의 진로목표를 도출하고, 그 목표를 달성하기 위한 세부 진로목표를 도출하고, 각 진로목표별로 진로과제를 도출해 보자.

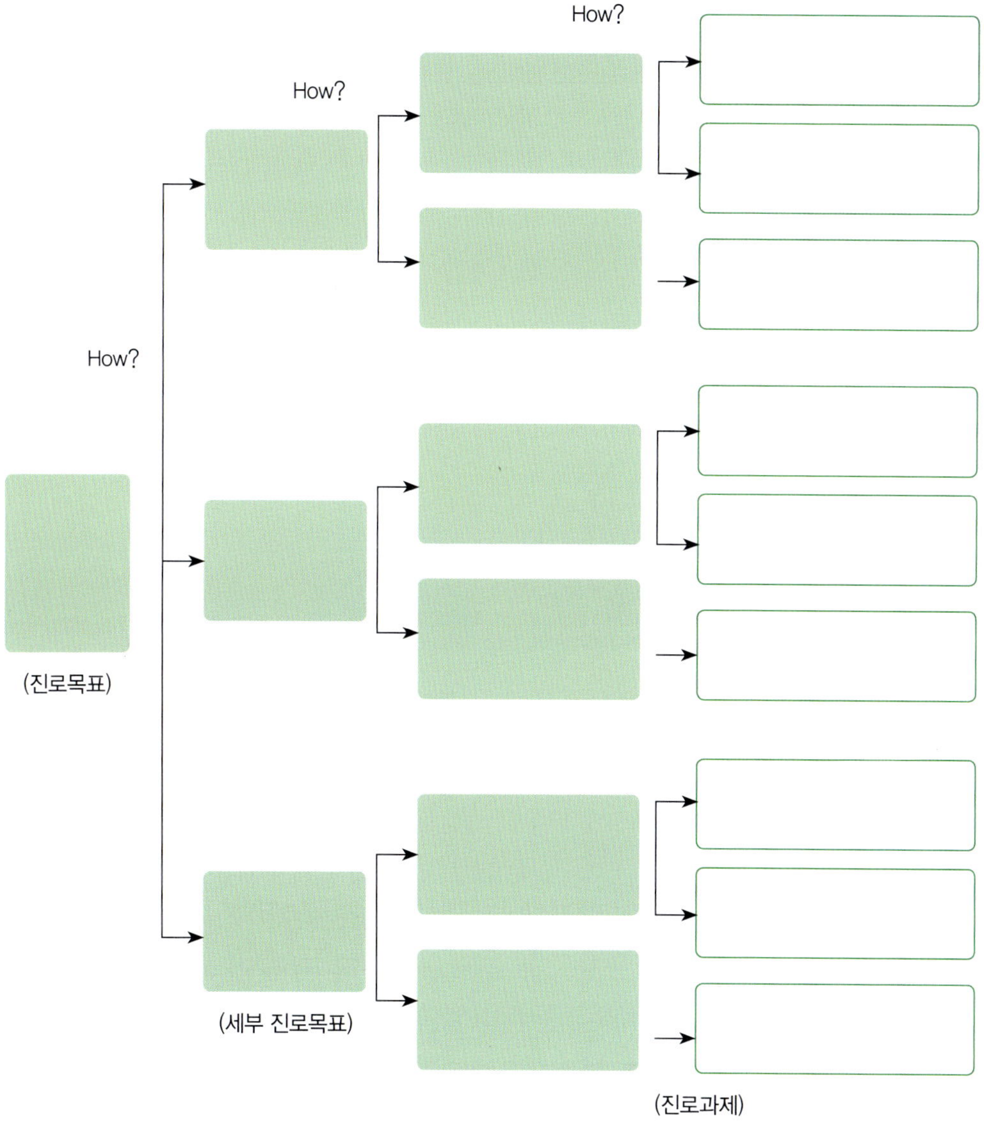

활동지 11-3

간트 차트 기법으로 진로계획 세우기

간트 차트 기법을 이용하여 나의 진로실행계획을 수립해 보자.

추진계획		202_년				202_년				202_년			
		1분기	2분기	3분기	4분기	1분기	2분기	3분기	4분기	1분기	2분기	3분기	4분기
총 소요 기간:													

활동지 11-4

대학 생활 중 진로실행계획 세우기

대학 생활 중에 진로실행계획을 수립할 때, 나의 진로목표와 관련하여 학점 관리, 자격증 취득, 외국어 역량 강화, 인턴 등 직무 체험, 취업 역량(자기소개서, 면접) 강화, 학교생활(동아리, 학교 및 학과 활동) 등이 포함되도록 기술해 보자.

시기	진로목표	세부 내용	SMART				
			S	M	A	R	T
__학년 __학기							
__학년 __학기							
__학년 __학기							
__학년 __학기							

주) SMART 기법 항목에서는 각 진로목표 및 세부 내용을 S-M-A-R-T 기준에 따라 맞게 계획이 수립되어 있는지 아닌지를 ○, ×로 평정함. 각각의 의미는 다음과 같다.

- S(Specific): 어떻게 실천할 것인지 구체적인 내용을 담고 있는가?
- M(Measurable): 달성되었는지 가시적으로 측정할 수 있는가?
- A(Attainable): 자신의 노력으로 달성할 수 있는 것인가?
- R(Realistic): 현실적으로 실행할 수 있는 것인가?
- T(Time-bounded): 도달 시간이 명시되어 있는가?

활동지 11-5

시나리오 플래닝

나의 진로대안과 관련하여 시나리오 플래닝을 수행해 보자.

(1) 1단계: 시나리오 주제 정의하기-나의 진로대안과 관련하여 미래가 어떻게 전개될 것인지 예측해 보기

(예시) 나의 희망 진로인 세무사의 수요는 어떻게 될 것인가?

(2) 2단계: 관련 동인 도출하기

(예시) 인구(감소, 일정, 증가), 세무사 수요(증가, 일정, 감소), AI로 인한 직업 대체율(증가, 일정, 감소) 등

(3) 3단계: 핵심 동인 선택하기(1개의 핵심 동인 선택)

(예시) AI로 인한 직업 대체율(증가, 일정, 감소)

(4) 4단계: 시나리오 설계하기

(예시) ① 시나리오 1(최선의 시나리오): 세무사 수요 증가

② 시나리오 2(정상의 시나리오): 세무사 수요 유지

③ 시나리오 3(최악의 시나리오): AI의 대체로 세무사 수요의 급격한 감소

① 시나리오 1(최선의 시나리오)

② 시나리오 2(정상의 시나리오)

③ 시나리오 3(최악의 시나리오)

(5) 5단계: 시나리오별 대응 전략 수립하기

① 시나리오 1(최선의 시나리오)

② 시나리오 2(최악의 시나리오)

활동지 11-6

생애 주요 역할별 계획 세우기

■ 생애 주요 역할별로 원하는 모습과 원하는 모습을 실현하기 위한 계획을 세워 보자.

역할	원하는 모습	원하는 모습을 실현하기 위한 계획
자녀	어떤 자녀이기를 원하는가?	그러한 자녀가 되기 위해서 어떻게 계획을 수립할 것인가?
학생	어떤 학생이기를 원하는가?	그러한 학생이 되기 위해서 어떻게 계획을 수립할 것인가?
직업인	어떤 직업인이 되기를 원하는가?	그러한 직업인이 되기 위해서 어떻게 계획을 수립할 것인가?
배우자	어떤 배우자가 되기를 원하는가?	그러한 배우자가 되기 위해서 어떻게 계획을 수립할 것인가?
부모	어떤 부모가 되기를 원하는가?	그러한 부모가 되기 위해서 어떻게 계획을 수립할 것인가?
은퇴자	어떤 은퇴자가 되기를 원하는가?	그러한 은퇴자가 되기 위해서 어떻게 계획을 수립할 것인가?

■ 연도별, 생애 주요 역할별로 계획을 세워 보자.

연도	연령 \ 주요 역할	자녀	학 생 (교육)	군 인 (병역)	직업인 (직업)	배우자 (결혼)	사위, 며느리 (결혼)	부 모 (출산)	시가, 친정 부모 (자녀 결혼)	조부, 조모 (자녀 출산)	은퇴자
	1세 2세 3세 4세 5세										
	6세 7세 8세 9세 10세										
	11세 12세 13세 14세 15세										
	16세 17세 18세 19세 20세										
	21세 22세 23세 24세 25세										
	26세 27세 28세 29세 30세										
	31세 32세 33세 34세 35세										
	36세 37세 38세 39세 40세										
	41세 42세 43세 44세 45세										
	46세 47세 48세 49세 50세										

연도	연령 (주요 역할)	자녀	학 생 (교육)	군 인 (병역)	직업인 (직업)	배우자 (결혼)	사위, 며느리 (결혼)	부 모 (출산)	시가, 친정 부모 (자녀 결혼)	조부, 조모 (자녀 출산)	은퇴자
	51세 52세 53세 54세 55세										
	56세 57세 58세 59세 60세										
	61세 62세 63세 64세 65세										
	66세 67세 68세 69세 70세										
	71세 72세 73세 74세 75세										
	76세 77세 78세 79세 80세										
	81세 82세 83세 84세 85세										
	86세 87세 88세 89세 90세										
	91세 92세 93세 94세 95세										
	96세 97세 98세 99세 100세										

제12장

나의 진로준비 I: 직업능력 준비하기

개 요

진로계획을 수립한 이후에는 이를 구체적으로 실천하기 위해 본격적으로 진로준비를 해야 한다. 특히 급변하는 사회 변화에 유연성 있게 대비하기 위해서는 내가 선택한 직업 분야에서 요구하는 직업능력을 준비해야 한다. 직업능력은 모든 직업에서 공통적으로 요구되는 기본 소양인 직업기초능력과 직업에 따라 서로 달리 요구되는 직무수행능력으로 구분할 수 있다. 따라서 이 장에서는 직업기초능력과 직무수행능력이 무엇이고, 이를 어떻게 준비할 것인지에 관하여 알아보도록 한다.

학습목표

- 진로준비의 의의를 이해한다.
- 직업능력의 개념과 구성 요소를 기술할 수 있다.
- 직업기초능력의 개념 및 하위영역을 기술할 수 있다.
- 자신의 직업기초능력의 하위영역별 수준을 진단하고 부족한 영역을 함양할 수 있는 방안을 설명할 수 있다.
- 자신이 선택한 직업에서의 직무수행능력 수준을 진단하고 부족한 영역을 함양할 수 있는 방안을 설명할 수 있다.

주요용어

■ 진로준비 ■ 직업능력 ■ 직업기초능력 ■ 직무수행능력

1 진로준비의 의의

"우리가 앞질러 대비하고 준비한 것은

거의 실패하는 일이 없었다."

-벤저민 디즈레일리-

1) 진로준비의 중요성

진로계획을 달성하기 위해서는 진로준비가 중요하며, 진로준비를 위해서는 많은 노력과 인내가 필요하다. 건물의 설계를 잘 하였다고 하더라도 필요한 자재를 구입하고 이를 시공할 기술자를 구하지 못한다면 그 설계도는 하나의 종이에 그치는 것처럼, 아무리 진로계획을 잘 수립하였다고 하더라도 진로준비를 하지 않는다면 진로계획은 큰 의미를 가질 수가 없다.

많은 경우에 진로계획은 잘 세웠지만 이를 준비하지 않고, 준비했다고 하더라도 필요하고 핵심적인 사항을 준비하지 못하여 진출하지 못하는 경우가 많다. 진로준비를 위해서는 많은 노력과 인내가 필요하고, 충분한 시간을 갖고 철저히 준비하는 것이 중요하고 필요하다.

[그림 12-1] 철저한 진로준비의 예

우리가 알고 있는 뛰어난 많은 사람이 있기까지는 처절하리만큼의 진로준비가 있었기에 가능한 것이다. [그림 12-1]과 [그림 12-2]에서 보는 바와 같이, 축구선수인 박지성과 발레리나 강수진, 피겨 스케이팅 선수 김연아는 혹독한 훈련과 연습으로 일그러진 발이 널리 알려져 있다.

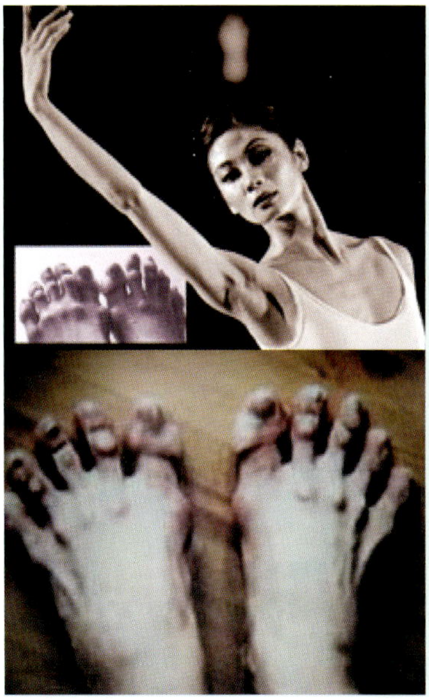

강수진의 발

오늘이 있기까지 그리고 오늘을 유지하기 위한 철저한 노력…
보기 흉할 정도로 일그러진 발…
연습벌레로 소문난 강수진, 토슈즈를 한 해 250여 켤레 사용(한 달에 21켤레)…
보통 하루 10시간씩 연습, 19시간을 무대에서 보낸 적도…
167cm 49kg
체형관리의 비법은 없다.
오직 연습, 연습, 연습만으로…

[그림 12-2] 강수진의 처절한 노력

2) 진로준비를 위한 직업능력

진로준비의 목적은 자신의 진로계획을 실현하기 위한 것으로서 특히 일의 세계에서 요구하는 직업능력을 준비하는 것이 필요하다. 대학생은 대학교를 졸업하고 일의 세계로 나아가게 된다. 즉, 학교를 떠나 직업세계로 진입(school-to-work transition)하게 된다. 따라서 대학생은 재학 시절에 구체적인 직업에서 요구하는 역량을 준비해야 하는데, 이것을 직업능력이라고 한다.

2 직업능력

1) 직업능력의 개념 및 구성 요소

직업능력은 직업을 수행하기 위해서 필요한 능력으로, 직업기초능력과 직무수행능력의 2가지 요소로 구성된다(정철영 외, 1998).

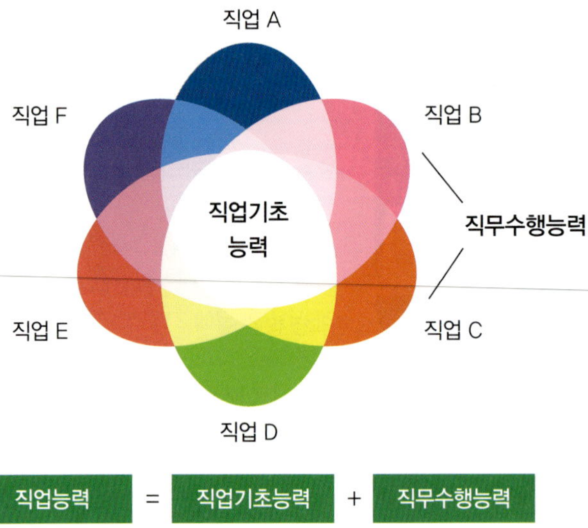

[그림 12-3] 직업능력의 2가지 중요한 요소

출처: 정철영(2006), p. 84의 그림을 수정 · 보완하였음.

직업능력을 준비하기 위해서는 국가직무능력표준 홈페이지(www.ncs.go.kr)를 참고하도록 한다.

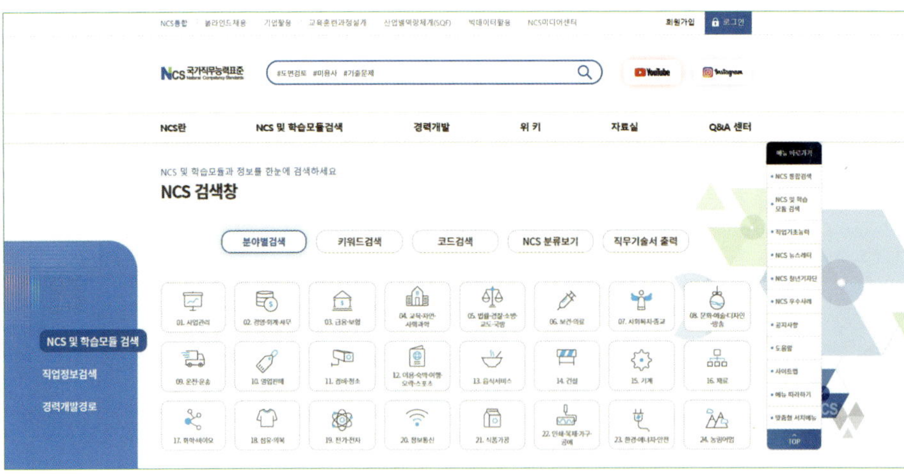

[그림 12-4] 국가직무능력표준 홈페이지

2) 직업기초능력

일반적으로 직업기초능력이란 '직종이나 직위에 상관없이 대부분의 직종에서 직무를 성공적으로 수행하는 데 공통적으로 필요한 능력'(정철영 외, 1998)을 의미한다. 즉, 직업능력 중 대부분의 직업에서 공통적으로 요구하는 직업능력을 직업기초능력이라고 한다.

21세기는 지식정보화 사회로 지식, 기술, 정보 등의 변화가 급격하게 이루어지고, 이에 따른 산업 및 직업의 변화, 즉 직종의 다각적인 분화, 새로운 직종의 생성 및 기존 직종의 소멸 등이 활발하게 진행되고 있어서(한국과학기술기획평가원, 2020; World Economic Forum, 2020) 이러한 변화에 유연성 있게 대비하기 위해서는 직업마다 각기 요구되는 직무수행능력보다 직무 수행을 위한 기본 소양인 직업기초능력이 더욱 강조되고 있다. 그러므로 취업 지원자들은 이러한 직업기초능력을 철저하게 갖추도록 노력해야 한다.

직업기초능력의 각 영역과 하위 능력에 관해서 살펴보면 다음 〈표 12-1〉과 같다.

〈표 12-1〉 직업기초능력의 영역

영역	설명	하위 능력
의사소통 능력	업무를 수행함에 있어 글과 말을 읽고 들음으로써 다른 사람이 뜻한 바를 파악하고, 자기가 뜻한 바를 글과 말을 통해 정확하게 쓰거나 말하는 능력	–문서이해능력 –문서작성능력 –경청능력 –의사표현능력 –기초외국어능력
수리능력	업무를 수행함에 있어 사칙연산, 통계, 확률의 의미를 정확하게 이해하고 이를 업무에 적용하는 능력	–기초연산능력 –기초통계능력 –도표분석능력 –도표작성능력
문제해결 능력	업무를 수행하면서 문제 상황이 발생하였을 경우, 창조적이고 논리적인 사고를 통하여 이를 올바르게 인식하고 적절히 해결하는 능력	–사고력 –문제처리능력
자기개발 능력	업무를 추진하는 데 스스로 관리하고 개발하는 능력	–자기인식능력 –자기관리능력 –경력개발능력
자원관리 능력	업무를 수행하는 데 시간, 자본, 재료 및 시설, 인적 자원 등의 자원 가운데 무엇이 얼마나 필요한지를 확인하고, 이용 가능한 자원을 최대한 수집하여 활용 계획을 세우고 할당하는 능력	–시간관리능력 –예산관리능력 –물적자원관리능력 –인적자원관리능력

〈표 계속〉

대인관계 능력	업무를 수행함에 있어 접촉하게 되는 사람들과 문제를 일으키지 않고 원만하게 지내는 능력	–팀워크능력 –리더십능력 –갈등관리능력 –협상능력 –고객서비스능력
정보능력	업무와 관련된 정보를 수집하고, 이를 분석하여 의미 있는 정보를 찾아내며, 적절히 조직하고, 조직된 정보를 관리하며, 업무수행에 활용하고, 이러한 제 과정에 컴퓨터를 사용하는 능력	–컴퓨터활용능력 –정보처리능력
기술능력	업무를 수행함에 있어 도구, 장치 등을 포함하여 필요한 기술에는 어떠한 것들이 있는지 이해하고, 실제로 업무를 수행함에 있어 적절한 기술을 선택하여 적용하는 능력	–기술이해능력 –기술선택능력 –기술적용능력
조직이해 능력	업무를 원활하게 수행하기 위해 국제적인 추세를 포함하여 조직의 체제와 경영에 대해 이해하는 능력	–국제감각 –조직체제이해능력 –경영이해능력 –업무이해능력
직업윤리	업무를 수행함에 있어 원만한 직업생활을 위해 필요한 태도, 매너, 올바른 직업관	–근로윤리 –공동체 윤리

출처: 국가직무능력표준 홈페이지. 직업기초능력.

직업기초능력의 영역 및 하위영역에 관한 정보는 국가직무능력표준 홈페이지(https://ncs.go.kr/index.do)에서 확인할 수 있다.

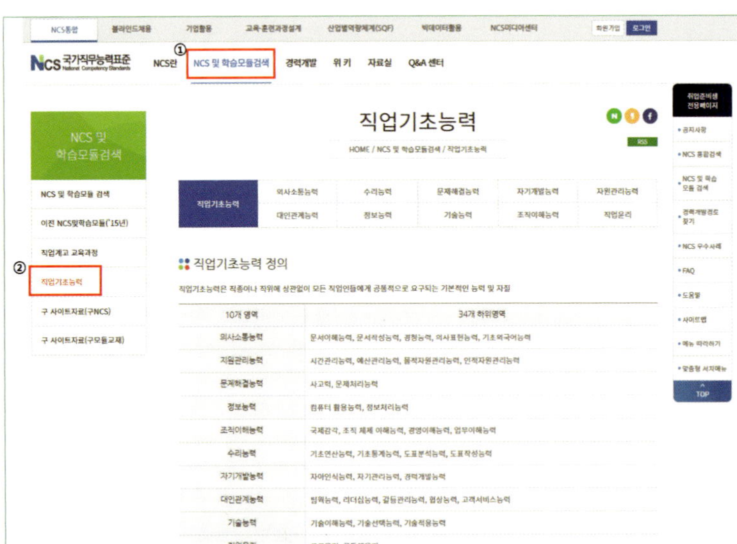

[그림 12-5] 국가직무능력표준 홈페이지 내 직업기초능력 관련 정보

출처: 국가직무능력표준 홈페이지. 직업기초능력.

10개의 영역 중에서도 특히 문제해결능력은 제4차 산업혁명 시대를 맞이하여 그 중요성이 더욱 강조되고 있다. 제4차 산업혁명은 디지털 혁명을 기반으로 물리학, 디지털, 생물학 영역의 경계가 희석되는 기술융합의 시대(Schwab, 2017)를 의미하는데, 제4차 산업혁명의 시대에는 로봇 및 인공지능과 차별화되는 역량으로 복잡한 문제해결력, 비판적 사고, 창의성 등에 관한 역량의 요구가 증가되고, 이전에 비하여 감성지능과 인지적 유연성의 중요성이 매우 강조된다. 이와 같이 제4차 산업혁명 시대에 강조되는 문제해결력은 사고력과 문제처리능력으로 구성되며, 사고력은 창의적 사고, 논리적 사고, 비판적 사고로 구분된다.

직업기초능력은 학교 정규수업, 현장실습, 가정교육을 통하여 향상시킬 수 있으므로 학교에서 관련 수업을 듣고, 동아리 활동이나 현장실습은 물론 인턴사원제도 등에 참여하면서 관련 역량을 제고하도록 노력해야 한다.

[그림 12-6] 직업기초능력의 영역과 향상 방안

3) 직무수행능력

직무수행능력은 직종과 직위에 따라 독특하게 요구하는 전문적인 직업능력을 의미한다(정철영 외, 1998). 즉, 직업기초능력은 대부분의 직업에서 '공통적으로' 요구하는 능력을 말하는 반면에 직무수행능력은 직종마다 '독특하게' 요구하는 능력을 의미한다(정철영 외, 1998).

직무 수행이란 개인이 맡은 직무를 적절히 처리해 나가는 과정을 의미하기 때문에 직무 수행은 개인의 특성과 조직의 환경에 의해 크게 영향을 받는다(유정아, 2003). 직무수행능력은 하나의 과업을 성공적으로 수행하는 데 요구되는 지식, 기능, 태도 혹은 행동을 의미하며, 과업을 수행하는 과정에 대한 이해뿐만 아니라 수행 기능과 학문적 · 이론적 배경까지도 포함한다(최미애, 이상열, 2015).

직무수행능력에 관한 직무별 국가직무능력표준(National Competency Standards: NCS) 능력 단위 등 세부 내용은 국가직무능력표준 홈페이지(https://ncs.go.kr/index.do)에서 확인할 수 있다.

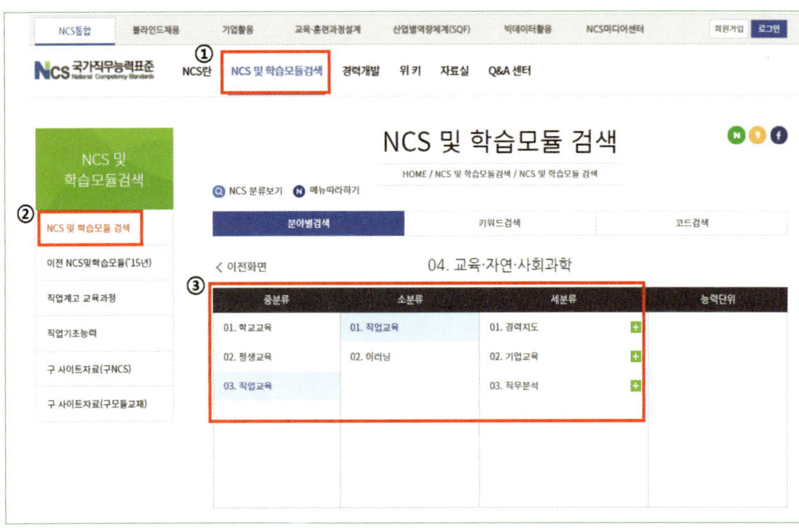

[그림 12-7] 국가직무능력표준 홈페이지 내 직무수행능력 관련 정보(1)

출처: 국가직무능력표준 홈페이지. NCS 및 학습모듈 검색.

자신의 진로대안과 관련하여 직무수행능력을 진단한 후에는 자신에게 어떤 직무를 잘 수행할 수 있는 역량이 있는지, 그리고 어떤 직무를 수행할 수 있는 역량이 없는지를 확인해야 한다. 그런 후에는 강점을 더 강화하고 약점을 보완할 수 있도록 직무 관련 이론과 실제에 대하여 공부를 하여야 한다. 직무 이론 공부뿐만 아니라 직무 실무 역량을 제고하기 위해서는 대학의 다양한 시설 및 실험실, 현장실습 및 인턴사원제도 등을 통해서 체계적이고 계획적으로 노력해야 한다.

[그림 12-8] 국가직무능력표준 홈페이지 내 직무수행능력 관련 정보(2)
출처: 국가직무능력표준 홈페이지. NCS 및 학습모듈검색.

3 능력 중심 채용 모델[1]

1) 능력 중심 채용 모델이란

우리나라에서 직업기초능력(또는 핵심역량)과 직업수행능력, 즉 직무능력을 중심으로 직원을 채용하는 사례가 증가하고 있다. 기업이 학벌과 스펙이 아닌 직무능력(NCS 기반)과 역량 중심으로 직원을 채용할 수 있도록 지원하는 종합적인 선발 시스템을 능력 중심 채용 모델이라고 한다.

능력 중심 채용 모델의 특징은 다음과 같다.

---

1) 이 절의 내용은 www.ncs.go.kr에서 인용하였음.

〈표 12-2〉 일반적인 선발 모델과 능력 중심 채용 모델의 비교

단계	일반적인 선발 모델	능력 중심 채용 모델
서류전형	[일반 지원서] 출신학교, 신체조건, 가족 관계 등 직무와 관계없는 개인 신상 중심	[NCS 직무기반 역량지원서] • 구체적인 직무내역 및 요건 제시 • 지원 직무와 관련된 교내 · 외 활동 경험, 자격사항 등을 기술 • 기업의 핵심가치, 인재상과 관련된 내용으로 자기소개서 항목 구체화
필기전형	[지필 시험] 전공과목, 상식 등 지식 기반 시험	[역량 테스트] 직무 수행에 필요한 능력 중심으로 직무 적합성 평가
면접전형	[면접 시험] 비구조화된 면접으로 회사에 대한 지원 동기, 개인 특성 등 질문	[역량 면접] 경험 및 상황 면접, 직무 관련 발표 및 토론 등 구조화된 방법으로 평가

2) 능력 중심 채용 모델 개발 Framework

능력 중심 채용은 채용하고자 하는 직무를 원활히 수행할 수 있는 인재를 선발하기 위한 선발체계를 설계하고, 선발전형별로 평가할 직무능력을 규명하여 평가도구를 개발하는 과정에 국가직무능력표준(NCS)을 활용한다.

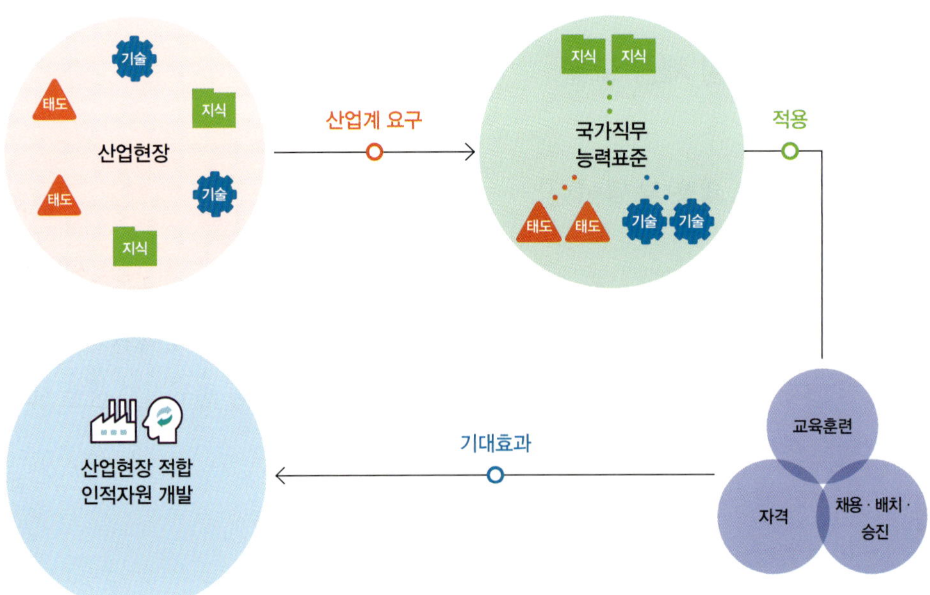

[그림 12-9] NCS 개념도

여기서 NCS(국가직무능력표준, National Competency Standards)란 산업현장에서 직무를 수행하는 데 필요한 능력(지식, 기술, 태도)을 국가가 표준화한 것이다.

국가는 NCS는 교육훈련과 자격 등에 NCS를 활용하여 현장중심의 인재를 양성할 수 있도록 지원하고 있다. NCS는 1999년 자격제도 규제개혁 과제의 일환으로 '국가직업능력표준의 조기 개발 · 보급'을 위해 처음 제시되었다. 2000년 노사정 협의에 따라 2002년부터 표준 개발에 착수하여 2021년 기준 1,039개의 NCS가 개발되어 자격, 교육훈련, 채용, 배치 및 승진 등에 활용되고 있다.

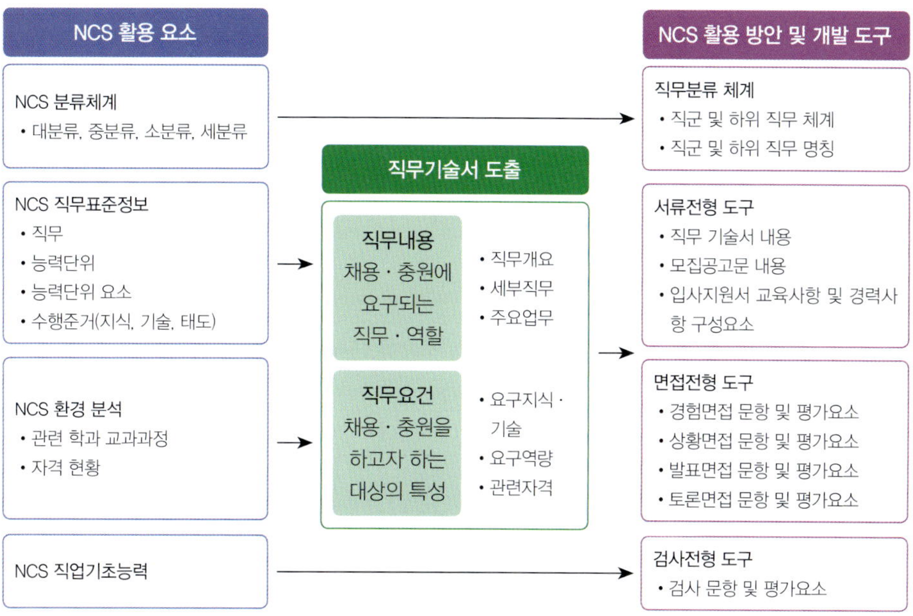

[그림 12-10] NCS 기반 능력 중심 채용 모델 개발 Framework

3) 능력 중심 채용 모델 개발 직군과 활용방안

능력 중심 채용 모델의 개발 직군은 다음 〈표 12-3〉과 같이 107개 직군으로 나누어져 있다.

www.ncs.go.kr에서 '블라인드 채용'을 클릭하면 전형별 평가 샘플, 면접 문항, 필기 문항의 자료를 확인할 수 있다. 여기에는 블라인드 채용의 개념뿐만 아니라 취업준비, 채용정보, 온라인학습, 자료실 등이 있어 능력 중심 채용 모델을 이용하여 취업하고자 할 때 매우 많은 도움을 받을 수 있다.

〈표 12-3〉 능력 중심 채용 모델 개발 직군

번호	직무	번호	직무	번호	직무	번호	직무
1	e-비즈니스	28	로봇개발	55	스포츠시설	82	정보기술관리
2	가전기기개발	29	마케팅	56	스포츠용품	83	정보기술영업
3	감정평가	30	무역, 유통관리	57	식음료서비스	84	정보기술운영
4	건설시공관리	31	문화콘텐츠기획	58	식품가공	85	정보기술전략, 계획
5	건설시공전관리	32	문화콘텐츠유통, 서비스	59	식품유통	86	정보보호
6	건설시공후관리	33	문화콘텐츠제작	60	식품저장	87	정보통신기기개발
7	건축시공	34	반도체개발	61	신용분석	88	증권, 외환
8	결혼서비스	35	발전설비설계	62	실감형콘텐츠제작	89	직업교육
9	경영기획	36	보건지원	63	심리상담	90	직업상담서비스
10	관광레저서비스	37	보험상품개발	64	여행서비스	91	청소년지도
11	금속엔지니어링	38	보험영업, 계약	65	영상제작	92	총무
12	금속재료제조	39	비파괴검사	66	외식경영	93	출판
13	금융상품개발	40	사회복지서비스	67	음식조리	94	측량, 지리정보개발
14	금융영업	41	사회복지정책	68	의료기술지원	95	컨벤션
15	금융영업지원	42	산업보건관리	69	인사 조직	96	토목설계, 감리
16	기계생산관리	43	산업안전관리	70	일반, 해외영업	97	토목시공
17	기계설비	44	상품중계경매	71	일반사무	98	통신서비스
18	기계장비설치	45	생리활성화제품제조	72	일반판매	99	특수가공
19	기계조립	46	생산관리	73	자동차설계	100	품질관리
20	기계품질관리	47	석유, 천연가스제조	74	자산운용	101	프로젝트관리
21	기초무기화학물제조	48	선박설계	75	장례서비스	102	플라스틱제품제조
22	기초유기화학물제조	49	설계기획	76	재무	103	플랜트설계, 감리
23	냉동공조설비	50	소방	77	전기설비설계, 관리	104	해외관리
24	대기관리	51	손해사정	78	전자응용기기개발	105	홍보, 광고
25	디스플레이개발	52	숙박서비스	79	전자제품개발기획, 생산	106	화학물질관리
26	디자인	53	스포츠경기지도	80	전자제품고객지원	107	회계
27	레크리에이션	54	스포츠마케팅	81	정보기술개발		

단원 요약

1, 진로계획을 수립한 이후에는 이를 위한 실천으로 본격적인 진로준비를 해야 한다. 특히 급변하는 사회 변화에 유연성 있게 대비하기 위해서는 내가 선택한 직업 분야에서 요구하는 직업능력을 준비해야 한다.

2. 직업능력은 직업기초능력과 직무수행능력으로 구분할 수 있다.

3. 직업기초능력은 직종이나 직위에 상관없이 대부분의 직종에서 직무를 성공적으로 수행하는 데 공통적으로 필요한 능력이고, 직무수행능력은 직종과 직위에 따라 독특하게 요구하는 전문적인 직업능력이다.

4. 직업기초능력에는 의사소통능력, 수리능력, 문제해결능력, 자기개발능력, 자원관리능력, 대인관계능력, 정보능력, 기술능력, 조직이해능력, 직업윤리 등의 10개 영역이 포함되며, 직무수행능력에는 직무별 국가직무능력표준(National Competency Standards: NCS) 능력 단위가 포함된다.

5. 직업기초능력과 직무수행능력에 관한 정보는 국가직무능력표준 홈페이지에서 확인할 수 있다.

6. 능력 중심 채용 제도는 스펙 대신 직업능력을 중심으로 직원을 채용하는 제도로 공공기관에서 시작하여 민간기관까지 확대되고 있다.

참고문헌

국가직무능력표준 홈페이지. https://ncs.go.kr/index.do

국가직무능력표준 홈페이지. 직업기초능력. https://www.ncs.go.kr/th03/TH0302List.do?dirSeq=152

국가직무능력표준 홈페이지. NCS 및 학습모듈 검색. https://www.ncs.go.kr/unity/th03/ncsSearchMain.do

유정아(2003). 한국 여군의 직무수행능력 제고에 관한 실증적 연구. 연세대학교 대학원 석사학위논문.

정철영, 나승일, 서우석, 송병국, 이종성(1998). 직업기초능력에 관한 국민공통 기본교육과정 분석. 한국직업능력개발원.

최미애, 이상열(2015). 특정직 여성인력의 직무수행능력 향상 방안에 관한 실증 분석—여군 · 여경 설문조사를 중심으로—. 한국경호경비학회지, 43.

한국과학기술기획평가원(2020). 과학기술인재정책 동향리포트: 일자리의 미래 2020 보고서.

Schwab, K. (2017). *The fourth industrial revolution*. Currency.

World Economic Forum. (2020). *The future of jobs report 2020*. World Economic Forum

읽을거리

국가직무능력표준 홈페이지. 직업기초능력 동영상 강의. https://www.ncs.go.kr/th03/TH0302List.do?dirSeq=152

김진모, 정철영(2014). 직업기초능력의 산업현장 활용 확산을 위한 실태조사 및 활용방안 연구. 한국산업인력공단.

한국직업방송 유튜브 채널. https://www.youtube.com/channel/UC7veJl4E23uPDXoVu-0qYAA

활동지 12-1

직업기초능력 영역별 분석

한국산업인력공단 홈페이지(https://bit.ly/3TbT4Ap)에서 직업기초능력을 진단해 보고 각 영역별로 부족한 부분을 어떻게 보완할 것인지 작성해 보자.

직업기초능력 영역	현재 상태 (상, 중, 하)	부족한 부분은 무엇인가?	어떻게 보완할 것인가?
의사소통능력			
수리능력			
문제해결능력			
자기개발능력			

직업기초능력 영역	현재 상태 (상, 중, 하)	부족한 부분은 무엇인가?	어떻게 보완할 것인가?
자원관리능력			
대인관계능력			
정보능력			
기술능력			
조직이해능력			
직업윤리			

활동지 12-2

나의 최적 진로대안의 직무수행능력 영역별 분석

한국산업인력공단의 홈페이지(https://bit.ly/ 3TyiXuH)에서 나의 최적 진로대안의 직무수행능력을 진단해 보고, 각 영역별로 부족한 능력을 찾아 어떻게 보완할 것인지 작성해 보자.

직무수행능력 영역	현재 상태 (상, 중, 하)	부족한 부분은 무엇인가?	어떻게 보완할 것인가?

직무수행능력 영역	현재 상태 (상, 중, 하)	부족한 부분은 무엇인가?	어떻게 보완할 것인가?

제13장

나의 진로준비 II: 구직능력 준비하기

개 요

우리가 진로를 결정하고 진로를 계획하여 준비하는 이유는 무엇보다도 취업을 위한 것이다. 취업을 위해서는 구직에 필요한 과정과 절차, 그리고 필요한 역량을 갖추어야 한다. 특히 구직을 위해서는 이력서 및 자기소개서의 작성, 면접 등이 취업에 결정적인 요인이 되므로 철저히 준비하는 것은 매우 중요하다.

따라서 이 장에서는 구직에 필요한 이력서 및 자기소개서의 작성 원리와 실제 작성에 대해서 살펴보고, 면접의 유형과 대처 요령에 대해서도 살펴보도록 한다.

학습목표

- 구직능력의 의의를 이해한다.
- 효과적인 이력서를 작성할 수 있다.
- 효과적인 자기소개서를 작성할 수 있다.
- 면접의 유형과 적절한 대처 방법을 설명할 수 있다.

주요용어

■ 진로준비 ■ 구직능력 ■ 이력서 ■ 자기소개서 ■ 면접

1 구직능력의 의의

"구하라 그리하면 너희에게 주실 것이요
찾으라 그리하면 찾아낼 것이요
문을 두드리라 그리하면 너희에게 열릴 것이니"
-마태복음 7장 7절-

우리나라 대학생들 중 대부분은 졸업 후 직업세계로 이행(school-to-work transition)하는 전환기를 맞게 된다. 졸업 후 원활하게 직업세계에 이행하는 것은 개인적 측면뿐만 아니라 국가 · 사회적 측면에서 매우 중요한 문제이다. UNICEF에 의하면, 만족스럽지 못한 직업세계로 이행한 청년들은 중년에 이르기까지 우울증의 징후를 보이기도 하며, 40%는 나이가 들어도 안정적으로 직업세계로 이행하지 못한다는 결과를 보고하였다(Andaleeb et al., 2019). 또한 졸업자가 직업세계로 원활히 이행하지 못한다는 것은 국가 및 사회가 필요로 하는 인재가 양성되지 못하고 있거나 양성되었더라도 그들이 적성과 능력에 따라 적절한 자리에 배치되지 못한다는 것이며, 이는 곧 국가 · 사회적인 측면에서 인적 자원 관리에 심각한 문제가 있음을 의미한다. 그렇기 때문에 대학생 시기에 졸업 후 원하는 직장에 입사하기 위한 능력, 즉 구직능력을 갖추는 것은 필수적인 과제이다. 이 장에서는 대학생들의 구직능력 중 가장 기본적으로 갖춰야 할 이력서 및 자기소개서와 면접에 대해서 살펴보도록 한다.

2 이력서 작성하기

1) 이력서 작성의 중요성

이력서는 성공적인 취업을 위한 첫 번째 관문으로서 인사 담당자에게 자신이 적합한 지원자라는 것을 인식시키는 서류로, 개인의 능력과 경력을 취업하고자 하는 회사에 홍보하는 것이기도 하다. 대부분의 기업에서는 서류전형을 통과한 응시자들에 한해서 면접 기회를 준다. 채용 담당자들은 이력서의 내용을 바탕으로 응시자의 성격, 능력, 이미지, 해당 자리와의 적합 여부 등 대부분의 것들을 판단하려는 경향이 있으며, 이력서에서 받은 첫인상이 면접 결과와 최종 채용 결정에 많은 영향을 미친다. 실제로 이력서를 잘 작성하지 않고서는 자신이 원하는 자리에 성공적으로 취업하기는 어렵다. 이처럼 자신이 원하는 직업에 입직하기 위해서는 효과적이고 매력적인 이력서 작성이 매우 필수적이라고 할 수 있으며, 이러한 이력서 작성을 위해서는 충분한 시간적 여유를 갖고 그동안 받은 교육과 자격증, 경험과 경력 등을 정리하는 것뿐만 아니라 지원 분야에 대한 역량이 충분히 나타날 수 있도록 정리하고 작성하는 것이 중요하다.

2) 이력서 작성의 원리

성공적인 이력서 작성을 위해서는 다음의 사항을 숙지하고 있어야 한다(워크넷, n.d.; 전라남도교육청, 2020).

① 명확한 목적의식과 목표 분야를 반영한다. 경력 개발 목표, 해당 회사 및 직무에 지원하는 목적 등을 압축된 한 문장으로 표현하여 명확한 목적의식과 목표를 가지고 지원하는 것이라는 인상을 심어 주어야 한다.

② 간결하고 일관성 있게 작성하고 최대한 압축한다. 불필요한 요소를 과감하게 삭제하고, 자신에 대해 최대한 효과적으로 보여 줄 수 있는 선에서 최대한 압축하여 최대 3장 이상을 넘기지 않는 것이 좋다.

③ 이수 교육과 경력에 대해 정확하고 자세하게 기재한다. 교육이수 시기 및 과목명, 자격증 취득 연도 및 내용 등을 정확히 명시하고, 경력사항(재직 기간, 재직 회사명, 소재지, 부서, 직급 및 직책, 담당 업무, 실제 수행했던 과제, 성취 업적)을 자세하게 기재한다. 하지만 절대 과장되거나 거짓으로 기재해서는 안 된다.

④ 자신이 보유한 기술 및 능력이 최대한 나타나도록 작성한다. 컴퓨터활용능력, 언어구사능력, 기타 업무수행능력 등 자신이 보유하고 있는 기술 및 능력을 최대한 기재해야 한다.

⑤ 디자인에 신경을 쓴다. 자신의 이력서를 보는 사람이 일목요연하고 쉽게 이력서를 읽을 수 있도록 디자인에 신경을 써야 한다. 가끔 자신이 강조하고 싶은 부분을 하이라이트 하는 것도 효과적이다. 사진은 정장 차림으로 깔끔하게 나오도록 하고, 과한 셀프 카메라는 피하도록 한다.

⑥ 이력서 앞부분에 반드시 요약을 기재한다. 단 몇 줄을 보고도 관심을 가질 수 있게 하는 이력서가 최고의 이력서이다. 이력서를 보는 사람이 5초 안에 이력서를 계속 볼 것인지, 옆으로 치워 둘 것인지를 결정할 수 있도록 해야 한다. 이력서 전반 부분에 자신의 모든 것을 압축하여 담은 요약 부분(자신의 경력, 기술, 능력 등)을 반드시 기재하도록 하여야 한다.

⑦ 자신만이 알고 있는 전문용어나 기술용어는 가급적 피한다. 꼭 필요한 경우에는 주석 표시를 이용해 간단한 설명을 달아 주는 것도 매우 좋은 방법이다.

⑧ 오탈자, 맞춤법, 정렬 등을 반드시 확인한다. 단 한 개의 오타 및 오기라도 이미지를 매우 나쁘게 만들 수 있는 실수이다. 이력서 작성 후에는 반드시 몇 번의 검토 과정을 통해 오타 및 오기가 없도록 주의하는 것이 좋다.

⑨ 한 가지의 이력서로 모든 회사와 직무에 지원하지 않는다. 기본 이력서를 작성한 후 실제 회사에 지원할 때는 지원하는 회사 및 직무에 따라 조금씩 버전을 달리하여 이력서를 제출하는 것이 좋다. 자신이 지원하는 회사 및 직무에 맞추어 작성된 이력서는 전문가적인 인상을 심어 주기에 충분하다.

⑩ 회사에서 널리 사용하고 있는 워드 프로그램을 이용한다. 회사에서 널리 사용하고 있는 MS-Word 및 한글 등의 워드 프로그램으로 이력서를 작성하는 것이 좋다. 특히 가끔 엑셀 등의 프로그램을 통해 이력서를 작성하는 사람들이 있는데, 이는 절대 피해야 한다.

3) 국문이력서 작성의 실제

국문이력서 작성 요령을 각 요목에 따라 정리하면 다음의 〈표 13-1〉과 같다.

〈표 13-1〉 **국문이력서 작성 요령**

요목	작성 요령
인적사항	• 인적사항에는 성명, 주소, 연락처 등을 기입하게 된다. • 인적사항은 주민등록에 기재된 것을 기준으로 정확하게 작성한다.
학력사항	• 고등학교 이상의 학력을 기재하는 것이 보편적이다. • 대학의 경우에는 학과(전공)를 기재하여야 한다. • 졸업 상황(졸업, 졸업 예정 등)을 기재한다.
자격사항	• 자격증은 지원 분야와의 관련 정도에 따라 순서대로 기입한다. • 발행기관(시행기관)과 취득일을 기재한다. 특히 어학능력은 어학별 점수나 등급과 유효기간을 확인할 수 있도록 취득일을 명확하게 기입한다.
특기사항 및 경력사항	• 특기사항은 자격증이나 졸업장은 없지만 지원 분야 업무 수행과 관련하여 자신이 보유한 능력이나 재능 등을 기록하는 곳으로서 이력서에서 가장 중요한 부분이라고 할 수 있다. • 특기사항에는 컴퓨터활용능력, 어학능력 등에 대한 능력 수준을 기재한다. • 경력사항에는 현장실습, 인턴, 직업훈련, 산업체 근무 경험 등에 관한 사항을 기재한다. • 경력은 직무와 연관성이 높은 순서대로 작성하며, 직무 관련 경력은 '최근' 경력부터 작성한다.
수상내역	• 가능한 한 지원 분야와 관련하여 자신을 홍보할 수 있는 수상 내역을 기재한다. • 대회명, 상장명, 수상기관 등을 기재한다.
사실 확인	• 이상의 기재 사항에 대한 사실을 확인하는 곳으로서, 반드시 날인하여야 한다.
긴급 연락처	• 이력서 상단에 긴급 연락처를 반드시 기재하여 긴급한 연락이 필요한 상황에 대비한다.

출처: 온라인 청년 센터(n.d.); 워크넷(n.d.); 전라남도교육청(2020), 이력서/자기소개서 작성법 재구성.

효과적인 국문이력서 작성을 위해서는 고용노동부 홈페이지(https://www.moel.go.kr)에서 고용노동부가 권고하는 표준이력서 양식을 다운받아 활용할 수 있다([그림 13-1] 참조).

<table>
<tr><td rowspan="2">지원자 성명</td><td colspan="5">한글</td></tr>
<tr><td colspan="5">영문</td></tr>
<tr><td>주소 (우편번호)
(현 거주지)</td><td colspan="5"></td></tr>
<tr><td rowspan="2">연락처</td><td>전화번호</td><td colspan="2">전화</td><td colspan="2">휴대전화</td></tr>
<tr><td>전자우편</td><td colspan="2"></td><td colspan="2"></td></tr>
<tr><td rowspan="3">주요
경력사항</td><td>회사명</td><td colspan="2">담당 업무(직무내용)</td><td colspan="2">근무기간(연, 월)</td></tr>
<tr><td></td><td colspan="2"></td><td colspan="2">년 월~ 년 월</td></tr>
<tr><td></td><td colspan="2"></td><td colspan="2">년 월~ 년 월</td></tr>
<tr><td rowspan="5">자격증
및
특기사항</td><td rowspan="2">관련 자격증</td><td colspan="2"></td><td colspan="2">(년 월 취득)</td></tr>
<tr><td colspan="2"></td><td colspan="2">(년 월 취득)</td></tr>
<tr><td rowspan="3">특기사항</td><td></td><td></td><td></td><td></td></tr>
<tr><td></td><td></td><td></td><td></td></tr>
<tr><td></td><td></td><td></td><td></td></tr>
<tr><td>자기소개 등
활동사항</td><td colspan="5"></td></tr>
<tr><td>취업지원
대상자 여부</td><td>보훈번호</td><td colspan="4"></td></tr>
<tr><td rowspan="2">장애인 여부</td><td>장애종별</td><td colspan="2">장애 정도</td><td colspan="2">장애인 등록번호</td></tr>
<tr><td></td><td colspan="2"></td><td colspan="2"></td></tr>
<tr><td rowspan="2">저소득층 여부</td><td>구분</td><td colspan="2">「국민기초생활보장법」 상
수급자</td><td colspan="2">「한부모가족지원법」 상
보호대상자</td></tr>
<tr><td>해당 여부</td><td colspan="2"></td><td colspan="2"></td></tr>
</table>

[그림 13-1] **고용노동부 이력서 양식**

출처: 고용노동부(2018).

잡코리아(https://www.jobkorea.co.kr)에서 뉴스 · 자료 → 이력서 양식에서 다양한 이력서 양식을 다운받아 활용할 수 있다([그림 13-2] 참조).

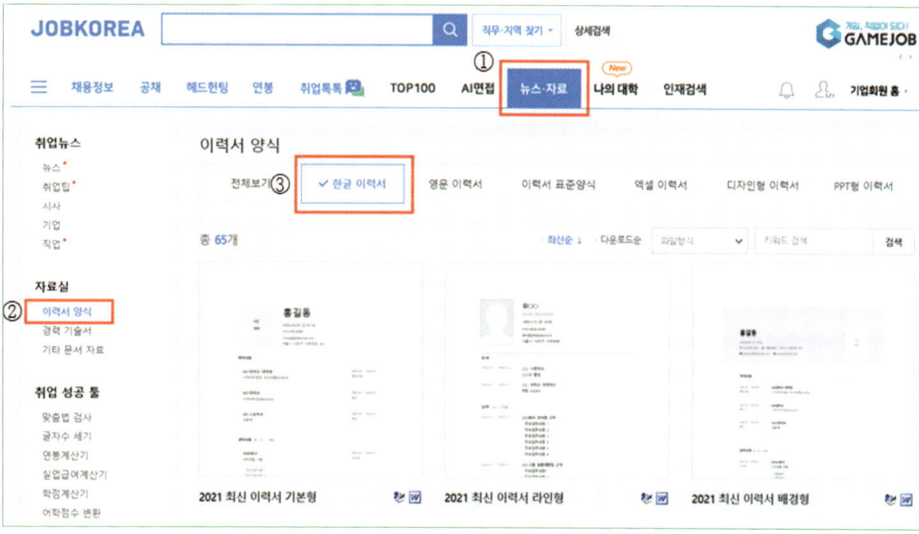

[그림 13-2] 잡코리아 한글 이력서 양식

출처: 잡코리아(2021).

3 자기소개서 작성하기

1) 자기소개서의 중요성

자기소개서는 자신을 짧게 소개한 글로서 원하는 회사와 직무에 적합한 역량과 확고한 입사 의지가 있다는 것을 나타내는 역할을 한다. 최근 대부분의 기업들이 자기소개서를 요구하고 있으며, 실제 합격 여부의 결정 요인이 되고 있다. 특히 서류 전형을 통해 직원을 채용하는 기업은 자기소개서가 합격 여부의 결정 과정에서 상당히 중요한 역할을 한다. 또한 필기시험을 통해 직원을 채용하는 기업이라고 하더라도 자기소개서는 면접 과정 등에서 개인에 대한 중요한 평가자료로 활용되고 있다. 이처럼 자기소개서는 이력서에서 포함하지 못한 자신의 전반적인 이야기를 부연하여 소개하는 중요한 도구이다.

2) 자기소개서 작성의 원리

효과적인 자기소개서 작성을 위해 다음의 10가지 원리를 숙지하여야 한다.

① 구태의연한 형식은 탈피하고, 첫 문장부터 읽고 싶게끔 작성한다. '저는 어렸을 적에, 19xx년, xx에서 태어나, 온화한 아버님과 자상한 어머님…'과 같은 극히 구태의연한 자기소개서 형식은 탈피하는 것이 좋다. 인터넷에서 떠도는 내용을 짜깁기하거나 진부한 내용의 첫 문장만으로도 창조적이지 못하고 구태의연한 사람임을 입증하는 것이다.

② 많은 에피소드보다는 1~2개의 에피소드를 구체적으로 기술한다. 여러 가지 에피소드나 경험담을 나열하면 산만하므로 1~2가지의 에피소드 경험의 내용과 그것이 시사하는 바를 구체적으로 작성하는 것이 좋다.

③ 읽기 쉬운 문장으로 기승전결에 따른 짜임새 있는 문장을 구성한다. 자기소개서는 내용의 전달만이 중요한 것이 아니다. 문장 구성 및 글의 전개 형식 등은 그 글을 읽는 사람에게 쓴 사람의 성격 및 성향을 알려 주기에 충분하다.

④ 자신의 장점, 관심 분야 및 경력 개발 계획 등을 중심으로 작성한다. 이력사항은 이력서에 충분히 기재되어 있으므로 이력서에 기재된 이력사항을 자기소개서에 반복하지 말아야 한다. 자기소개서에는 자신의 성격, 성향, 장단점, 강점 분야, 관심 분야 및 경력 개발 계획에 대한 청사진이 포함되어야 한다.

⑤ 오타 및 오기를 주의한다. 이력서와 마찬가지로 오타 및 오기는 이미지를 매우 나쁘게 만들 수 있다. 자기소개서 작성 후에는 반드시 몇 번의 검토 과정을 통해 오타 및 오기가 없도록 주의하는 것이 좋다.

⑥ 한자어 및 고사성어를 적절히 활용한다. 전체 문장에서 1~2개 정도의 적절한 한자어 및 고사성어를 활용하여 전체 문장의 질을 좀 더 고급스럽게 만들 필요가 있다. 또한 한자를 쓸 때는 한글 옆에 괄호를 이용하여 표기하는 방식의 혼용 표기 형태를 취하도록 한다. 하지만 지나친 한자의 사용은 자칫 읽는 사람으로 하여금 거부 반응을 불러일으킬 수 있으므로 피하는 것이 좋다.

⑦ 헤드라인 및 하이라이트를 활용한다. '자기소개서'라는 제목 대신, 신문의 헤드라인과 같이 자신의 자기소개서 전체를 나타낼 수 있는 헤드라인을 통해 제

목을 붙이거나, 강조하고 싶은 문장을 하이라이트 하여 읽는 사람으로 하여금 참신하다는 인상을 심어 주는 것도 좋은 방법이다.

⑧ 돌출적이거나 너무 튀는 형식은 피한다. 화려한 색깔의 사용, 파격적인 형식, 돌출적인 문장 등 지나치게 튀는 형식의 자기소개서는 절대 삼가야 한다.

⑨ 진솔하고, 논리적이고, 합리적으로 작성한다. 문장이 전체적으로 진솔하고, 논리적이고, 합리적으로 구성되도록 작성한다. '무엇이든지 할 수 있다'라는 식의 접근 방법도 피해야 한다. 자신의 객관적인 평가와 경력 목표에 부합하기 때문에 이 회사와 직무를 선택하려고 한다는 식의 논리적인 접근 방법이 필요하다.

⑩ 지나치게 자신을 돋보이게 과장하거나 강조하는 내용은 지양한다. 자기소개서는 자신이 어떤 사람인지를 홍보하고 해당 회사 및 직무에 얼마나 적합한지에 대하여 쓰는 글이지, 절대 자신의 지식이나 철학을 자랑하는 글이 아니다.

〈표 13-2〉 자기소개서 작성 시 점검사항

① 자기소개서는 면접의 근거자료가 되는 것을 기억하자.
② 원하는 직무를 먼저 이해해야 한다.
③ 기업이 원하는 성향과 역량 파악은 필수이다.
④ 경험에 대해 구체적으로 작성하자.
⑤ 부풀린 내용 없이 진정성 있게 작성하자.
⑥ 인사 담당자가 읽기 편하게 문장의 길이가 길어지지 않도록 하자.
⑦ 다른 지원자와 차별화된 나만의 이야기를 쓰자.

출처: 워크넷(n.d.), 이력서 · 자기소개서 작성법.

3) 자기소개서 작성의 실제

자기소개서의 작성 요령을 각 요목에 따라 정리하면 다음의 〈표 13-3〉과 같다.

〈표 13-3〉 **자기소개서 작성 요령**

요목	작성 요령
성장 배경	• 성장 배경에 대한 기술은 가족 환경, 교육 환경, 지리적 환경 등 환경적 특성, 가치관 형성 과정 등 주로 현재 자신의 개인적 특성과 관계된 부분들에 대하여 기재하는 것이 좋다. • 지원하고자 하는 산업, 기업, 직무에 관심을 갖게 된 계기를 설명하거나 해당 업무를 잘 수행할 수 있는 역량 또는 특성이 있다는 것을 자연스럽게 설명한다. • 시간 순서로 나열하기보다는 성장 과정 동안에 경험했던 특별한 사건을 중심으로 작성한다.
성격, 관심 분야 등 자신의 성향 소개	• 자신에 대한 객관적인 데이터를 바탕으로 자신의 성격, 특질 등을 제시하고, 자신의 특성을 고려하여 지금 지원하고자 하는 회사 및 직무를 선택한 것임을 피력하여야 한다.
강점과 단점	• 치열한 서류전형을 통과하기 위해 자신의 강점을 명확히 말해야 한다. • 장점은 구체적이고, 객관적인 근거를 들어 표현하고, 지원 분야와 연관되게 설명해야 한다. • 단점을 서술할 때, 해당 단점을 극복하기 위해 꾸준히 노력하고 있다는 점을 밝히면 효과적이다. • 단점을 너무 장황하게 쓰지 않고, 일할 때 결격 사유로 보일 수 있는 단점은 쓰지 않는다.
지원 동기	• 많은 조사를 통해 산업, 기업, 직무에 대해 명확히 이해하고 있어야 한다. • 지원하는 기업과 직무에 따라 매번 다르게 작성해야 한다. • '과거-현재-미래'가 논리적으로 연결되는 것이 핵심이며, 지원하는 분야에 대해 정확히 이해하고 일관된 관점으로 작성하는 것이 중요하다.
스킬, 전문지식 등 업무상 지식 및 경력 소개	• 자신이 보유한 스킬, 전문지식 등 업무상 필요한 지식과 자신의 경력에 대해 소개하고, 지원하고자 하는 직무에 얼마나 적합한지를 피력한다. • 지원하고자 하는 기업이 어떤 역량을 원하는지부터 알아야 한다. • 이후, 기업이 원하는 역량에 맞춰 자신의 능력을 자기소개서에 나타내면 효과적이다.
입사 후 포부 및 향후 계획	• 기업의 발전 방향을 명확하게 이해하고 있어야 하며, 직무에 어떻게 기여할 것인지 설명할 수 있어야 한다. • 앞으로 적극적인 자세로 업무에 임하며, 회사 목표와 개인 목표를 함께 이뤄 나가겠다는 자신감을 표현한다. • 향후 계획을 서술할 때, 단기 · 중기 · 장기 계획을 개인적인 측면과 조직적인 측면으로 구분하여 서술하는 것도 효과적이다. • 현대의 기업은 직원 개개인의 경력 개발 활동을 통해 회사의 이익이 극대화되길 바라며, 이를 위해서 자신의 명확한 경력 개발 계획이 갖추어진 인재를 원하므로 경력 개발 계획을 포함하도록 한다.

출처: 취업 가이드(2013); 홍준기(2015).

효과적인 자기소개서 작성을 위해 다음의 자료를 참고할 수 있다.

- 워크넷 홈페이지(https://www.work.go.kr/)에서 기업별 자기소개서 문항 및 세부 작성 가이드를 확인할 수 있다.
  - 직업 · 진로 취업 가이드 → 직무별 자소서 작성 가이드 → 희망 직무 선택 시 기업별로 조회할 수 있다([그림 13-3] 참조).

[그림 13-3] 직무별 자기소개서 문항 및 작성 가이드 확인 방법

출처: 워크넷(n.d.), 직무별 자소서 작성가이드 재구성.

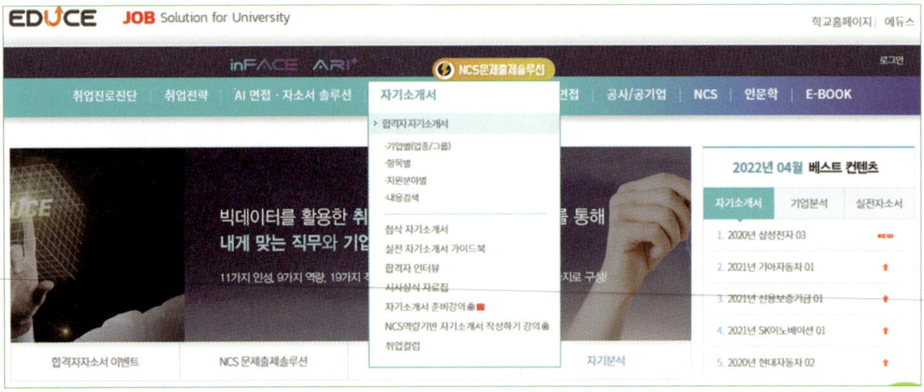

[그림 13-4] 합격자 자기소개서 확인 방법

출처: 에듀스. (n.d.), 자기소개서 재구성.

[참고자료] 잘 쓴 자기소개서의 특징

- **글쓰기 실력보다는 '콘텐츠'**: 글쓰기에 자신이 없더라도 솔직하고 담백하게 자신이 가진 콘텐츠를 풀어내어 자신만의 강점이 돋보이게 구성하는 것이 필요합니다.
- **'진정성' 있는 경험담**: 지원 분야의 역량을 개발하기 위해 꾸준히 준비해 왔던 경험을 담아 진정성 있는 모습을 보여 주는 것이 좋습니다.
- **자신만의 '포인트' 어필**: 좋은 경험이라고 하더라도 단순하게 나열하는 형식은 지루하게 느껴질 수 있습니다. 어떤 경험이든 그 안에서 보여 주고 싶은 자신만의 포인트를 찾아 어필해야 합니다.
- **'질문 의도'에 맞게 작성**: 자기소개서 질문의 의도를 파악하고 그에 맞는 내용으로 답변해야 합니다. 추가로 어필하고 싶은 부분이 있더라도 먼저 질문에 대한 답변을 충실히 한 후에 이루어져야 합니다.
- **읽기 쉽게 '구조화'하기**: 소제목을 달고, 단락을 나누어 한눈에 보기 쉽게 구조화시키는 것이 좋습니다. 또한 맞춤법에 어긋나거나 불필요하게 반복하는 표현이 있는지 확인합니다.

출처: 워크넷(n.d.), 이력서 · 자기소개서 작성법 재구성.

4 면접 준비하기

1) 면접의 중요성

수많은 지원자 중 기업(관)과 해당 직무에 적합한 인재를 단시간 안에 파악하는 것은 쉽지 않은 일이다. 이러한 어려움을 해소하고자 기업에서는 다양한 면접 방식을 도입하고, 면접의 기준을 수립하고, 평가요소를 최대한 구조화하는 노력을 꾸준히 진행하고 있다.

기업들은 채용 과정에서 서류전형이나 필기시험보다는 면접에 높은 비중을 두는 추세이다. 이에 따라 면접시험 자체도 과거의 형식적이고 1회에 그쳤던 면접시험에서 벗어나 개별 면접, 집단 면접, 집단토론식 면접 등으로 다양해졌으며, 여러 차례의 면접을 통해서 최종적인 합격을 결정하는 경우가 늘어나고 있다.

[그림 13-5]는 대기업과 중소기업에서 직원채용 시 고려하는 요인들의 비중을 나타내고 있는데, 대기업과 중소기업에서 모두 면접의 비중이 매우 높음을 알 수 있다.

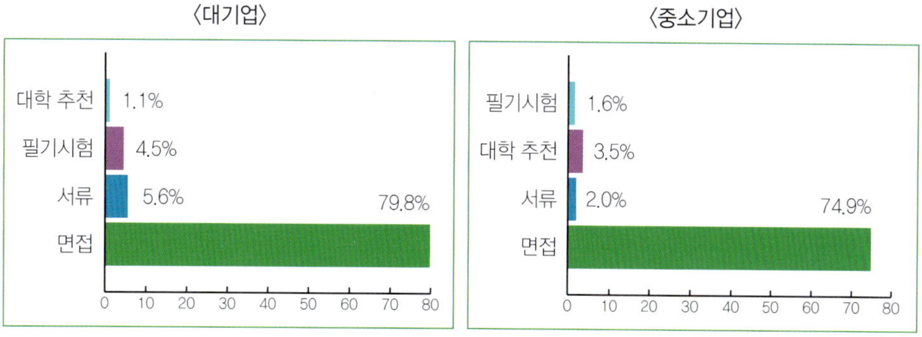

[그림 13-5] 직원채용 시 고려요인

최근 역량 중심 채용이 트렌드인 만큼 지원자는 먼저 지원하는 기업(관) 및 직무가 요구하는 자질과 역량이 무엇인지를 충분히 파악하고 그에 맞는 역량을 보여 주는 것이 중요하다(강동욱, 2022).

2) 면접의 유형 및 준비사항

면접의 중요성과 비중이 강화됨에 따라 면접을 통해서 지원자의 자질과 사람됨을 정확히 파악하기 위해서 다양한 면접법이 활용되고 있으며, 구체적인 예들은 〈표 13-4〉와 같다.

〈표 13-4〉 **면접의 유형**

유형	설명
1:1 면접	1:1 면접이라고 하더라도 한 번으로 끝나지 않고, 여러 면접관들과 몇 번의 1:1 면접을 진행하는 경우도 있다.
집단 면접 (1:다수 면접관)	한 명의 지원자와 여러 명의 면접관이 하는 면접의 형태로서 긴장감 처리와 시선 처리가 중요하다.
집단 면접 (다수:다수)	타 지원자들과 함께 면접을 치르게 되므로 상대평가가 되기 쉽다.
집단토론식 면접	팀워크 및 리더십에 대해 평가하기 위해 주로 이루어지는 형태이다.
프리젠테이션 면접	일정한 주제가 면접 직전에 주어지고, 정해진 시간 안에 자신의 생각과 의견을 발표하는 형태이다.
다차원 면접	지원자 30명과 면접관 3명을 1개조로 편성해 등산, 사우나 등에서 하루 종일 어울리며 진행하는 형태이다.
블라인드 면접	지원자의 학연, 지연, 혈연 등을 전혀 알지 못하는 상태에서 진행하는 무자료 면접이다.

출처: 최유현 외(2018), p. 149에서 재구성.

면접관에게 호감을 주는 태도와 답변 요령, 기타 면접에 대한 기본적인 준비는 필수적이다. 먼저 면접 시 단정한 복장은 기본이다. 면접 시 단정한 복장과 헤어스타일은 긍정적인 첫인상을 줄 수 있는 요소이기 때문에 지원자는 지원하는 직무에 적합한 이미지를 보여 줄 수 있게 면접 복장과 헤어스타일을 준비하는 것이 좋다([그림 13-6] 참조).

머리
- 신뢰감 있는 인상을 줄 수 있도록 이마와 귀가 보이도록 단정하게 정리

얼굴
- 자신의 피부 톤에 맞는 색상으로 메이크업
- 결점은 보완하면서 깔끔하고 생기 있는 연출

구두
- 복장과 어울리는 어두운 색 계열 선택
- 통 굽, 샌들, 오픈 토슈즈 피하기
- 구두는 깨끗하게 닦아서 준비

복장
- 기업과 직무 특성에 어울리는 스타일과 색상 선택
- 자신의 몸에 잘 맞는 깔끔한 정장 착용
- 흰색 셔츠에 단색 정장이 무난하고 광택이나 무늬가 많은 것은 피하기

기타
- 정장에는 블랙 계통의 양말 착용(발목 양말 지양)
- 손목시계나 작고 단정한 것 정도의 장신구만 착용
- 넥타이는 적당한 폭에 단정한 색상 또는 회사의 상징적인 색상 착용

[그림 13-6] **면접 복장 예시**

출처: 워크넷(n.d.), 면접 복장 예시.

실전 면접에서 긴장과 사소한 실수는 줄이고, 자신의 역량과 적합성을 최대한 보여 줄 수 있도록 생각과 경험을 진솔하게 표현하기 위해서는 다음의 11가지 사항을 유념해야 한다.

① 면접 전 날은 충분한 숙면을 취한다.

② 면접시간을 절대 엄수한다.

③ 구직 분야와 자신의 경력 및 업무능력 등의 연결점을 찾아 답변을 한다.

④ 가능한 한 자신이 직접 수행한 업무 및 경험을 이용하여 자신의 업무능력과 장점을 얘기하도록 한다.

⑤ 질문에 답변할 때는 항상 면접관을 주시한다.

⑥ 면접관의 질문을 정확하게 파악하라. 만약 정확하게 파악이 안 되면 양해를 구한다.

⑦ 만약 면접 도중에 면접관이 잠깐 침묵을 유지한다면 그 이유가 무엇인지 정확하게 파악한다.

⑧ 자신의 단점에 대해 얘기하라고 하면 업무와 관련된 약점을 한 가지 정도를 얘기하고 그에 대한 개선 방법도 같이 제시하면 좋다.

⑨ 만약 면접관이 자신의 경력에서 부정적인 부분에 대해 질문을 할 경우, 절대 전 직장이나 상사를 비판하는 태도로 이야기하지 않는다.

⑩ 면접 전에 급여 수준에 대한 정보를 반드시 수집한 후 면접에 임한다.

⑪ 면접 전에 반드시 다른 사람과 모의 면접을 해 본다.

효과적인 면접 준비를 위해 다음의 자료를 활용할 수 있다.

- 꿈날개(https://www.dream.go.kr/dream/index.do)에서 여성을 대상으로 모의면접, 화상면접, 셀프면접 및 피드백, 면접 Skill up을 지원한다([그림 13-7] 참조).

[그림 13-7] 꿈날개 홈페이지 화면

출처: 꿈날개(n.d.).

- 잡플래닛(https://www.jobplanet.co.kr/)에서 제휴 대학교(서울대학교 등)의 학생은 학교 계정(예: abc123@snu.ac.kr)으로 회원가입 시 실제 면접을 본 사람이 남긴 희망 기업 및 직무의 면접에 대한 상세한 정보(면접 일자, 경로, 질문, 답변, 후기, 채용 방식, 발표 후기 등)를 확인할 수 있다([그림 13-8] 참조).

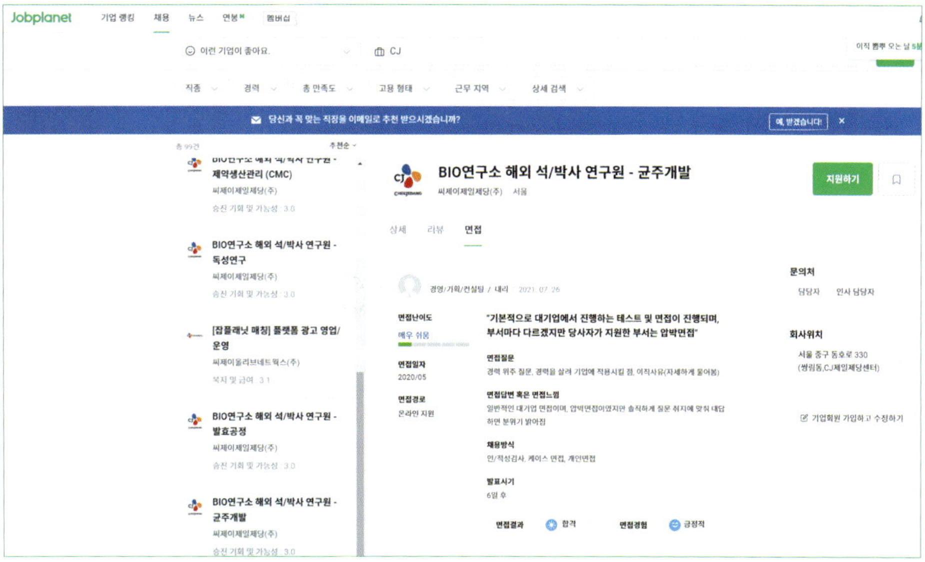

[그림 13-8] 잡플래닛 CJ 연구원 면접 정보 예시

출처: 잡플래닛(n.d.), 면접 후기.

최근 들어서는 AI 면접이 확산되고 있다. 특히 직무능력 중심의 채용 경향과 비대면 면접의 필요성이 확대되고, 기업의 시간과 비용을 크게 절약할 수 있음은 물론이고, 채용 과정에서 공정성이 더욱 강조되고, 직무 중심의 인재 채용이 확산되면서 AI 면접에 대한 관심이 높아지고 있다. AI 면접은 인공지능(AI)을 활용해 지원자의 역량을 평가하는 기술로 'AI역량검사'라는 표현을 사용하기도 하는데, 뇌신경과학을 기반으로 사고와 행동의 패턴을 분석해 지원자의 성향과 역량이 기업문화에 적합한지 파악한다. AI 면접(AI역량검사)은 지원자의 다양한 역량을 과학적이고 객관적으로 평가하기 위해 개인의 행동적 특성부터 심리적 경향성을 파악하는 프로그램을 활용한다. 거짓 응답을 엄격하게 선별할 수 있도록 설계된 자기보고식 기법과 뇌의 전전두엽의 인지능력을 측정하는 역량 분석 게임, 면접 상황에서 보이는 행동의 의미와 특성을 파악하는 영상 분석 기술은 지원자를 보다 정확하게 평가한다. 평가요소는 visual(표정, 움직임), verval(단어 분석, 긍정 부정 단어), vocal(음색, 음높이, 크기, 속도), vital(맥박, 안면 색상)이다. AI 면접의 단계별 팁은 다음과 같다(워크넷, n.d.).

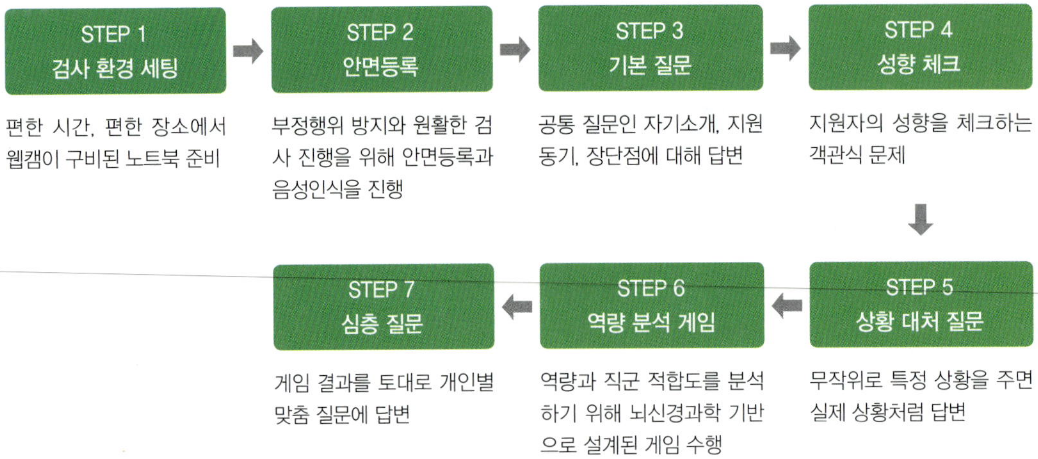

[그림 13-9] **AI 면접 단계별 팁**

출처: 워크넷(n.d.), 면접전략.

단원 요약

1. 구직을 위해서는 무엇보다도 구직에 필요한 과정과 절차, 그리고 필요한 역량을 갖추어야 한다. 특히 구직을 위해서는 이력서 및 자기소개서의 작성, 면접 등이 있는데, 이러한 것들은 실제적인 구직에 결정적인 요인이 되므로 이를 철저히 준비하는 것은 매우 중요하다.

2. 이력서는 성공적인 취업을 위한 첫 관문이자, 개인의 능력과 경력을 취업하고자 하는 회사에 홍보할 수 있는 공식적인 방법이다. 자신이 원하는 직업에 입직하기 위해서는 효과적이고 매력적인 이력서 작성이 매우 필수적이라고 할 수 있으며, 이러한 이력서 작성을 위해서는 충분한 시간적 여유를 갖고 그동안 받은 교육과 자격증, 경험과 경력 등을 정리하는 것뿐만 아니라 지원 분야에 대한 역량이 충분히 나타날 수 있도록 정리하고 작성하는 것이 중요하다.

3. 자기소개서는 자신을 짧게 소개한 글로서 원하는 회사와 직무에 적합한 역량과 확고한 입사 의지가 있다는 것을 나타내는 역할을 한다. 서류전형을 통해 직원을 채용하는 기업은 자기소개서가 합격 여부의 결정 과정에서 상당히 중요한 역할을 하게 되므로 효과적인 자기소개서 작성을 위해 기본 원리를 숙지하여 작성한다.

4. 면접은 수많은 지원자 중 기업(관)과 해당 직무에 적합한 인재를 단시간 안에 파악하기 위한 것으로, 면접 시 면접관에게 호감을 주는 태도와 답변 요령, 기타 면접에 대한 기본적인 준비는 필수적이다. 면접 시 단정한 복장은 기본이고, 긴장과 사소한 실수는 줄이고, 자신의 역량과 적합성을 최대한 보여 줄 수 있도록 생각과 경험을 진솔하게 표현하기 위해서 유념할 사항을 숙지하고 많은 준비를 하고 임하도록 한다.

참고문헌

강동욱(2022). 면접의 이해. https://www.donggu.kr/board.es?mid=d10205000000&bid=0264&act=view&list_no=5536&tag=&nPage=12

건국대학교(2014). 이력서 및 자기소개서 진단. https://kku.ac.kr/user/boardList.do?command=view&siteId=wwwkr&boardId=1636&page=1&boardSeq=3463&search=&column=&categoryId=&categoryDepth=&id=wwwkr_070602000000&parent=

고용노동부(2018). 표준이력서 및 자기소개서 양식. https://www.moel.go.kr/policy/policyinfo/safety/bbsView.do?bbs_seq=20180100182

꿈날개(n.d.). https://www.dream.go.kr/dream/index.do

서울대학교 경력개발센터(2021). 합격자 자기소개서. http://u.educe.co.kr/jobsnu/?mod=passReport&m_idx=17

에듀스(n.d.). 자기소개서. http://www.educe.co.kr/educe/

영진전문대학교 취업정보센터(n.d.). 면접방법. https://job.yju.ac.kr/content/sub03_4

온라인청년센터(n.d.). https://www.youthcenter.go.kr/jynTips/jynTipsDetail.do?tipsId=202106090002

워크넷(2021). 직무별 자소서 작성가이드. https://www.work.go.kr/empSpt/empGuide/selfintroWriteGuide/selfintroWriteGuideViewList.do

워크넷(n.d.). https://www.work.go.kr/empSpt/empGuide/empTrend/resumeSelfIntroGuide.do?pageCode=1

워크넷(n.d.). 면접 복장 예시. https://www.work.go.kr/empSpt/empGuide/empTrend/interviewGuide.do?pageCode=11

워크넷(n.d.). 면접전략. https://www.work.go.kr/empSpt/empGuide/empTrend/interviewGuide.do

워크넷(n.d.). 이력서 · 자기소개서 작성법. https://www.work.go.kr/empSpt/empGuide/empTrend/resumeSelfIntroGuide.do?pageCode=1

잡코리아(2021). 한글 이력서 양식. https://www.jobkorea.co.kr/goodjob/docs/form?schOrder=1&schFile=0&schTxt=&schCol=000001

잡플래닛(n.d.). 면접 후기. https://www.jobplanet.co.kr/job/ search?q=CJ&page=2

전라남도교육청(2020). 이력서/자기소개서 작성법. https://www.jne.go.kr/job/cm/cntnts/cntntsView.do?mi=650&cntntsId=165

최유현, 이찬, 이영민, 김종갑, 오동미, 최영준(2018). 성공적인 직업생활. 서울: 마루비에듀.

취업 가이드(2013). 자기소개서, 경력 개발 및 지원 목적 작성방법. https://blog.naver.com/PostView.naver?isHttpsRedirect=true&blogId=job_story0&logNo=10159174099
홍준기(2015). 합격의 자소서. 한국경제신문.

Andaleeb, A., & de Diego, M. E. (2019). *Unpacking school to work transition: Data and evidence synthesis*. Office of Global Insight and Policy.
Tom, R. (2007). *Strengths Finder 2.0: A new and upgraded edition of the online test from Gallup's now, discover your strengths with other*. Gallup Press.

읽을거리

나승일, 오승균(2016). 가방끈보다 신발끈. 미래융합연구소.

소셜멘토링 잇다: https://www.itdaa.net/

에듀스 : 각 시기 및 기업별 합격자의 실제 자기소개서(문항 및 답변)를 조회 가능 http://www.educe.co.kr

이력서와 자기소개서와 관련하여서는 워크넷의 이력서 및 자기소개서 작성방법 참조: https://www.work.go.kr/empSpt/empGuide/empTrend/resumeSelfIntroGuide.do

활동지 13-1

이력서 작성하기

내가 결정한 직업 및 관련 기관에서는 어떠한 양식의 이력서를 요구하는지 파악하고, 그에 따라 자신의 이력서를 작성해 보자.

※ 별지에 작성해 보자.

활동지 13-2

자기소개서 작성하기

내가 결정한 직업 및 관련 기관에서는 어떠한 자기소개서를 요구하는지 파악하고, 자신의 자기소개서를 작성해 보자.

※ 별지에 작성해 보자.

활동지 13-3

면접 준비하기

내가 결정한 직업 및 관련 기관에서는 어떻게 면접을 보는지 파악하고, 이를 위해서 나는 어떻게 대비하고 임할지 정리해 보도록 하자.

구분	내용
면접 방법 (구체적으로)	
준비할 사항	

제5부

평가 및 피드백

제14장 나의 진로 디자인 활동 평가 및 피드백: 진로 디자인 포트폴리오를 중심으로

제5부에서는 나의 이해활동부터 시작하여 진로준비활동까지 전체 진로 디자인 활동을 종합하여 평가하고 피드백한다. 이를 위하여 먼저 진로 디자인 포트폴리오를 작성하고자 한다. 진로 디자인 포트폴리오는 나 이해를 바탕으로 잠정적인 진로대안을 선정하고, 이 대안에 대한 진로정보 탐색활동을 토대로 최적 진로대안을 선정하여 진로를 계획하고 준비한 활동들을 종합하여 작성한다. 작성된 진로 디자인 포트폴리오를 발표하고 토론하며, 자기평가와 동료평가 그리고 교수자평가를 통하여 진로 디자인 활동 전반을 평가하고 그 결과를 각 활동단계에 피드백한다.

진로 디자인 포트폴리오 **작성**하기 → 진로 디자인 포트폴리오 **발표**하기 → 진로 디자인 포트폴리오 **토론**하기 → 진로 디자인 포트폴리오 **평가**하기 → 진로 디자인 포트폴리오 **피드백**하기

제14장 나의 진로 디자인 활동 평가 및 피드백: 진로 디자인 포트폴리오를 중심으로

개　　요

지금까지 우리는 자신에 대한 이해를 토대로 잠정적 진로대안을 결정하고, 이 진로대안들에 대한 정보를 탐색하였다. 잠정적 진로대안 탐색 결과를 토대로 자신에게 적합한 최적 진로대안을 결정하였다. 그리고 이 진로대안을 구현하기 위하여 진로 비전체계를 수립하고, 실행계획을 수립한 다음에 진로준비 활동을 수행하였다.

이 단원에서는 지금까지 수행한 활동들을 모아 진로 디자인 포트폴리오를 작성하고, 그 결과를 발표하고 토론하며 평가하고 피드백하는 절차와 방법에 대하여 학습하고자 한다.

학습목표

- 진로 디자인 평가와 피드백의 의의를 설명할 수 있다.
- 진로 디자인 포트폴리오를 작성할 수 있다.
- 진로 디자인 포트폴리오를 발표하고 토론할 수 있다.
- 진로 디자인 포트폴리오를 평가하고 그 결과를 피드백할 수 있다.

주요용어

- 진로 디자인 활동 평가 및 피드백
- 진로 디자인 포트폴리오
- 진로 디자인 포트폴리오 발표 및 토론
- 진로 디자인 포트폴리오 평가
- 진로 디자인 포트폴리오 피드백

1 진로 디자인 평가와 피드백의 의의

우리는 지금까지 진로 디자인 개념도에 터하여 진로 디자인의 전 과정을 수행하였고 이제는 우리가 수행한 진로 디자인 활동을 평가하고 피드백 하는 단계에 와 있다. 평가와 피드백은 우리가 수행한 진로 디자인 활동들을 되돌아보며 활동 과정과 결과를 분석하고 평가하여 어떤 문제가 있는지를 찾아내고, 그 문제를 해결할 수 있는 해법을 마련하고 피드백하여 문제를 해결함으로써 진로 디자인 활동의 완성도를 제고하는 데 그 목적이 있다.

우리는 이 책을 통하여 삶, 진로, 직업의 의미에 대한 이해를 바탕으로 나에게 적합한 잠정적 진로대안 3개를 선정하여 진로정보를 탐색하였고, 이 결과를 토대로 하나의 최적 진로대안을 선택하였다. 이후 이 진로대안을 중심으로 나의 진로 비전체계를 수립한 후에 진로 실행계획을 수립하고 진로준비에 필요한 활동을 수행하였다.

[그림14-1]은 지금까지 우리가 수행한 진로 디자인의 전 과정을 보여 주고 있다.

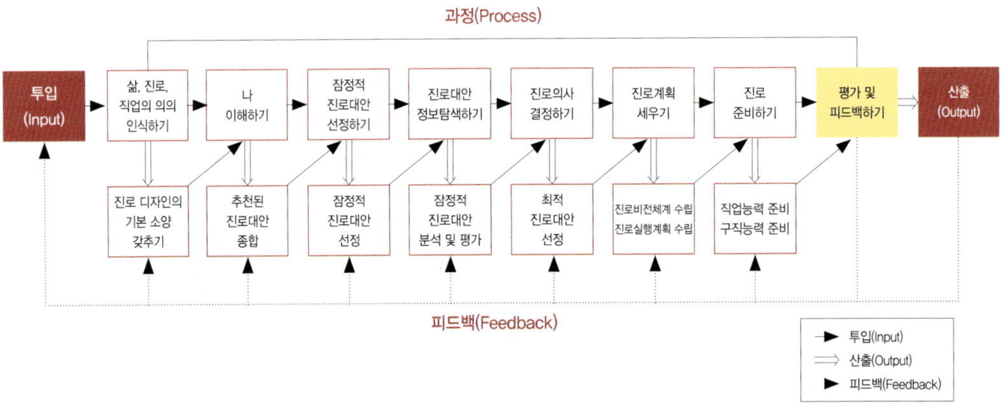

[그림 14-1] **체제적 접근에 터한 진로디자인 개념도**

이 그림은 진로 디자인을 하나의 체제(system)로 보고, 그 하위 체제가 크게 '투입(input)' '과정(process)' '산출(output)'로 보고 있다는 것을 보여 준다.

이 모형에서 첫 번째, '투입'은 교수자, 학습자 그리고 진로 디자인 프로그램(교재) 등이다. 진로 디자인을 실행하는 데 필요한 투입 요소들을 말한다.

두 번째, '과정'은 크게 삶, 진로, 직업의 의의 이해하기, 나 이해하기, 잠정적 진로대안 선정하기, 진로대안 정보 탐색하기, 진로의사결정하기, 진로계획 수립하기, 진로준비하기, 평가 및 피드백하기 8단계로 구성되어 있다. 이 8단계는 각 단계별로 투입과 산출로 구성된다. 각 하위 시스템별로 산출이 있고, 이 산출은 다음 단계의 투입으로서의 역할을 수행한다. 가령, 나 이해하기 단계의 산출은 잠정적 진로대안 선정이고 이것은 다음 단계인 진로대안 정보 탐색하기 단계에 투입이 된다. 그리고 진로대안 정보탐색하기 단계의 산출은 잠정적 진로대안 분석 및 평가이고, 이것은 또 다음 단계인 진로의사결정하기 단계에 투입이 된다. 따라서 진로 디자인 과정의 8단계는 최종 산출인 최적 진로대안의 실현이라는 목적이 달성될 때까지 지속적으로 작동하는 순환 프로세스라고 할 수 있다.

세 번째, '산출'은 진로 디자인의 궁극적 목적인 최적 진로대안의 실현이다. 즉, 최적 진로대안(예: 세무사)의 직업세계로 이행하여 자신의 진로미션과 진로비전을 실현하는 것이다. 다만, 이 단계에서 단기적으로는 진로대안을 실현하는 과정에서 요구되는 자격증 취득, 입사 시험 합격, 취업이나 진학 및 창업 등이 목적이 될 수도 있다.

마지막으로 '피드백'은 일반적으로 산출단계로부터 투입단계와 과정단계로 이루어진다. 그러나 이 개념도에서는 '과정단계'의 '평가 및 피드백하기'에서도 투입단계와 과정단계로 피드백이 이루어진다. 평가 및 피드백하기 단계에서 이루어지는 피드백은 주로 진로 디자인 평가 과정에서 드러난 문제들을 확인하여 이 문제들에 대한 해결방안을 마련한 후에 각 단계로 돌아가 문제를 해결하는 것을 말한다. 가령, 진로대안 평가 매트릭스 기법을 이용하여 최적대안을 선정하는 방법에 문제가 있다는 것을 확인했을 경우에는 해당 단계로 돌아가서 다시 진로대안을 평가하거나, 비전체계 개발과정에서 미션과 비전을 바꾸어 기술한 경우에 다시 수정하는 것과 같이 다소 미시적인 피드백이 이루어지는 경우가 많다. 그러나 산출단계에서 이루어지는 피드백은 실제 최적 진로대안을 실현하는 과정에서 진로대안을 다시 선정하거나 진로계획을 대폭적으로 수정하거나 또는 진로준비 과정에서 그 내용을 변경하는 등의 보다 거시적인 피드백이 되는 경우가 많다.

이 장에서는 주로 '과정단계'에서 이루어지는 진로 디자인 평가와 피드백하기에 초점을 맞추고자 한다. 즉, 진로 디자인 전 과정에 대한 자기평가, 동료평가, 교수자 평가 등을 바탕으로 드러난 문제들을 확인하고 각 문제들에 대한 해결 방안을 마련한 후에 각 단계에 피드백하여 문제를 해결하는 데 중점을 두어 논의하고자 한다.

이러한 진로 디자인 평가와 피드백을 하는 과정에서 도움이 되는 것이 진로 디자인 포트폴리오이다. 진로 디자인 포트폴리오를 작성하여 전시하거나 발표하고 토론을 한다면 그 과정에서 자기평가를 할 수 있고, 동료들이나 교수자의 평가도 들어 볼 수 있어서 보완하거나 수정해야 할 문제를 확인하여 피드백할 수 있다.

2 진로 디자인 포트폴리오 작성

1) 진로 디자인 포트폴리오의 개념

포트폴리오(portfolio)는 이탈리아어의 '나르다'라는 의미의 '포르타레(portare)'와 '종이'라는 의미의 '폴리오(folio)'의 합성어로 '종이를 나르는 것'이라는 의미를 지니고 있다(김명선, 김석우, 2001) 따라서 포트폴리오란 '자신의 경력과 기술을 증명할 수 있는 문서를 수집하여 이를 간편히 휴대할 수 있도록 파일에 정리해 놓은 것(송원영, 김지영, 2009)'을 의미한다고 할 수 있다. 일반적으로 포트폴리오는 누군가에게 자신의 역량이나 자격을 증명해야 할 필요가 있을 때 제공하기 위해 준비한다. 가령, 미술가들이 자신의 미술 작품을 넣은 화첩을 준비하거나, 광고주가 자신이 관여했던 광고 도안들을 넣어 놓은 바인더나 파일을 준비하고, 건축사 자신이 설계했던 건축 설계도나 사진 등을 정리한 파일을 준비하기도 한다.

이러한 관점에서 진로 포트폴리오(career portfolio)란 취업이나 진학을 목적으로 진로와 관련된 자료들을 수집하여 항목별로 분류하여 모아놓은 서류철이라고 할 수 있다.

즉, 진로 포트폴리오는 자신의 진로와 관련된 특성, 역량, 자격, 경험 등에 중점을 둔 자료라고 할 수 있다. 반면에 진로 디자인 포트폴리오(career design portfolio)는 자신의 진로와 관련된 특성, 역량, 자격, 경험 등을 바탕으로 진로탐색, 진로결정, 진로계획 및 진로준비 과정 등을 일목요연하게 정리한 서류철을 의미한다.

우리는 진로 디자인 포트폴리오를 개발하는 과정이나 진로 디자인 포트폴리오를 발표하고 토론하는 과정을 통해 자신의 진로 디자인 활동의 전 과정을 평가해 볼 수 있다. 또한 평가 결과를 토대로 내용이 미흡한 부분이나 분석이나 해석에 오류가 있는 부분, 내용이 불분명하거나 논리적으로 비약이 있는 부분 등 보완해야 할 부분을 찾아 피드백하는 활동을 통해 자신의 진로 디자인 활동의 완성도를 높일 수 있다.

2) 진로 디자인 포트폴리오 작성 방법

진로 디자인 포트폴리오 작성 방법은 작성 매체와 내용 구성 방식에 따라 분류해 볼 수 있다.

(1) 작성 매체

먼저, 진로 디자인 포트폴리오를 구현하는 매체에 따라 오프라인 진로 디자인 포트폴리오와 디지털 진로 디자인 포트폴리오로 나누어 볼 수 있다. 오프라인 진로 디자인 포트폴리오는 PPT, Keynote, 구글 프레젠테이션, 한글, 워드 등을 이용하여 오프라인 문서로 인쇄하여 만드는 유형이다. 반면에 온라인 진로 디자인 포트폴리오는 노션(notion), 에버노트(evernote), 원노트(one note), 구글 메모((keep), 블로그(blog) 등을 이용하여 온라인 공간에 만드는 유형을 말한다.

오프라인 진로 디자인 포트폴리오 예시

온라인 진로 디자인 포트폴리오 예시

[그림 14-2] 구현 매체별 진로 디자인 포트폴리오 개발 방법

출처: http://bit.ly/3YBIYde (좌); https://alohayoon.oopy.io/ (우)

(2) 내용 구성 방법

진로 디자인 포트폴리오는 내용 구성 방법에 따라 그 유형을 구분해 볼 수 있다. 첫 번째는 '교재의 진로 디자인 활동을 종합하는 방식'으로 교재의 제1장부터 14장까지 전체 활동지를 순서대로 묶어서 만든다. 두 번째는 '일반보고서 방식'으로 서론, 본론, 결론 형식으로 만드는 방식이다. 즉, 제4장부터 13장까지 진로 디자인 활동지를 정리하여 본론으로 하고, 들어가는 글(서론)과 마무리하는 글(결론)을 앞뒤로 넣어서 만든다. 세 번째는 '자유 유형'으로 전체 진로 디자인 활동 결과를 반영하되, 자신의 취향과 선호에 따라 그 절차와 내용을 창의적으로 재구성하여 만든다. 어떤 방식을 택하든지 나름대로 자신의 진로 디자인 포트폴리오가 스토리텔링이 잘 되도록 구성하여 만들면 된다.

여기서는 진로 디자인 포트폴리오 개발 방법을 '교재의 진로 디자인 활동을 종합하는 방식'과 '일반보고서 구성 방식'을 중심으로 설명하고자 한다.

(3) 교재의 '진로 디자인 활동'을 종합하는 방식

첫 번째 진로 디자인 포트폴리오 개발 방식은 교재의 '진로 디자인 활동'을 순서대로 단순하게 종합하는 방식이다. 이 교재는 제1장부터 14장까지 전체 활동지를 순서대로 묶으면 하나의 진로 디자인 스토리가 완성될 수 있도록 구성되어 있기 때문에 이 방식을 이용하면 큰 노력 없이도 좋은 진로 디자인 포트폴리오를 만들 수 있다.

이 방식을 이용하여 진로 디자인 포트폴리오를 만드는 방법을 예시하면 다음과 같다.

〈표 14-1〉 진로 디자인 포트폴리오 개발 양식 I: 교재의 진로 디자인 활동 종합방식 예시

[목차]

제1부 나의 삶, 진로 및 직업
1. 나의 삶, 나의 진로
2. 대학생, ○○대생의 특성과 진로
3. 미래 사회 및 직업세계와 진로

제2부 나의 이해
1. 스스로 나 이해를 통한 나의 이해
2. 표준화 검사를 통한 나의 이해
3. 나 이해의 종합

제3부 진로대안 선정, 탐색 및 결정
1. 나의 잠정적 진로대안의 선정
2. 나의 진로정보 탐색
3. 나의 진로의사결정

제4부 진로계획 및 준비
1. 나의 진로계획 I: 진로비전체계 개발하기
2. 나의 진로계획 II: 진로실행계획 세우기
3. 나의 진로준비 I: 직업능력 준비하기
4. 나의 진로준비 II: 구직능력 준비하기

제5부 평가 및 피드백
1. 나의 진로 디자인 요약
2. 나의 진로보고서 평가
3. 진로보고서 평가 결과 피드백

참고문헌
부록: 심리검사 결과지, 직업인 인터뷰지 등

(4) 일반 보고서 방식

진로 디자인 포트폴리오를 개발하는 또 다른 방법은 일반 보고서 방식으로 개발하는 것이다. 먼저 '들어가는 글(서론)'을 제시하고, 두 번째로 '진로 디자인 활동'을 통해서 수행한 활동들을 모두 모아 정리하고, 세 번째로 '마무리하는 글(결론)'을 넣어서 만드는 방법이다. 이 방식은 일반적으로 보고서를 작성하는 방식과 유사하다. 구체적인 방법은 다음과 같다.

첫 번째 단계는 진로 디자인 포트폴리오의 서론에 해당된다. 구체적으로 이 단계

에서는 진로 디자인 활동이 왜 필요한지, 어떤 목적이 있는지, 어떤 내용을 다룰 것인지, 어떤 절차와 방법을 통해 수행할 것인지, 그리고 그 범위나 한계는 어떠한지를 기술한다. 이 단계에서 삶, 진로, 직업에서 다룬 활동을 활용한다.

두 번째 단계는 진로 디자인 포트폴리오의 본론에 해당된다. 먼저, 나의 삶, 진로 및 직업의 활동 결과에 대해 기술한 후에 스스로 나 이해 활동과 표준화 진로검사 활동 결과를 토대로 잠정적인 진로대안 3개를 선정한 활동 결과를 제시한다. 그 다음에는 나의 잠정적 진로대안 3개에 대하여 인쇄매체나 온라인 등을 통하여 직업 정보를 탐색하고, 직업인 인터뷰나 인턴십 등을 통하여 정보 탐색 활동 결과를 제시한다. 다음 단계는 진로대안 탐색활동을 통하여 얻게 된 정보를 토대로 최적 진로대안을 결정한 활동 과정을 제시한다. 다음 단계는 선정한 나의 최적 진로대안에 대하여 진로비전체계를 개발하고 실행계획을 수립한 활동 결과를 제시한다. 마지막으로 자신의 최종 진로대안과 관련하여 나의 직업기초능력과 직업수행능력을 진단하고 부족한 점을 보완하고, 강점을 발전시키는 활동 결과를 제시한다.

세 번째 단계는 진로 디자인 포트폴리오를 마무리하는 단계이다. 여기서는 진로 디자인 활동을 요약하고, 진로 디자인 활동에 대한 평가와 피드백 결과를 제시하고 소감이나 각오를 제시한다. 진로 디자인 요약은 각 단계별로 핵심적인 진로 디자인 활동 결과를 요약한다. 또한 진로 디자인 각 단계별로 활동 결과를 평가하고, 전체적으로 진로 디자인 활동을 평가하고 피드백한 결과를 종합한다. 즉, 전시나 발표 및 토론 등의 과정에서 자기평가, 동료평가, 교수자평가 등을 통해 드러난 문제들을 확인하고 이 문제들에 대한 해결방안을 마련하여 각 진로 디자인 단계에 피드백한 결과를 제시한다. 부수적으로 진로 디자인 활동을 통해서 느낀 소감이나 앞으로의 각오 등을 기술할 수도 있다.

이 방식으로 진로 디자인 포트폴리오를 작성하는 방법을 예시적으로 소개하면 다음과 같다.

〈표14-2〉 진로 디자인 포트폴리오 양식 II: 일반 보고서 방식 예시

[목차]

제1부 서론(또는 들어가며)
1. 진로 디자인 포트폴리오 개발의 필요성
2. 진로 디자인 포트폴리오 개발의 목적
3. 진로 디자인 포트폴리오 개발의 내용
4. 진로 디자인 포트폴리오 개발의 방법
5. 진로 디자인 포트폴리오 개발의 범위 또는 한계

제2부 본론(또는 전개하며)
1. 나의 삶, 진로 및 직업 활동 단계
2. 자기이해 단계
3. 진로대안 탐색 단계
4. 진로의사결정 단계
5. 진로계획 단계
6. 진로준비 단계

제3부 결론(또는 나가며 또는 마무리하며 등)
1. 진로 디자인 포트폴리오 요약
2. 평가 및 피드백하기
3. 소감 및 각오

참고문헌
부록: 심리검사 결과지, 직업인 인터뷰지 등

3) 진로 디자인 포트폴리오 우수사례

서울대학교와 경인교육대학교 학부 및 대학원의 진로 디자인 관련 수업에서 우수한 진로 디자인 포트폴리오들이 발표되었다. 그 중에서 서울대학교의 조해성 학생(2022, 우수사례 1)과 경인교육대학교 이서연 학생(2021, 우수사례 2)의 진로 디자인 사례를 중심으로 주요 내용을 발췌하여 소개하면 다음과 같다.

(1) 표지와 목차

□ 우수사례 1

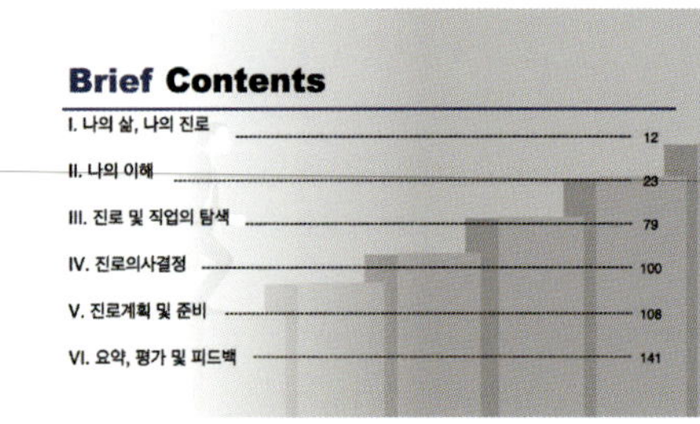

□ 우수사례 2

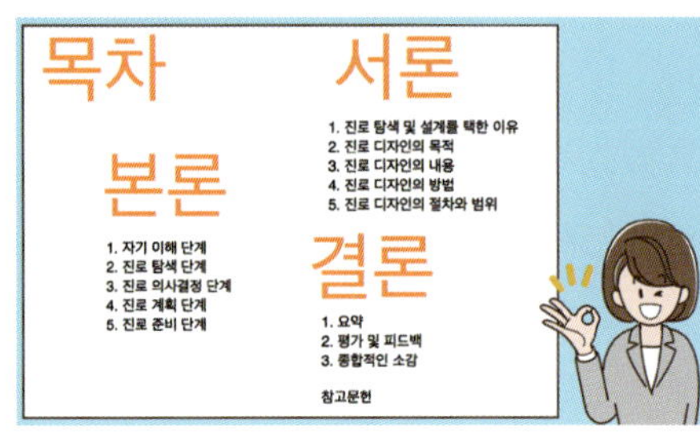

(2) 나의 삶, 진로, 직업 또는 서론

□ 우수사례 1

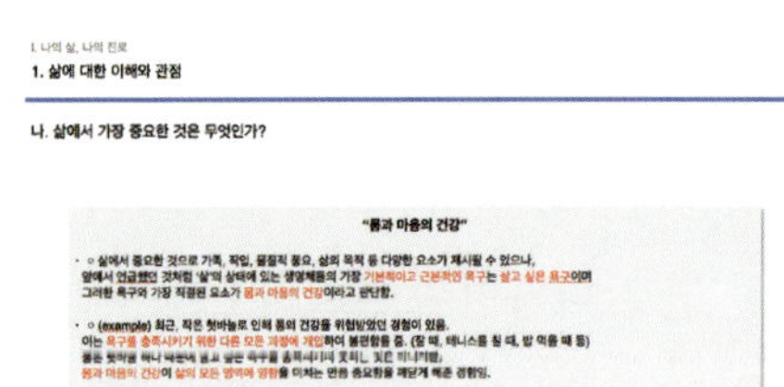

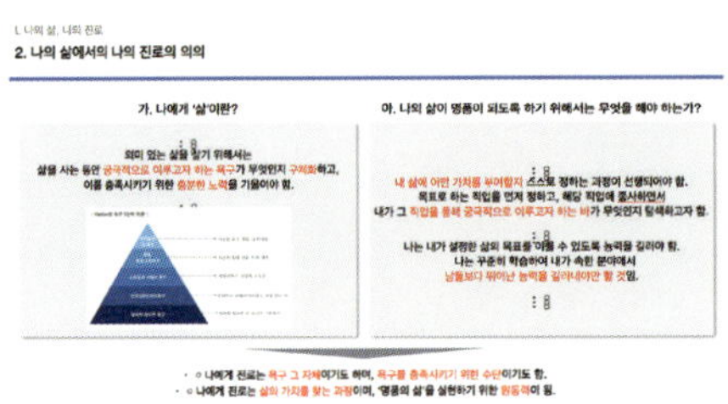

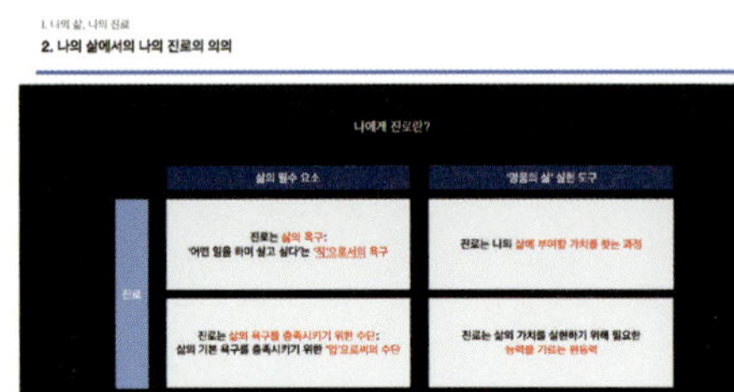

□ 우수사례 2

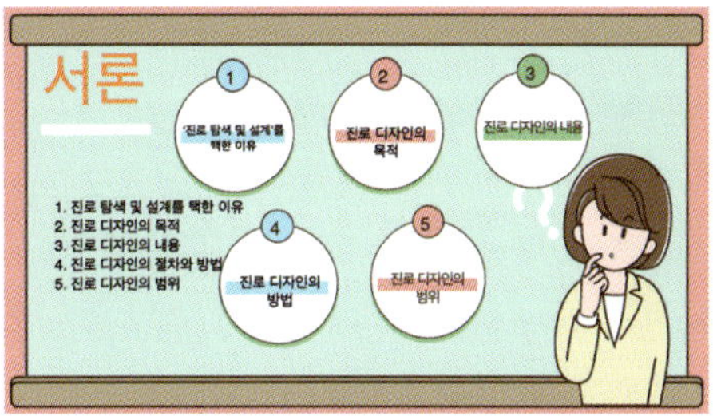

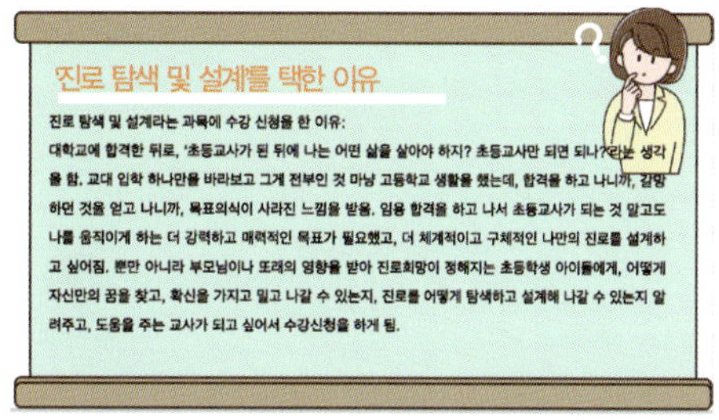

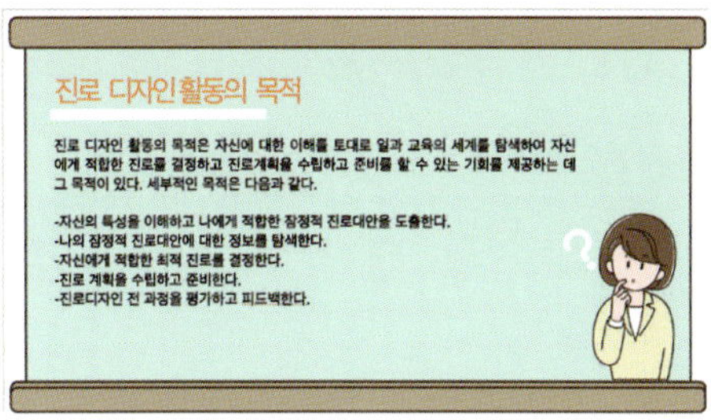

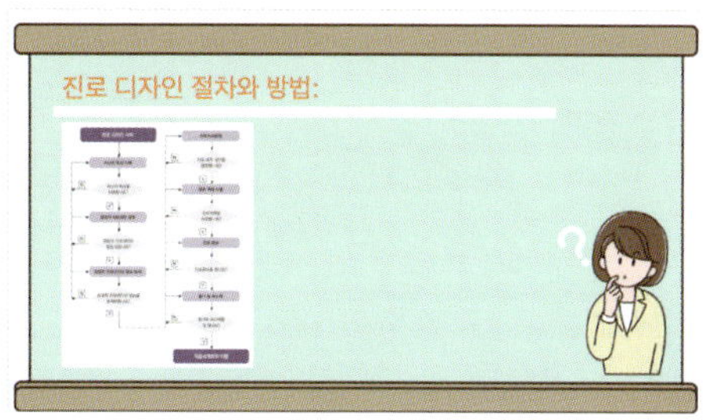

(3) 나의 이해

□ 우수사례 1

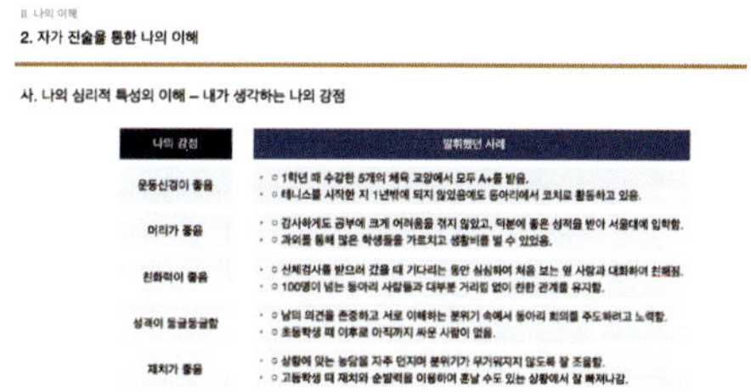

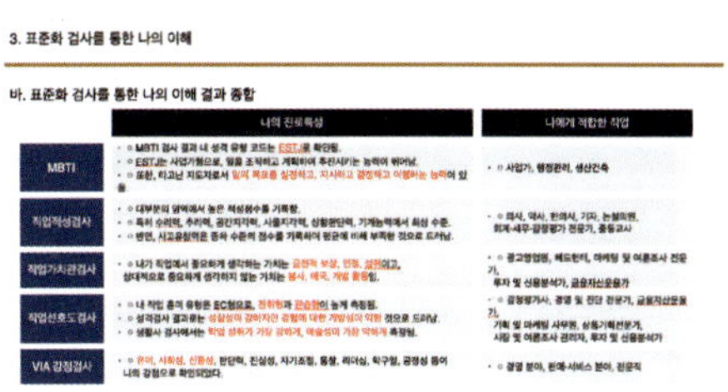

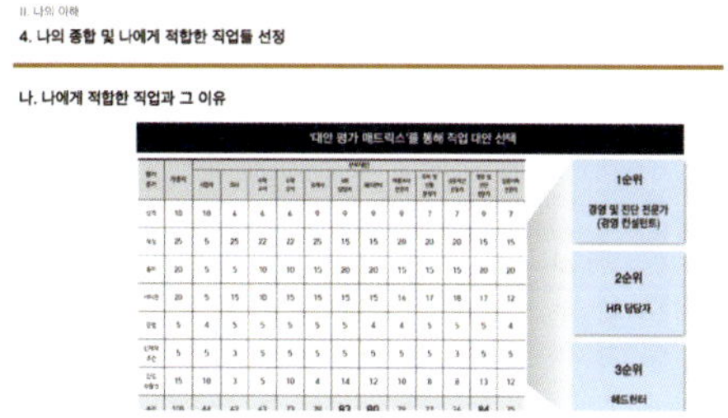

제5부
평가 및 피드백

□ 우수사례 2

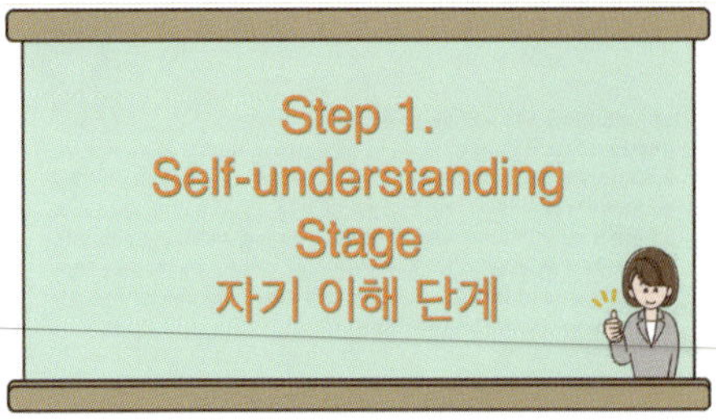

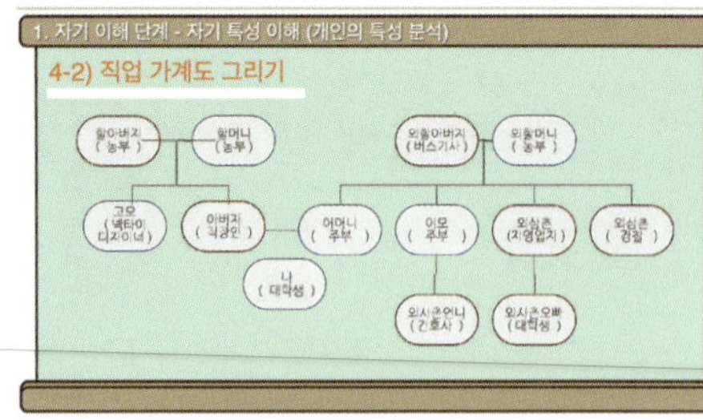

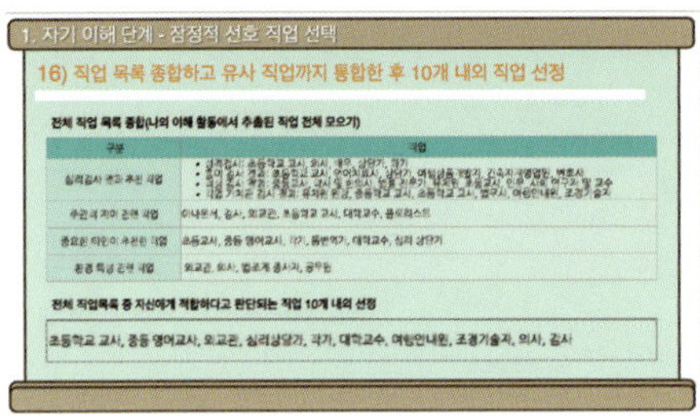

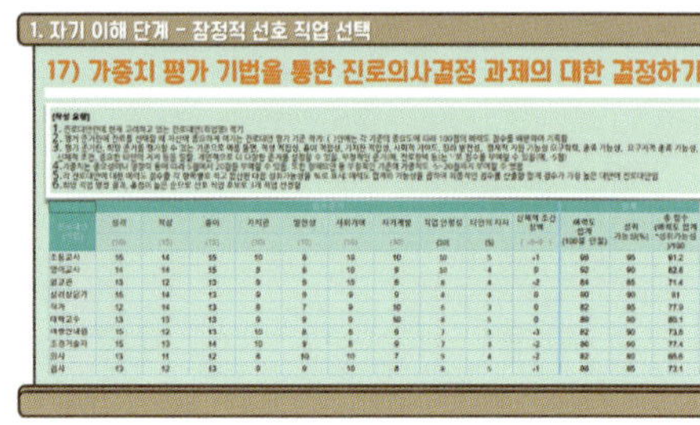

(4) 진로대안의 탐색

□ 우수사례 1

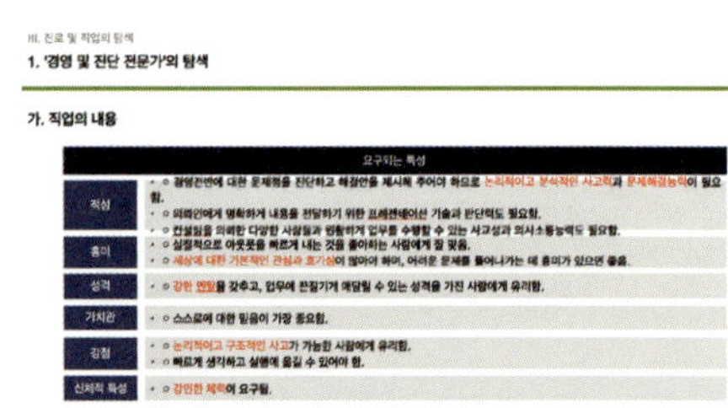

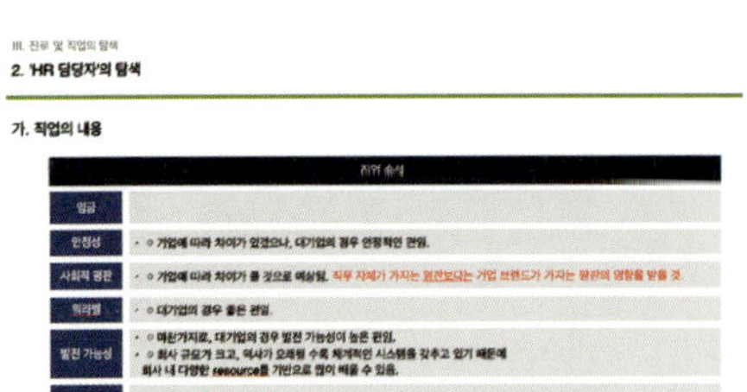

□ 우수사례 2

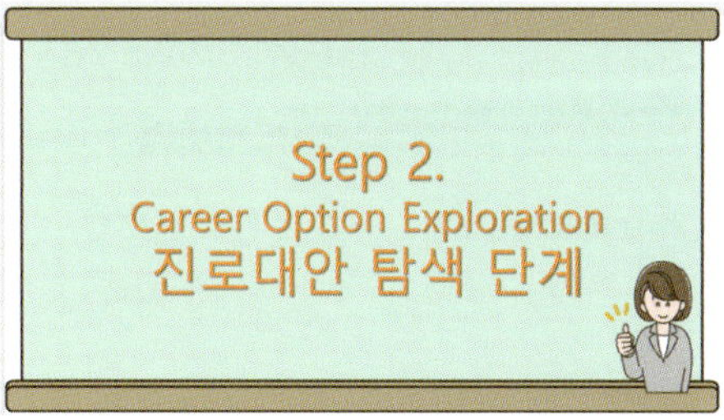

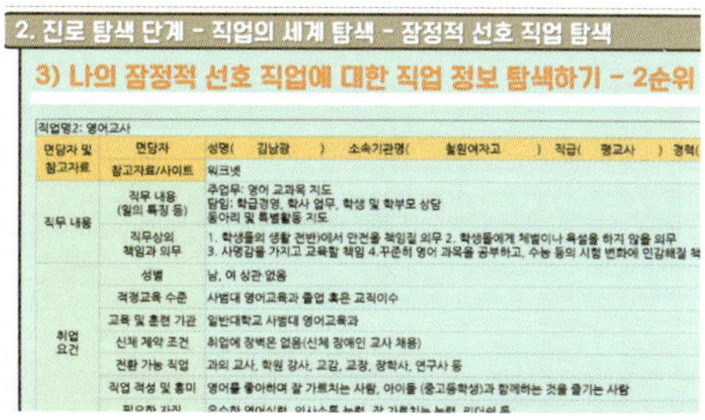

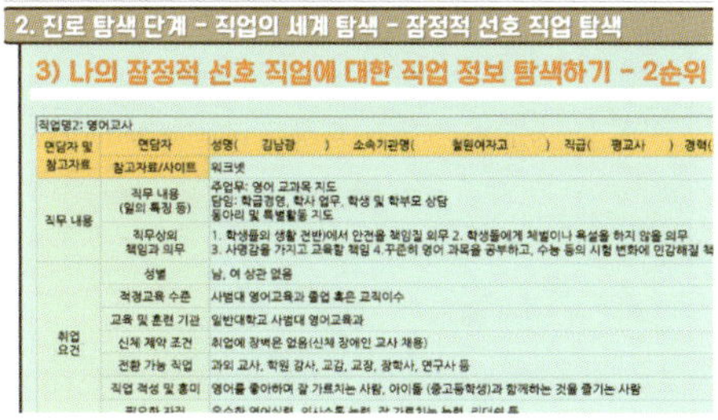

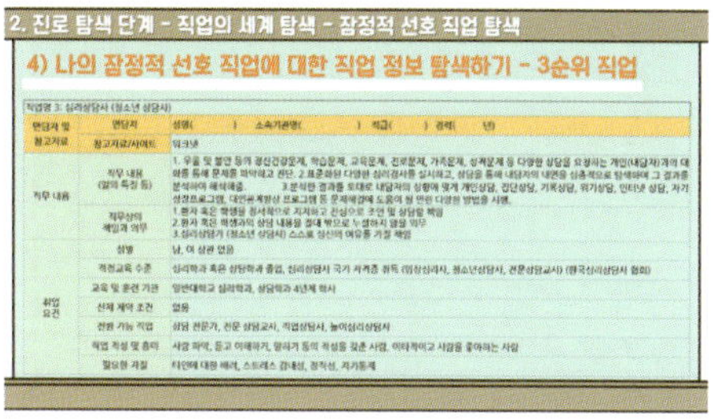

(5) 진로의사결정

□ 우수사례 1

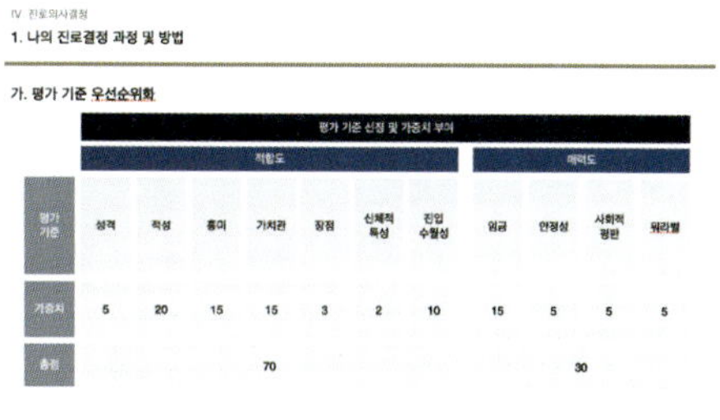

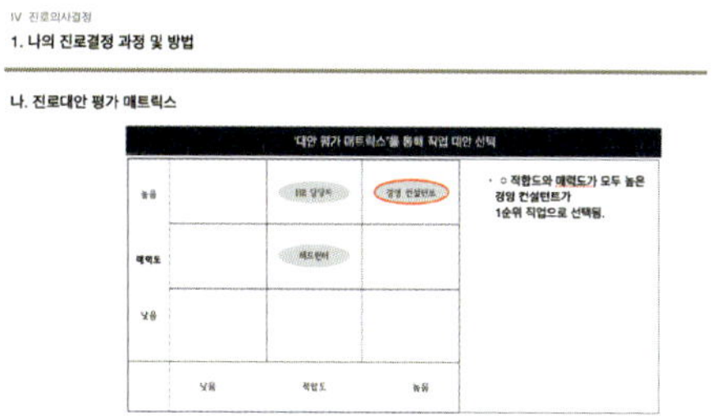

□ 우수사례 2

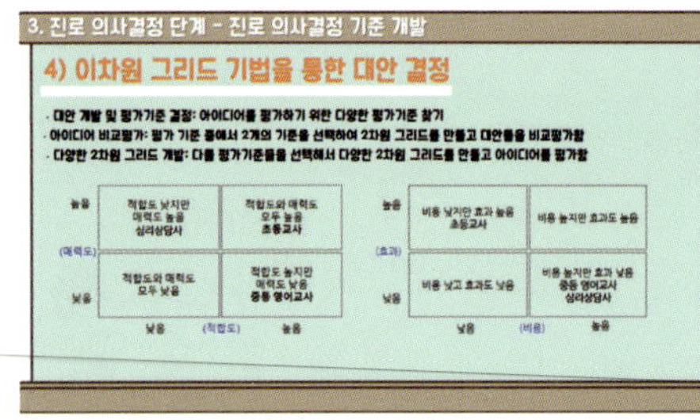

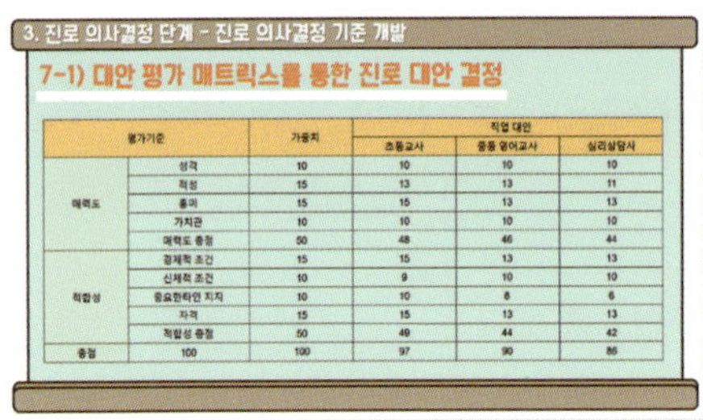

평가기준		가중치	직업 대안		
			초등교사	중등 영어교사	심리상담사
매력도	성격	10	10	10	10
	적성	15	13	13	11
	흥미	15	15	13	13
	가치관	10	10	10	10
	매력도 총점	50	48	46	44
적합성	경제적 조건	15	15	13	13
	신체적 조건	10	9	10	10
	중요한타인 지지	10	10	8	6
	자격	15	15	13	13
	적합성 총점	50	49	44	42
총점	100	100	97	90	86

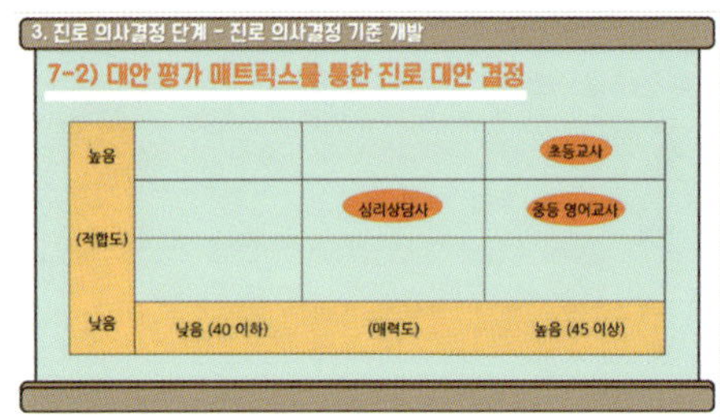

(6) 진로계획

□ 우수사례 1

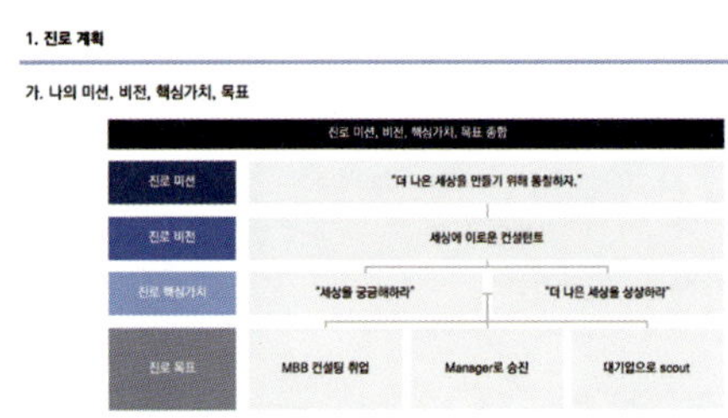

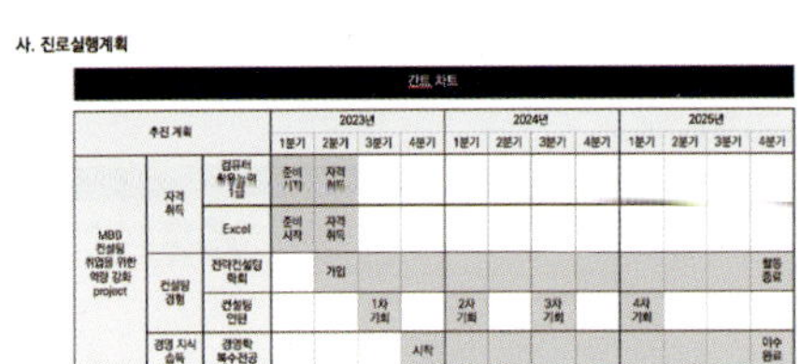

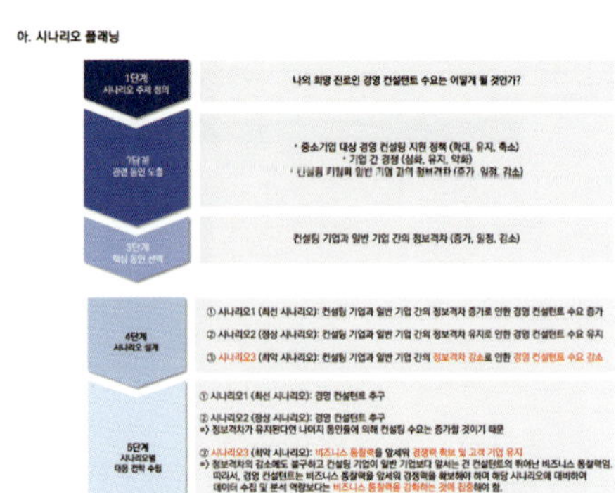

□ 우수사례 2

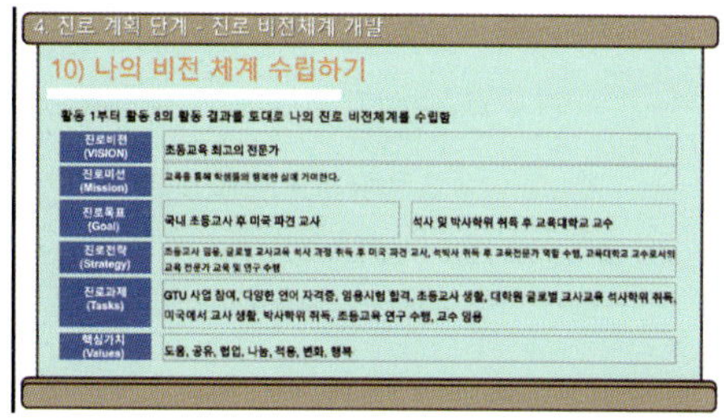

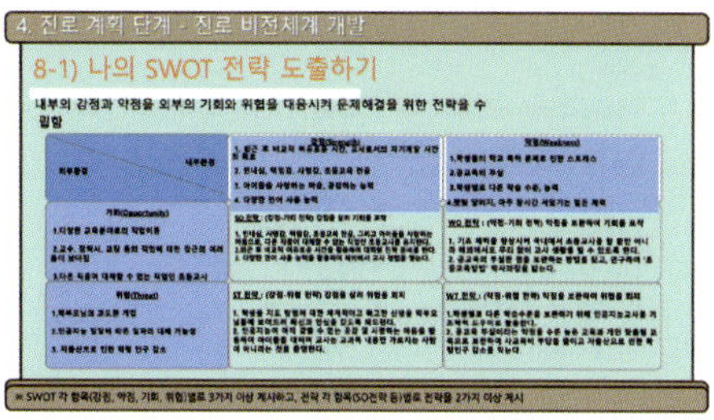

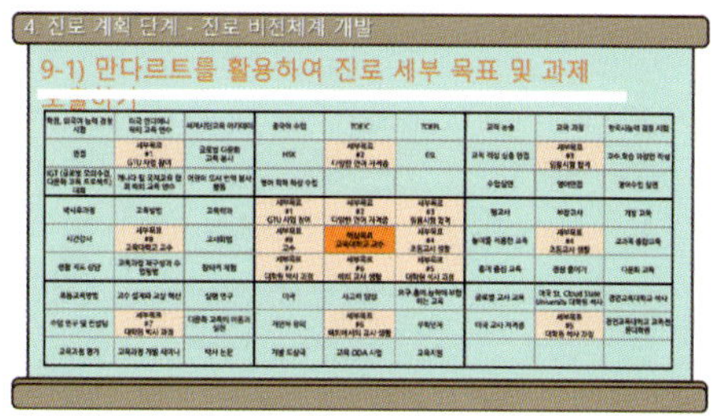

(7) 진로준비

□ 우수사례 1

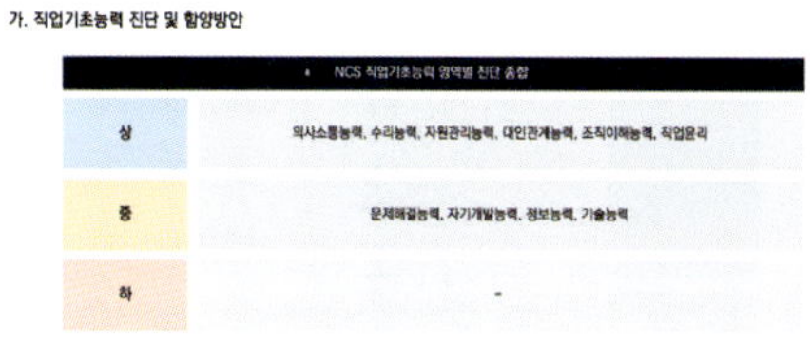

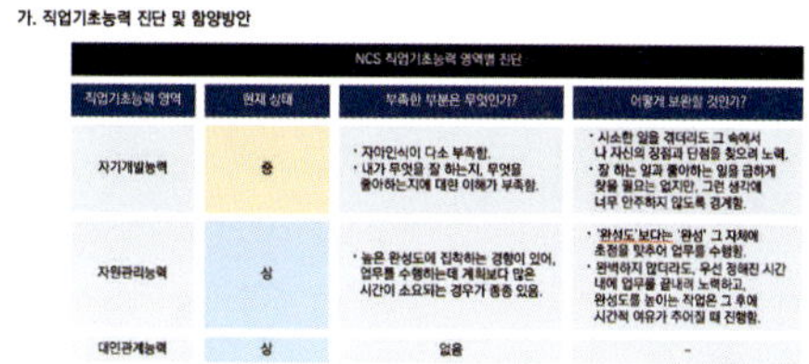

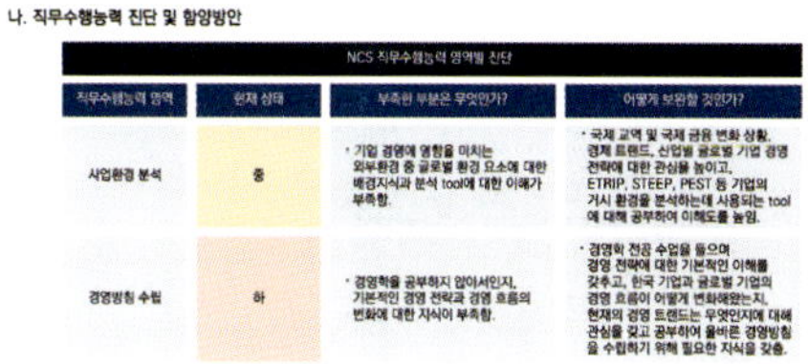

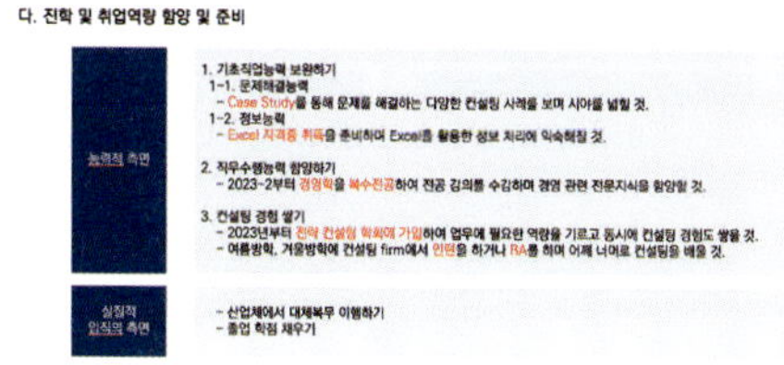

□ 우수사례 2

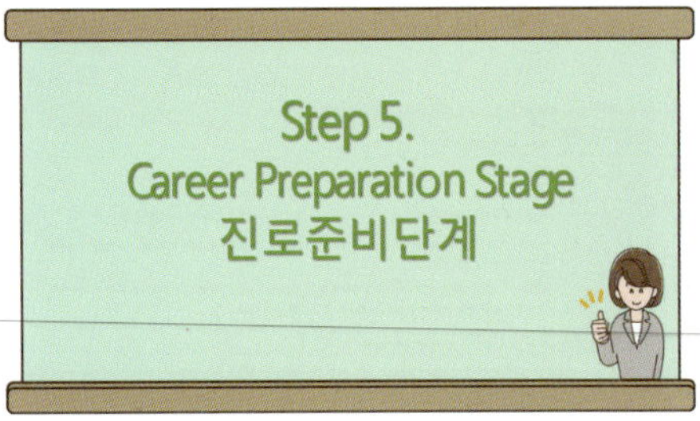

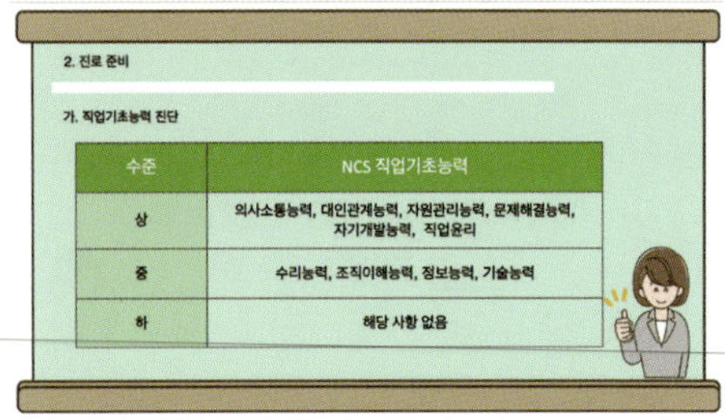

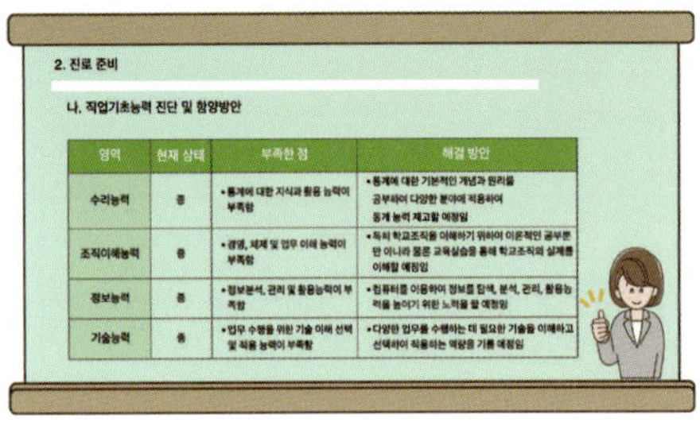

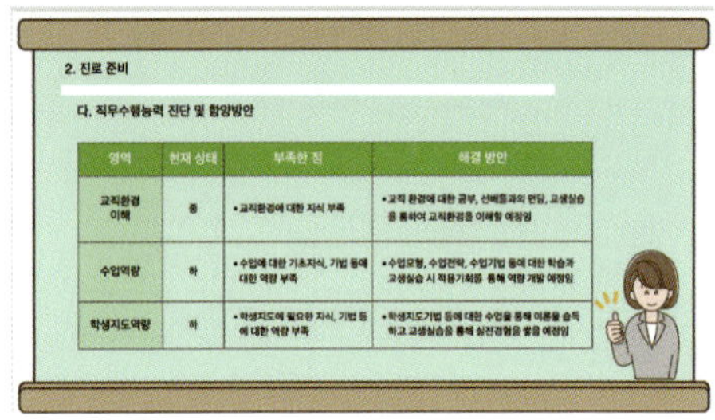

(8) 평가 및 피드백

□ 우수사례 1

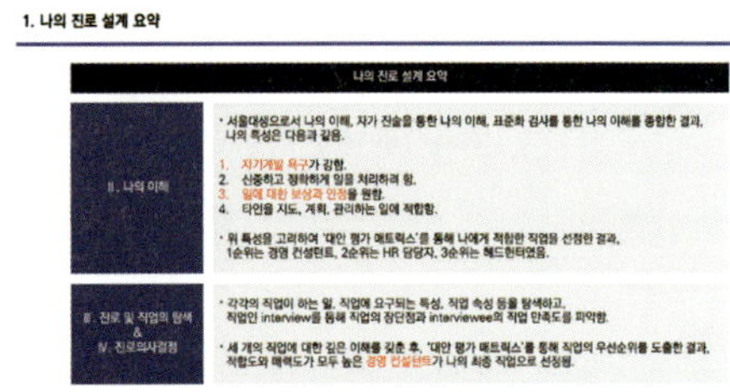

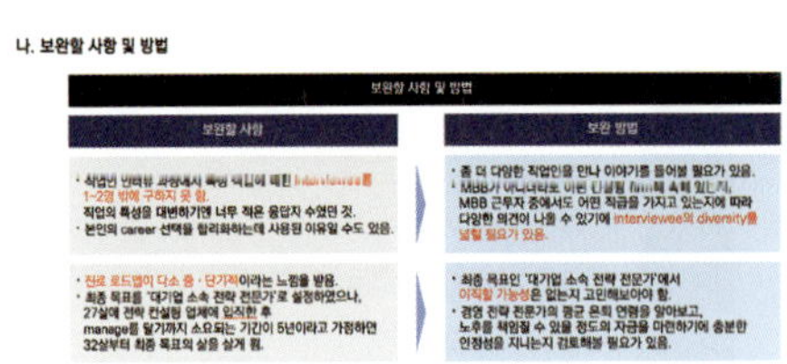

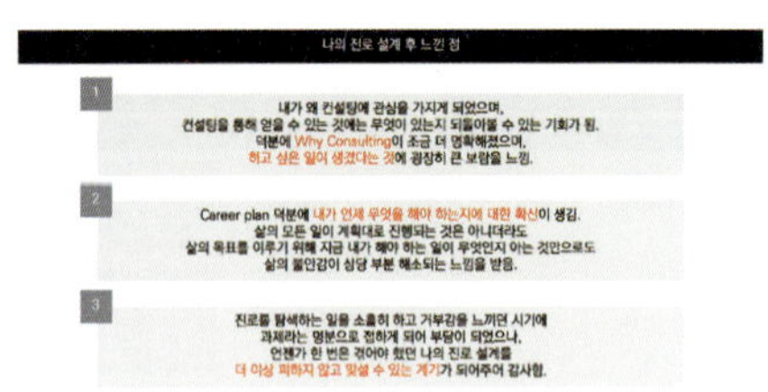

□ 우수사례 2

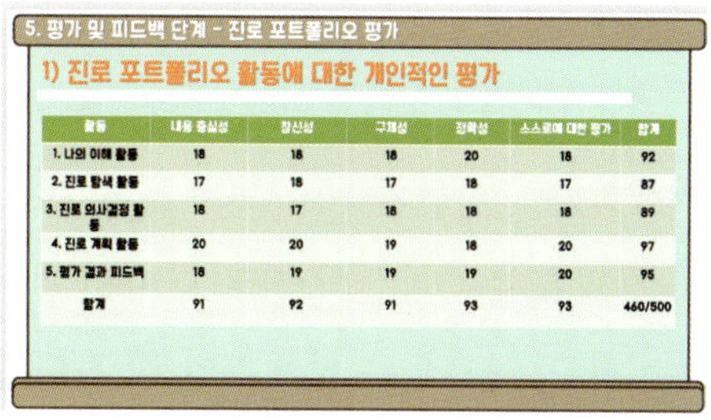

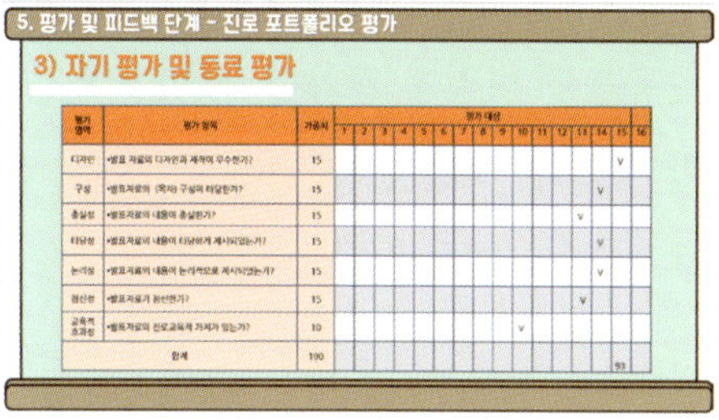

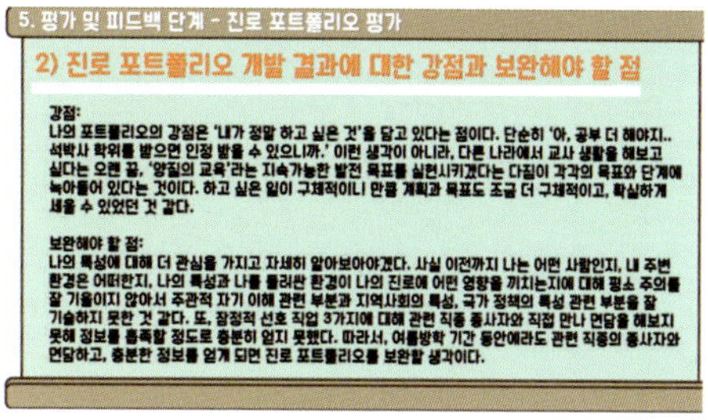

3 진로 디자인 포트폴리오 발표, 토론, 평가 및 피드백

1) 진로 디자인 포트폴리오 발표와 토론

진로 디자인 포트폴리오를 작성한 후에는 자신의 작품을 전시하거나 발표하고 토론을 하면 자신의 포트폴리오와 동료들의 포트폴리오를 비교하면서 자신 작품을 객관적으로 평가할 수 있는 기회를 가질 수 있다.

가능하면 모든 수강생이 발표하고 토론하는 시간을 갖는 것이 가장 바람직하지만, 시간이 적을 경우에는 소수의 인원만 발표하고, 나머지는 오프라인의 진로 디자인 포트폴리오나 온라인 진로 디자인 포트폴리오를 강의실에 전시하는 방법도 생각해 볼 수 있다.

발표를 마친 후에는 토론을 진행한다. 동료들은 발표자가 발표한 진로 디자인 활동 과정이나 그 결과에 대하여 궁금하거나 더 알고 싶은 사항에 대하여 질문을 하거나 특정 쟁점에 대하여 자신의 의견을 제시한다. 발표자는 동료들의 질문이나 코멘트를 잘 경청한 다음에 자신의 생각을 잘 정리하여 조리 있게 답변을 한다.

2) 진로 디자인 포트폴리오 평가와 피드백

진로 디자인 포트폴리오를 발표하고 토론하는 과정에서 자기평가와 동료평가를 진행한다. 〈활동지 14-4〉 자기 및 동료의 진로 디자인 포트폴리오 평가표를 이용하여 발표자는 자신의 진로 디자인 활동보고서와 발표 결과에 대하여 자기평가를 실시하고, 동료들은 발표자의 진로 디자인 활동보고서와 발표 결과에 대하여 평가를 한다.

그러면 각 진로 디자인 단계에서 수행한 활동들을 어떻게 평가할 수 있는가? 그리고 그 결과를 어떻게 각 단계에 피드백을 할 것인가? 하는 문제가 이 단계에서 해야 할 중요한 과제이다. 주요 평가 및 피드백을 할 주요 내용은 다음과 같다.

- 나의 특성을 잘 파악하였는가?
- 나의 특성에 적합한 잠정적 진로대안을 합리적으로 결정하였는가?
- 잠정적 진로대안에 대한 진로정보 탐색이 충분히 이루어졌는가?
- 잠정적 진로대안에 대한 정보 탐색을 토대로 최적 진로대안을 합리적으로 결정하였는가?
- 최적 진로대안을 대상으로 비전체계를 잘 개발하였는가?
- 최적 진로대안의 비전체계를 구현할 수 있는 실행계획을 잘 수립하였는가?
- 실행계획에 따라 진로준비를 잘 진행하였는가?
- 각 단계별 평가(형성 평가) 및 총괄 평가가 충분히 잘 이루어지고, 그 결과를 체계적으로 피드백을 하였는가?

발표와 토론을 마친 후에는 교수자의 피드백을 받는다. 진로 디자인 포트폴리오에 대한 피드백을 받을 경우에는 추후 보고서를 수정하거나 보완할 때 반영한다.

진로 디자인 평가는 우리가 수행한 진로 디자인 활동을 점검하고 피드백을 하고자 수행하는 활동이다. 우리는 일상생활에서 우리가 수행한 일을 뒤돌아보고 잘한 점과 못한 점, 만족스러운 점과 아쉬운 점을 찾아내서 반성하곤 한다. 마찬가지로 우리는 자신의 진로 디자인 활동들을 점검하고, 어떤 점이 잘 되었고, 어떤 점이 잘 안되었는지 확인하고, 이를 해결하기 위한 방안을 탐색해 보고, 그 결과를 피드백해야 한다.

우리는 평가를 통하여 자신의 이해활동과 진로탐색활동, 진로의사결정과 진로계획과 준비 단계가 제대로 진행되었는지를 판단할 수 있다. 평가를 통해 문제가 드러나면, 이 문제를 해결하기 위한 다양한 대안을 탐색하여 대안을 수집하고, 그 대안들을 서로 비교해 보고 적합한 대안을 선택하여 다시 적용할 수 있다. 가령, 자신의 이해활동을 통해 진로대안 3개를 선택하여 진로 탐색활동을 수행하였는데, 정보 탐색활동 결과 적합한 진로대안이 선정되지 않은 경우 다시 자신의 이해 활동으로 돌아가서 자신에게 적합한 진로대안들을 다시 선택해 볼 수 있다. 주관적 나 이해 과정이나 객관적 나 이해 과정에서 추천된 직업들을 다시 한 번 검토해서 평가한 후에 다시 진로탐색단계로 돌아갈 수 있다.

또한 의사결정 단계에서 선정된 진로대안의 경우에도 평가를 통해 그 대안에 대한 확신을 강화하거나 또 수정할 수도 있다. 매력도와 성취가능성을 통해 진로대안에 대한 총점수를 산출하여 최적 대안을 선정하였는데, 그럼에도 불구하고 그 대안이 그 이후의 진로계획이나 준비단계에서 자신에게 적합하지 않다고 판단이 되는 경우 다시 자기이해, 진로탐색단계로 되돌아가서 다시 자기 탐색활동을 하고, 진로대안을 선택하고 탐색하고 의사결정도 수행할 수도 있다.

이와 같이 진로 디자인 전 과정은 하나의 사이클로 한 번에 마무리될 수도 있지만, 사이클의 각 단계마다 평가를 통해 만족스런 결과가 산출되지 않을 경우 다시 전 단계로 피드백이 이루어져야 한다.

미래전망 보고서가 지적하는 바와 같이, 우리가 일생 동안 20~60개의 직업을 이동하게 된다면, 이동할 때마다 우리는 진로 디자인 모형을 다시 적용해 진로 디자인 활동을 해야 할 것이다. 필요할 때마다 나의 특성을 분석하고, 그에 적합하다고 판단되는 진로대안을 선정하여 탐색하고, 그 결과를 토대로 진로대안을 결정하고, 그 대안을 실현하기 위하여 계획하고 준비하여 다시 입직하는 활동을 수없이 많이 수행하여야 할 것이다. 하나의 사이클을 경험할 때, 한 사이클의 각 단계별로 평가도 이루어져야 하지만, 하나의 사이클이 끝나는 경우 그 사이클에 대한 총괄 평가가 이루어지고, 다음 사이클로 넘어갈 때 그 평가결과를 반영하여야 할 것이다.

이와 같이 진로 변경을 할 때마다 도움을 줄 수 있는 도구가 진로 디자인 포트폴리오라고 할 수 있다. 진로 디자인 포트폴리오를 작성하면 전체 진로 디자인 과정을 상세하게 기록하여 진로 디자인에 필요한 자료를 축적할 수 있고, 다음 진로를 계획할 때 기초 자료로 활용할 수 있다.

한편, 진로 디자인 포트폴리오가 개발된 후에도 자신의 변화나 직업세계의 변화가 일어날 수 있고, 이로 인하여 진로대안이 변할 수도 있다. 자신이 한 때 좋아하던 활동이나 일이 시들해지고 새로운 활동이나 일에 관심을 가지게 될 수도 있다. 또한 동아리 활동이나 취미로 하던 활동이나 일을 하다보면 전문성이 생겨서 새로운 직업에 관심이 생길 수도 있다. 또한 종교나 특정 활동을 하면서 가치관이 달라지고 삶에 부여하는 의미가 달라질 수도 있다. 이러한 자신의 변화로 인하여 선호 진로가 달라질 수도 있다.

또한 내가 원하는 직업분야에서 기술이 변화하고, 구조조정이 이루어지고, 다운사이징, 비정규직화, 합병 및 인수 등으로 인하여 내가 선호하는 직업이나 직무 또는 선호 기업이 달라질 수도 있다. 또한 진로대안 직업은 그대로이지만, 그 직업에서 요구하는 자질 및 자격 등이 달라짐에 따라 진로 계획과 준비가 달라져야 하는 경우도 있을 수 있다. 이러한 변화가 일어나면 이를 반영하여 진로 디자인 포트폴리오를 수정・보완하고 관리해 나간다면 보다 성공적인 입직이 가능해지고, 입직 후에도 직업 만족도와 직업 생산성이 증가하여 행복한 직업생활을 할 수 있을 것이다.

단원 요약

1. 일반적으로 평가란 체계적이고 과학적으로 측정하고 관찰하여 활동의 가치와 질을 평가하는 것을 의미한다. 진로 디자인 평가는 삶, 진로, 직업의 인식부터 시작하여 나의 이해, 진로대안 탐색, 진로의사결정, 진로실행계획 세우기, 진로준비까지의 진로 디자인 전 과정을 체계적이고 과학적으로 활동한 결과를 양적, 질적으로 평가하는 것을 말한다.

2. 진로 디자인 포트폴리오(career design portfolio)란 자신의 경력과 기술을 증명할 수 있는 문서를 수집하여 이를 간편히 휴대할 수 있도록 파일에 정리해 놓은 것을 의미한다. 진로 디자인 포트폴리오는 나의 이해부터 진로준비에 이르기까지 우리가 수행한 활동들을 모아 하나의 보고서로 만든 것으로 진로 디자인 평가와 피드백의 자료로 활용될 수 있다.

3. 다양한 진로 디자인 포트폴리오 우수사례를 분석해 봄으로써, 진로 디자인 포트폴리오 전체 구성 및 디자인 방법을 이해할 수 있다. 또한 무엇보다 우리가 진로 디자인 포트폴리오를 작성할 때 진로 디자인 단계마다 기술해야 하는 내용을 확인하고, 기술하는 방법에 대한 시사점을 얻을 수도 있다.

4. 진로 디자인 포트폴리오를 보고서로 만들어서 발표하고 토론 기회를 갖게 되면 자신의 포트폴리오의 강점과 단점을 확인할 수 있다. 또한 자신의 진로 디자인 포트폴리오뿐만 아니라 수강생 친구들의 진로 디자인 포트폴리오를 평가해 보면서 자신의 어떤 점을 보완해야 하는지를 확인할 수 있다.

참고문헌

송원영, 김지영(2009). **대학생의 진로설계**. 서울: 학지사.

오인경, 최정임(2005). **교육 프로그램 개발 방법론**. 서울: 학지사.

이서연(2021). My Career Design Portfolio(진로탐색과 설계 과제물). 경인교육대학교 미술교육과 1학년.

조해성(2022). My Career Plan(삶, 진로 및 직업 과제물). 서울대학교 산업인력개발전공 2학년.

Benander, R., Robles, R. A., Brawn, D. L., & Refaei, B. (2016). Assessment without standardization: Can general education competencies be assessed from eportfolios across the university? Journal for Research & Practice in College Teaching, 1(1), 1-10.

Leslie Cordie, Jamie Sailors, Becky Barlow, & John S. K. (2019). Constructing a Professional Identity: Connecting College and Career Through ePortfolios. International Journal of ePortfolio, 9(1), 17-27

McDermott, K., & Gallagher, S. (2011). Integration of eportfolios into cooperative education: Lessons learnt. Asia-Pacific Journal of Cooperative Education, 12(2), 95-101.

Rychen D. S., & Salganik, L. H. (Eds.). (2003). Key Competencies for a Successful Life and a Well-Functioning Society. Göttingen, Germany: Hogrefe & Huber.

읽을거리

OECD의 Definition and selection of competencies (DeSeCo)		
Career Portfolio		
노션으로 진로포트폴리오 만들기		

활동지 14-1

진로 디자인 활동 사전 자기 점검

다음은 여러분의 진로 디자인 활동의 사전 자기 점검 사항이다. 각 점검 사항에 대하여 평정(✓)하고, 미흡하다고 평정된 사항은 보완하도록 한다.

점검 사항	평정		
	미흡하다	보통이다	우수하다
삶, 진로, 직업의 의의를 인식하고 대학생의 특성과 미래 직업세계의 변화를 잘 파악하였는가?			
나의 특성을 잘 파악하였는가?			
나의 특성에 적합한 잠정적 진로대안을 합리적으로 결정하였는가?			
잠정적 진로대안에 대한 진로정보 탐색이 충분히 이루어졌는가?			
잠정적 진로대안을 토대로 최적 진로대안을 합리적으로 결정하였는가?			
최적 진로대안을 대상으로 비전체계를 잘 개발하였는가?			
최적 진로대안의 비전체계를 구현할 수 있는 실행계획을 잘 수립하였는가?			
실행계획에 따라 진로준비를 잘 진행하였는가?			
평가와 피드백이 잘 이루어졌는가?			

활동지 14-2

진로 디자인 포트폴리오 작성하기

진로 디자인 활동을 통하여 수행한 삶, 진로, 직업, 인식, 나 이해활동, 진로 탐색활동, 진로의사결정 활동, 진로계획 활동 및 진로준비 활동 결과들을 종합하여 진로 디자인 포트폴리오를 작성해 보자.
먼저, 교재 본문의 예시를 참고하여 진로 디자인 포트폴리오 유형을 선택하여, 제목을 정하고, 진로 디자인 포트폴리오의 목차를 구상해 본 다음에 자신이 좋아하는 작성 매체와 내용 구성 유형을 선정하여 진로 디자인 포트폴리오를 작성한다.

[진로 디자인 포트폴리오 작성계획 및 작성하기]
※ 다음 항목에 답한 후에 별지를 이용하여 진로 디자인 포트폴리오를 작성해 보자.

1. 작성 매체 결정
   □ 오프라인 진로 디자인 포트폴리오
   □ 온라인 진로 디자인 포트폴리오

2. 개발 유형 결정
   □ 교재 진로 디자인 활동 종합 유형
   □ 일반 보고서 작성 유형
   □ 자유 유형

3. 제목 결정
   (예시) My Career Design Portfolio

4. 목차 구성

5. 일정 계획하기

6. 진로 디자인 포트폴리오 작성하기
   '별지 이용'

활동지 14-3

진로 디자인 포트폴리오 발표 및 토론하기

진로 디자인 포트폴리오를 발표하고 토론하면서 자신의 작품에 대한 동료 및 교수자의 평가와 피드백을 받아보고 또 다른 동료들의 작품을 통해 자신이 보완하거나 참고할 내용을 확인해 보자.

1단계: 주어진 시간에 맞춰 발표자를 선발하고 발표 순서 정하기

2단계: 발표하기

3단계: 질의 응답하기

4단계: 자기평가 및 동료평가하기(별표 1, 2 참조)

5단계: 교수자의 평가 기술하기

6단계: 피드백할 사항 정리하기(별표 3 참조)

[별표 1] 자기 및 동료의 진로 디자인 포트폴리오에 대한 양적 평가표

평가 영역	평가 항목	배점	평가 대상														
			1	2	3	4	5	6	7	8	9	10	11	12	13	14	15
디자인	발표 자료의 디자인과 제작이 우수한가?	15															
구성	발표 자료의 (목차) 구성이 타당한가?	15															
내용 충실성	발표 자료의 내용이 충실한가?	15															
타당성	발표 자료의 내용이 타당하게 제시되었는가?	15															
논리성	발표 자료의 내용이 논리적으로 제시되었는가?	15															
교육적 효과성	발표 자료의 진로 교육적 가치가 있는가?	15															
참신성	발표 자료가 참신한가?	10															
합계		100															

[별표 2] 진로 디자인 포트폴리오에 대한 질적 평가표: 자기평가, 동료평가, 교수자평가 결과 종합

영역	우수한 점	보완하거나 수정해야 할 점

[별표 3] 진로 디자인 포트폴리오 피드백하기

수정 · 보완할 사항		피드백 결과
영역	세부 내용	

찾아보기

A

A-B-C 모델 27

AI 면접 313

AI · 머신러닝 87

B

Big 5 144

C

COVID-19 팬데믹 84

E

e러닝 테크니션 87

H

How-How 다이어그램 260

How-How 다이어그램기법 257

I

ILO 78

ISCO 78

M

MBTI 139, 140, 141

MMPI 139

N

NEO 성격질문지 139

NEO-PI-R 139

P

PEST 분석 238

PESTEL 238

PESTLE 238

R

Roe의 직업분류체계 75

S
SO 전략 240
ST 전략 241
SWOT 분석 237
SWOT 분석 방법 164
SWOT 전략 237, 239

W
WEF 82
White House 87
WO 전략 240
World Economic Forum 87
WT 전략 241

ㄱ
가중치 167, 171
가중치 기법 169
가중치 평가기법 164, 165
가치관 146
가치관검사 148
간트 차트 262
강점 149
강점 요인 237
강점검사 150
개인적 특성 104, 107
거버넌스 84
걸림돌 32, 41
견학 193
결혼 48
경력 22
경제 저성장 83
경제생활 49
경험에 대한 개방성 145
계획된 우연기술 53
고난 24, 26
고령화 80, 85
고립감 46
고용 취약계층 89
고용관계 86
고용노동부 60, 301
고용복지플러스센터 192
과정 324
과학기술 82
관습형 128
교육 불평등 82
교육부 60
구직능력 298
국가직무능력표준 282
국문이력서 300
국제 표준직업분류 78
국제노동기구 78
규준 122
그리드 기법 164
글로벌 밸류체인 85
긍정적 정서 34
기회요인 238
기후 변화 84
긱(Gig) 86

ㄴ
나노 84
낙관성 53
낙수효과 82
내부역량 237

노션 327
능력 123
능력 중심 채용 모델 287

ㄷ
다면적 인성검사 139
대처 26, 33
대학 특성화 사업(CK) 60
대학생 44, 46
대학일자리센터 60
덕분에 41
디딤돌 32, 41
디지털 혁명 82
때문에 41

ㄹ
리스크 258

ㅁ
마일스톤 258, 262
만다라트 기법 241
만족 대안 210, 215
매력도 217
메타버스 84
면접 309
무경계 경력 86
문제해결 208
미국직업사전 77
미래 사회 80

ㅂ
발현 성인기 47
불평등 82
블로그 327
비전체계 230, 231
빅데이터 87

ㅅ
사람인 192
사회 · 경제적 불평등 81
사회적 불평등 82
사회형 128
산업연계 교육활성화 선도대학 사업 (PRIME) 60
산업혁명 82
산출 324
삶 18
생리적 욕구 74
생애 22
생애 주요 역할별 계획 267
생애 진로 무지개 265
선행사건 27
성격 138
성격유형검사 139
성실성 144
성취도 123
세계경제포럼 82
세계은행 83
세계화 85
소득불평등 82
소속 및 애정의 욕구 74
스트롱 직업흥미검사 127
시나리오 플래닝 263
신뢰도 122

신산업 성장 83, 87
실제형 128
심리적 함정 211

ㅇ

아르바이트 193
안전의 욕구 74
약점 요인 237
여가 81
여성새로일하기센터 192
역경 24, 26, 27
역할 혼미 46
예비적 진로대안 166, 168, 170, 171
예술형 128
온디맨드 플랫폼 86
온라인 튜터 87
외부환경 238
외향성 144
우연학습이론 53
워크넷 189, 307
웰빙 81
위험 감수 53
위협요인 238
유연성 53
의사결정 208
이력서 298
인내성 53
인크루트 192
인터넷 188
인턴사원제도 194
일 72
일학습병행제 60

ㅈ

자기보고형 검사 139
자기소개서 303
자아실현 23, 72, 74
자아실현의 욕구 74
자아정체감 46
자존의 욕구 74
잠재력 105
잠정적 진로대안 164, 165, 168, 171
잡케어 191
잡코리아 192
잡플래닛 192
재능 150
저출산 80
적성 123
적성검사 124
적합도 216, 217
정서적 불안정성 144
제3차 진로교육 5개년 기본계획 60
제4차 산업혁명 82
주된 고민 48
중소기업탐방프로그램 60
지능 123
지역 불균형 82
직무 수행 286
직무수행능력 285
직업 22, 72
직업가치관 146
직업가치관검사 148
직업기초능력 282
직업능력 281
직장 이동 86

진로 22
진로 가계도 108, 109
진로 개척 사례 52
진로 디자인 포트폴리오 326, 327
진로 로드맵 259
진로 자서전 108
진로 포트폴리오 326
진로계획 50, 280
진로과제 241
진로교육법 59
진로대안 164
진로대안 평가 매트릭스 기법 216
진로목표 235, 257
진로미션 232
진로비전 233
진로비전체계 230
진로선택 52
진로실행계획 256
진로의사결정 206
진로전략 237
진로정보 182, 183
진로정보 탐색 182
진로준비 280
진로핵심가치 234
진취형 128
진학 이유 47

ㅊ

청년고용촉진 특별법 59
청년취업아카데미 60
체제 324
촉발사건 27
최적 대안 210, 215
최적해 215
추천된 진로대안 169, 170
취업률 49
친밀감 46

ㅋ

커리어넷 188
쿠더 직업흥미검사 127

ㅌ

타당도 122
타인에 대한 존중 34
탐구형 128
투사적 검사 139
투입 324

ㅍ

평가 340
평가준거 171
평생학습 81
포트폴리오 326
표준화 검사 122
표준화 진로검사 122
프로티언 경력 86
피드백 340

ㅎ

한국고용직업분류 79
한국산업인력관리공단 190
한국직업사전 72, 186
한국직업전망 187

한국직업정보 188
한국표준직업분류 73
한국표준직업분류에 의한 직업분류체계 78
합리적 진로의사결정 215
핵심가치 234
행복 19
현장실습 194
호감성 144
호기심 53
홀랜드 직업흥미검사 127
환경적 특성 104, 107
회복탄력성 33
흥미 126
흥미검사 127
흥미의 유형 127

저자 소개

정철영(Jyung, Chyul Young)

미국 오하이오주립대학교 대학원 졸업(Ph. D.)
미국 존스홉킨스대학교 객원교수
서울대학교 학생처장, 학장
전문대학 LINK+ 사업평가 운영위원장
한국진로교육학회장, 한국직업교육학회장, 한국산업교육학회장
국가평생교육진흥원 이사장
현) 서울대학교 산업인력개발학과 교수
국립대학법인 서울대학교 이사
대통령직속 저출산고령사회위원회 위원, 사학분쟁조정위원회 위원

서우석(Seo, Woo Seok)

서울대학교 대학원 졸업(교육학 박사)
미국 오하이오주립대학교 객원교수
경인교육대학교 기획연구처장, 산학협력단장
한국진로교육학회장, 한국직업교육학회 부회장
교육부 교육개혁협의회 위원, 대학재정지원사업 및 NCS 사업 평가위원
현) 경인교육대학교 생활과학교육전공 교수
경인교육대학교 대학원 진로교육상담전공 교수
경인교육대학교 진로교육연구소장

대학생을 위한
진로탐색과 설계
Career Design for College Students

2023년 2월 25일 1판 1쇄 발행
2025년 4월 25일 1판 3쇄 발행

지은이 • 정철영 · 서우석
펴낸이 • 김 진 환
펴낸곳 • (주) **학지사**
04031 서울특별시 마포구 양화로 15길 20 마인드월드빌딩 5층
대표전화 • 02) 330-5114 팩스 • 02) 324-2345
등록번호 • 제313-2006-000265호
홈페이지 • http://www.hakjisa.co.kr
인스타그램 • https://www.instagram.com/hakjisabook

ISBN 978-89-997-2863-1 93370

정가 22,000원